성경 탐험

로렌스 리차드 저 | 편집부 역

바울 도서출판

성경탐험

저　　자 로렌스 리차드
역　　자 편집부
초판 발행 1994년 12월 10일
중판 2쇄 2009년 5월 30일

펴 낸 곳 도서출판 바울
펴 낸 이 김명철

주　　소 인천시 부평구 십정동 409-27호
영 업 부 032) 431-7792 032) 428-1928(팩스)
총 무 부 032) 427-1719
편 집 부 032) 423-9796
Home www.ubook.co.kr
E-mail cpcubook@hanmail.net

I S B N 978-89-7286-004-4 93230

International
Children's Bible Handbook
by Lawrence Richard

가격은 뒷표지에 있습니다.

매우 특별한 책!

성경은 매우 흥미있는 책입니다. 성경에는 어린이를 비롯하여 누구나 좋아하는 친근한 이야기들로 가득 차 있습니다. 그러나 단순히 이야기들을 모아 놓는 데 그치는 것이 아닙니다. 성경은 하나님께서 우리 인간 세상에서 행하신 일을 기록한 역사(history)입니다. 또한 그것은 하나님께서 자신의 아들 예수 그리스도에 관하여 우리에게 주시는 메시지입니다. 성경은 우리를 향하신 하나님의 사랑에 관한 책이며, 우리가 하나님을 어떻게 사랑해야 하고, 그분께 어떻게 순종해야 하는지를 가르쳐 주는 책입니다.

어린이들이나 학생들, 그리고 성경을 알고 싶어하지만 잘 이해가 가지 않아서 성경을 멀리하는 성도들이 혼자서 성경을 읽고 이해할 수 있다면 얼마나 좋을까요?

이 책, 「성경 탐험」은 성경을 이해하고 싶어하는 모든 사람들을 위해서 만들어졌습니다. 성경 이야기책과 참고서적은 수없이 많습니다. 그러나 「성경 탐험」만큼 쉽게 쓰여져 누구나 읽을 수 있는 책은 지금껏 없었습니다.

이 책은 어린이들이나 학생들, 주일학교 교사, 평신도, 그리고 성경을 알고 싶어하는 성도들, 설교 준비를 하는 사역자들에게도 아주 유용할 것입니다. 특히, 자녀들이 성경에 대해 물어 올 때 난감해 하는 부모님들을 위한 책이기도 합니다.

「성경 탐험」은 특별합니다.

★ 성경에는 나와 있지 않지만, 평소에 궁금해 했던 숨은 이야기가 실려 있어서 아주 재미있습니다. 또한 성경에 대한 새로운 사실을 발견하게 해 줄 것입니다.

☆ 각 장마다 흥미있는 이야기들이 실려 있어, 읽는 이들로 하여금 마치 모험을 하고 있는 듯한 느낌을 줄 것입니다.

★ 단지 성경에 나와 있는 이야기들을 그대로 다시 들려주는 것에 그치지 않고, 신선하고 새로운 정보들을 제공해 줄 것입니다.

☆ 지도와 사진, 도표, 그리고 삽화는 각 페이지의 뜻을 분명하게 해 줄 것이며, 성경에 나와 있는 지명들의 위치도 쉽게 찾을 수 있게 해 줄 것입니다.

★ 각 장의 처음에 나오는 '좋은 소식'(Good News)이라는 부분에는 우리의 삶을 풍성하게 해 줄 진리의 말씀이 실려 있습니다.

☆ '생각하고 실천합시다'라는 부분은 하나님의 말씀을 생활에 적용할 수 있도록 해 줍니다. 가정에서, 혹은 교회학교 모임에서 이 책을 활용한다면 그 모임이 풍성해질 것입니다.

★ 이 책의 끝에 실려 있는 사전과 색인은 어려운 용어들을 알기 쉽게 설명해 주며, 각 주제들이 이 책의 어느 곳에 나와 있는지를 보여 줍니다.

이 책은 교회 학교와 기독교 학교에 반드시 있어야 하는 '필수품'입니다. 학생들에게는 성경이 어렵고 까다로운 책이 아니라, 매우 흥미있고 친근한 책이라는 것을 알려 주며, 교사들에게는 더없이 귀한 참고서가 될 것입니다.

목차

페이지

들어가기

구약성경

신약성경

성경은 어떤 책인가?

성경은 세계에서 가장 많이 팔리는 베스트셀러입니다. 지금까지 세상의 다른 어떤 책들보다 많이 출판되었으며, 2,000개가 넘는 언어로 번역되었습니다. 성경이 특별한 까닭은 과연 무엇일까요? 그리고 그것은 어떻게 기록되었을까요?

성경은 어떻게 기록되었을까?

성경은 매우 오래된 책입니다. 그것은 66권의 서로 다른 책들이 모여 이루어졌습니다. 성경은 약 40명의 사람들에 의해 기록되었는데, 가장 먼저 기록된 창세기는 가장 나중에 기록된 요한계시록보다 약 1,500년 전에 기록되었습니다. 그러니까 창세기는 지금으로부터 약 3,500년 전에 기록된 것이지요!

성경은 여러 가지 언어로 기록되었습니다. 구약성경은 대부분 히브리어로 기록되었는데, 몇몇 부분들은 아람어로 기록되었습니다. 그리고 신약성경은 헬라어로 기록되었습니다.

히브리어나 헬라어는 영어와는 많이 다릅니다. 히브리어에는 영어의 에이(A), 이(E), 아이(I), 오(O), 유(U)와 같은 모음이 없습니다. 우리가 영어 알파벳을 사용하여 히브리어가 기록된 방식대로 기록한다고 해 봅시다. 그러면 '여호와는 나의 목자시니'(The Lord is my Shepherd)는 'th lrd s my shphrd'가 됩니다. 그런데 히브리어는 오른쪽에서 왼쪽으로 읽습니다. 그러니까 'drhphs ym s drl ht'가 될 것입니다. 유대 학자들이 히브리어 문자의 위와 아래에 모음에 해당하는 점이나 기호들을 붙인 것은 예수님이 생존하셨던 시대로부터 수백 년 후의 일이었습니다.

יְהוָה רֹעִי

어떻게 성경이 안전하게 보존되었을까?

오늘날 우리가 보는 성경은 히브리어와 헬라어 필사본(베껴쓴 책)들에서 번역한 것입니다. 이 필사본들은 성경이 처음 기록된 지 수백 년 혹은 수천 년 후에 필사되었지만 이러한 필사본들은 정확합니다.

사해 두루마리(사해 필사본)가 발견되었을

성경의 알파벳들
영 어: A B C D E F G H I J K L M N O P Q R S T U V W X Y Z
히브리어: אבגדהוזחטיכךלמםנןסעפףצץקרשׂשׁת
헬 라 어: Α Β Γ Δ Ε Ζ Η Θ Ι Κ Λ Μ Ν Ξ Θ Π Ρ Σ Τ Υ Φ Χ Ψ Ω

1947년에 사해 근처의 동굴에서 발견된 두루마리에는 이사야서의 일부분이 포함되어 있다.

때, 성경학자들은 구약의 이 오래된 필사본들과 그들이 가지고 있는 필사본들을 비교해 보았습니다. 수천 년에 걸쳐 필사와 재필사가 이루어졌음에도 불구하고 이 두 필사본 사이에는 거의 차이가 없었습니다! 어떻게 그럴 수 있었을까요?

유대인들은 구약성경을 매우 특별하고 귀한 것으로 생각했습니다. 서기관(성경을 필사하는 사람)은 성경을 필사할 때마다 깊은 주의와 신중을 기했습니다. 그는 성경을 필사하기 전에 이렇게 말했습니다. "나는 토라(율법)의 거룩한 이름과 거룩하신 하나님의 이름으로 토라를 필사하려 합니다." 그리고 필사하려고 하는 문장을 크게 소리내어 읽고 또 읽었습니다. 그런 다음 그 문장을 필사했습니다. 또 하나님의 이름을 필사할 때면 이렇게 말했습니다. "나는 하나님의 이름의 거룩함을 위해 하나님의 이름을 필사합니다."

구약성경 전체의 필사를 마치면 서기관은 원본과 필사본에 쓰여진 단어와 글자 수를 모두 세었습니다. 그리고 원본과 필사본이 똑같은지 확인하기 위해 각 성경의 가운데 글자를 찾아 비교했습니다. 이러한 주의깊고 꼼꼼한 점검을 통해 필사에서 생길 수 있는 잘못들을 제거할 수 있었습니다.

그렇게 해서 성경은 한 세기에서 다음 세기로 안전하게 전해져 내려왔습니다. 하나님의 백성들은 성경이 특별하다는 것을 항상 믿었습니다. 그래서 그 누구도 성경의 글자나 내용을 함부로 바꿀 수 없었습니다.

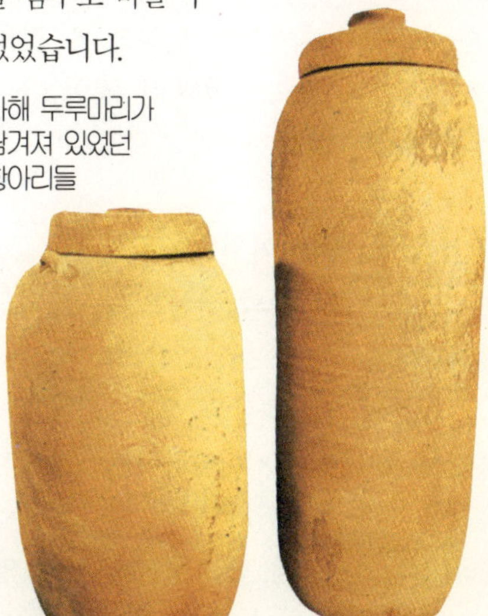

사해 두루마리가 담겨져 있었던 항아리들

커버데일(Coverdale) 성경
우리가 환난을 당하고 원수를 만날 때에, 우리는 하나님께서 우리의 피난처시요 우리의 힘이시며 우리의 도움이심을 발견했다(시편 46:1).

흠정역(King James) 성경
하나님은 우리의 피난처시요 힘이시며 환난 중에 즉각적인 도움이시다(시편 46:1).

왜 성경이 특별한 책일까?

대부분의 신앙 서적에는 사람들이 하나님을 어떻게 생각하느냐에 관해 쓰여 있습니다. 그러나 성경은 다릅니다. 성경은 하나님께서 우리에게 주시는 메시지입니다.

성경의 저자들은 2,600회가 넘게 '성경은 그들 자신의 말이 아니라 하나님의 말씀'이라고 기록하고 있습니다!

"이것은 여호와의 말씀이니라."

"이것은 여호와께서 예레미야에게 하신 말씀이니라."

성경의 저자들은 자신들이 말하고 쓴 것들은 스스로 생각해 내고 상상해 낸 것이 아니라, 하나님께서 주신 메시지라고 했습니다.

'영감'(inspiration)이란?

"모든 성경은 하나님의 감동으로 된 것으로…"(디모데후서 3:16).

"오직 성령의 감동하심을 입은 사람들이 하나님께 받아 말한 것임이니라"(베드로후서 1:21).

하나님께서는 성경의 저자들에게 영감(영적인 생각)을 주셨습니다. 하나님께서는 자신의 메시지를 정확하게 전달하기 위해 성경 저자들 속에서 역사하셨습니다. 성경은 진실입니다. 왜냐하면 성경은 하나님의 영감으로 기록된 것이기 때문입니다.

'계시'(revelation)란?

성경이 하나님으로부터 온 메시지라는 말은 성경이 '계시'라는 말이나 같습니다. 그렇다면 '계시'란 무엇일까요?

사람들 스스로의 힘으로 알 수 있는 사실들이 있습니다. 예를 들면, 친구가 집에 있는지 알아보고 싶다면 전화를 걸면 됩니다. 또는 직접 그 친구 집에 가서 확인해 볼 수도 있습니다. 이렇게 우리가 스스로의 힘으로 발견할 수 있는 사실은 계시가 필요없습니다.

그러나 어머니께서 무슨 생각을 하고 있는지를 알고 싶다고 생각해 보십시오. 물론 추측은 할 수 있습니다. 하지만 어머니께서 말씀해 주시지 않는 한 무슨 생각을 하고 있는지 정확하게 알 수는 없습니다.

어떤 사람이 무슨 생각을 하고 있는지를 알기 위해서는 그 사람이 자신의 생각을 '가르쳐 주어야'(계시해 주어야) 합니다.

NIV Bible: 1978

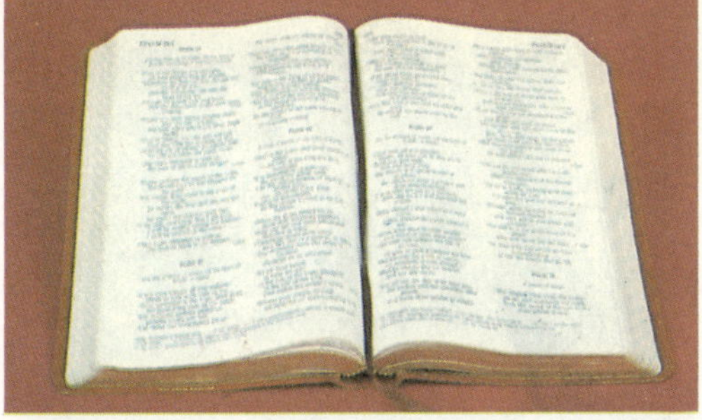

엔 아이 브이(NIV) 성경
하나님은 우리의 피난처시요 힘이시며 환난 중에 영원한 도움이시다(시편 46:1).

International Children's Bible, New Century Version: 1986

어린이 성경
하나님은 우리의 보호이자 우리의 힘이시다. 그는 우리가 환난을 당할 때마다 도우신다(시편 46:1).

하나님은 너무나도 크고 경이로우신 분입니다. 그래서 사람들은 하나님께서 무슨 생각을 하시는지, 무엇을 알고 계시는지 전혀 추측할 수 없습니다. 그러나 우리는 추측하려고 애쓸 필요가 없습니다! 우리는 하나님께서 무슨 생각을 하시고, 무엇을 원하시며, 어떻게 느끼시고, 무슨 계획을 가지고 계시는지를 정확하게 알 수 있습니다. 그것은 하나님께서 성경을 통해 계시해 주시기 때문입니다.

성경은 특별한 책입니다. 오직 성경만이 하나님께서 우리에게 주시는 메시지를 담고 있기 때문입니다. 성경만이 하나님의 뜻을 알려 줍니다.

'예언'(prophecy)이란?

성경이 '하나님의 말씀'이라는 것을 어떻게 알 수 있을까요? 하나님께서 예언자들을 통해 말씀하신 것을 보면 알 수 있습니다.

"내가 종말을 처음부터 고하며 아직 이루지 아니한 일을 옛적부터 보이고 이르기를 나의 모략이 설 것이니 내가 나의 모든 기뻐하는 것을 이루리라 하였노라"(이사야 46:10).

하나님께서는 우리에게 아직 일어나지 않은 일들에 관해서도 말씀해 주셨습니다.

성경은 앞으로 일어날 많은 일들에 관해 말해 줍니다. 미가 선지자는 700년 후에 예수께서 태어나실 마을 이름을 예언했습니다(미가 5:2). 예수께서는 미가 선지자가 예언한 그 마을에서 태어나셨습니다! 그곳이 바로 '베들레헴'입니다.

이사야는 예수께서 십자가에서 죽으시기 수백 년 전에 예수님의 죽음에 관해 매우 자세하게 예언했습니다(이사야 53장). 또한 다니엘 선지자는 그가 죽은 후 500년 동안 흥하고 망할 강대국들에 관해 예언했습니다(다니엘 4,7,8장). 그리고 성경이 예언한 대로 모든 일들이 다 이루어졌습니다!

오직 하나님만이 미래를 아십니다. 성경은 오직 하나님만이 아시는 것을 계시해 줍니다. 성경만이 진정한 하나님의 말씀입니다.

성경이 하나님의 말씀이라는 증거는 아주 많습니다. 수백 년에 걸쳐, 살았던 시대가 서로 다른 40명의 사람들이 쓴 글이 한데 모아져 이루어진 성경이, 놀랍게도 한권 한권에 똑같은 메시지를 담고 있다는 것을 보아도 알 수 있습니다. 이것을 '성경의 통일성'이라고 합니다.

미래를 예언함

구약시대의 사람들은, 어떤 사람이 하나님의 진리를 말하는지 아니면 거짓을 말하고 있는지를 어떻게 알 수 있었을까요? 신명기 18:22은 다음과 같이 말하고 있습니다.

"만일 선지자가 있어 여호와의 이름으로 말한 일에 증험도 없고 성취함도 없으면 이는 여호와의 말씀하신 것이 아니요, 그 선지자가 방자히 한 말이니 너는 그를 두려워 말지니라."

미래에 대한 예언은 하나님의 말씀을 말하고 있다고 주장하는 사람들을 구별하는 하나의 수단으로 사용되었습니다.

예수님과 성경

예수께서는 성경을 하나님의 말씀으로 믿으셨습니다. 그분은 이렇게 말씀하셨습니다.

"…하나님이 너희에게 말씀하신 바"(마태복음 22:31).

"미련하고 선지자들의 말한 모든 것을 마음에 더디 믿는 자들이여"(누가복음 24:25).

성경 번역은 어떻게 할까?

하나님께서 주시는 메시지는 모두 다 중요합니다. 따라서 모든 사람이 연구하고 읽어야 합니다. 그렇기 때문에 성경은 2,000가지가 넘는 언어로 번역되었습니다! 성경의 종류가 여러 가지인 것도 바로 이러한 이유 때문입니다. 그 성경들은 하나님의 메시지를 보다 분명하게 전하려고 노력하고 있습니다.

종류가 서로 다르다고 해서 성경이 서로 다른 것은 아닙니다. 오직 하나의 성경만이 있을 뿐입니다.

왜 성경이 그토록 중요할까?

성경은 하나님의 영감을 받아 쓰여진 유일한 책입니다. 또한 하나님으로부터 주어지는 계시를 기록한 유일한 책입니다. 그렇기 때문에 성경이 중요한 것입니다.

또한 성경이 중요한 것은 그것이 담고 있는 내용 때문이기도 합니다. 성경은 다음 몇 가지 질문들에 대한 해답을 제시해 줍니다.

- 이 세상은 어떻게 생겨났는가?
- 하나님은 누구신가?
- 어떤 것이 옳고 어떤 것이 옳지 못한가?
- 친구를 어떻게 사귀고, 또 친구와의 관계를 어떻게 지속시킬 수 있는가?
- 예수님은 왜 십자가에서 돌아가셨는가?
- 우리가 잘못을 저질렀을 때 어떻게 용서받을 수 있는가?
- 두려울 때 어떻게 해야 하는가?
- 하나님과 어떻게 대화를 나눌 수 있는가?
- 어떻게 하나님을 기쁘시게 할 수 있는가?
- 어떻게 행복해질 수 있는가?
- 하늘나라는 어떤 곳이며, 죽은 다음에 어떻게 그곳에 갈 수 있는가?

당신은 성경을 통해 마음속에 품고 있는 의문들에 대한 해답을 얻을 수 있습니다! 하지만 성경은 단지 어떤 것을 알기(학습하기) 위한 책이 아닙니다. 성경은 우리가 어떻게 살아야 하는가를 알려 주는 '안내자'입니다. 우리에게 이런이런 것들은 우리를 상하게 하고 불행하게 만드는 것이니 하지 말라고 말해 주며, 우리를 도와주고 우리에게 기쁨을 가져다 주는 것들을 선택하도록 우리를 인도합니다.

그런데 무엇보다도 중요한 것은 우리에게 하나님에 대해서 알려 준다는 것입니다. 또한 하나님께서 우리를 얼마나 사랑하시는지, 그리고 그러한 하나님의 사랑을 받은 우리가 그분을 어떻게 사랑할 수 있는지에 관해서도 알려 줍니다.

성경의 66권

구약성경(THE OLD TESTAMENT)

율법서
창세기
출애굽기
레위기
민수기
신명기

역사서
여호수아
사사기
룻기
사무엘상
사무엘하
열왕기상
열왕기하
역대상
역대하
에스라
느헤미야
에스더

시가서
욥기
시편
잠언
전도서
아가서

선지서
이사야
예레미야
예레미야애가
에스겔
다니엘
호세아
요엘
아모스
오바댜
요나
미가
나훔
하박국
스바냐
학개
스가랴
말라기

신약성경(THE NEW TESTAMENT)

복음서
마태복음
마가복음
누가복음
요한복음

교회사
사도행전

서신서
로마서
고린도전서
고린도후서
갈라디아서
에베소서
빌립보서
골로새서
데살로니가전서
데살로니가후서
디모데전서
디모데후서
디도서
빌레몬서
히브리서
야고보서
베드로전서
베드로후서
요한일서
요한이서
요한삼서
유다서

예언서
요한계시록

생각하고 실천합시다

1. 성경은 어떠한 책입니까? ① 고린도전서 2: 9-13과 디모데후서 3:15, 16을 찾아보십시오. ② 예레미야 6장을 읽어 본 다음, 예레미야 선지자가 자신의 말이 아니라, 하나님의 말씀을 말하고 있는 부분을 써 보십시오.

2. 구약의 예언들이 신약에서 어떻게 성취되었는지 살펴보십시오.
   예언: 시편 22:15, 18, 34:20; 미가 5:2; 호세아 11:1; 스가랴 9:9, 12:10, 13:7.
   성취: 마태복음 2:6, 15, 8:17, 21:5; 마가복음 14:27; 요한복음 19:24, 28, 36, 37.

3. 당신이 서기관이라고 생각하고 요한복음 3:16을 한번 베껴 써 보십시오.

4. 왜 그렇게 많은 성경 번역본들이 있을까요? 에베소서 4:31과 데살로니가전서 4:15을 찾아보고, 큰소리로 읽은 후 당신 자신의 말로 표현해 보십시오.

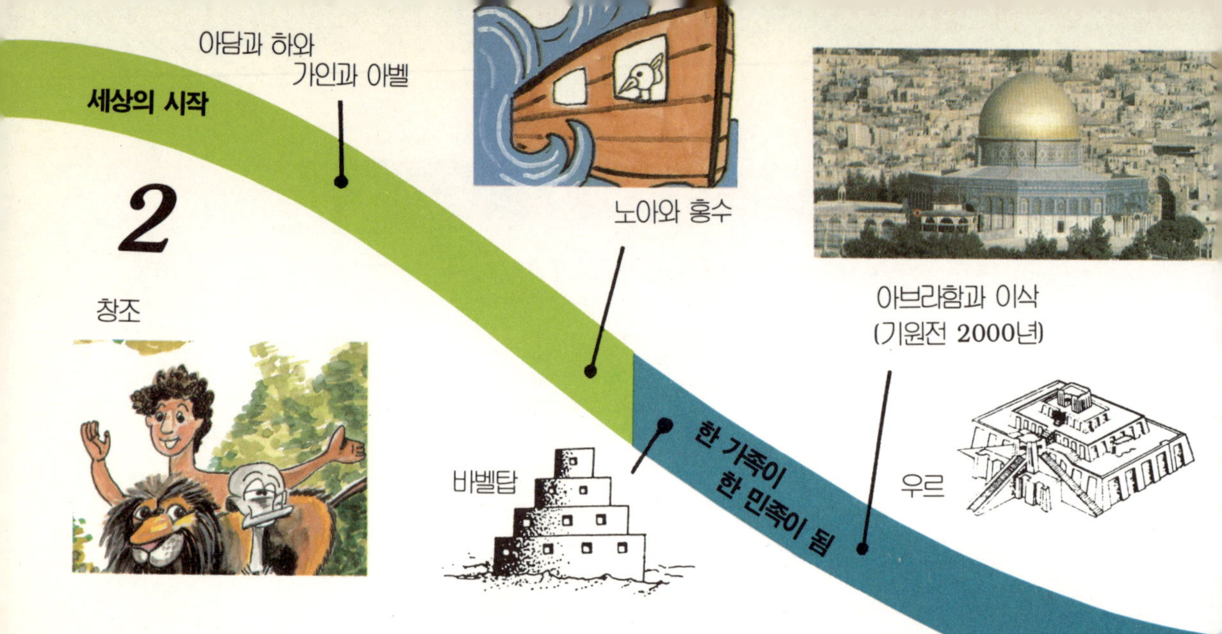

성경에는 어떤 내용이 들어 있을까?

당신이 지금 성경 속으로 여행을 한다고 상상해 보십시오. 그리고 역사 속의 연도들이 역사 고속도로 곳곳에 세워진 이정표들이라고 생각해 보십시오.

다음 몇 페이지의 그림을 따라 그 고속도로를 여행해 보십시오. 그러면 성경 속에 어떤 내용들이 담겨 있는지 알 수 있을 것입니다. 그 고속도로를 여행하는 동안 성경의 인물들과 성경 속에서 펼쳐지는 흥미진진한 사건들을 만나게 될 것입니다. 하나님의 천지 창조부터 시작하여 가장 중요한 예수 그리스도의 탄생과 그분의 교회로 여행을 떠납시다!

세상의 시작

창세기 1-11장은 어떤 역사책에도 기록되어 있지 않은 시대로 우리를 데려다 줍니다. 하나님께서는 아무도 알 수 없었던 사실, 즉 우리가 살고 있는 우주가 어떻게 생겼는지, 그리고 최초의 인간이 어떻게 창조되었는지에 대해서 계시해 주셨습니다.

창세기를 통해 우리는 첫번째 죄와 첫 인류에 대해 알 수 있습니다. 그 책에는 사람들이 악한 일을 행할 때 하나님께서 세상을 벌하기 위해 대홍수로 사람들을 다 죽이신 일에 대해서도 기록되어 있습니다. 그때 하나님께서는 '노아'라는 사람은 구원해 주셨습니다. 왜냐하면 그는 하나님께 전적으로 순종했던 사람이었기 때문입니다.

하나님께서는 노아가 그의 가족들과 세상의 동물들을 실을 큰 방주를 완성할 때까지 기다리셨습니다. 그래서 노아와 그의 가족만이 홍수에서 살아남을 수 있었습니다. 홍수가 끝나고 오랜 세월이 흐른 뒤 세상은 또다시 사람들로 가득 차게 되었습니다.

한 가족이 한 민족이 됨

기원전 2100년

아브라함은 '우르'라는 아주 오래된 도시에서 살고 있었습니다. 그때 하나님께서 아브라함에게 아주 특별한 약속을 주면서 그와 언약을 맺으셨습니다. 그것은 하나님께서 아브라

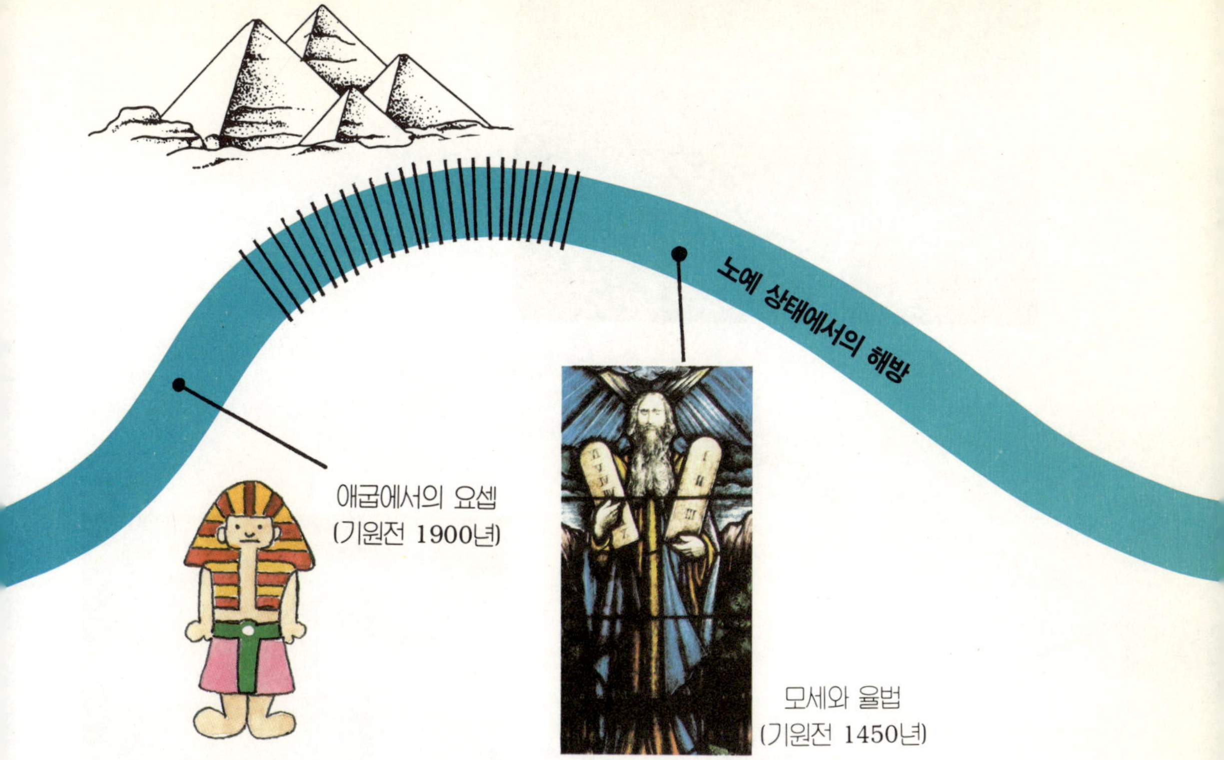

함의 가족과 함께하시고 그들을 통해 온 세상을 축복하겠다는 것이었습니다. 아브라함은 하나님께서 그와 후손들에게 주겠다고 약속하신 땅으로 가야 했습니다.

하나님께서 우리에게 구약성경을 주신 것은 바로 아브라함의 후손을 통해서였습니다. 구원자 예수님도 바로 아브라함의 후손으로 오셨습니다!

아브라함과 그의 아들 이삭, 손자 야곱, 증손자 요셉의 이야기는 창세기에 자세히 나와 있습니다. 이 가족들은 얼마 동안 약속의 땅 '가나안'에서 살았습니다. 그러다가 야곱의 아들 요셉이 애굽의 총리가 된 후에 야곱의 아들들은 애굽으로 이주했습니다.

애굽에서 해방됨

기원전 1450년

야곱의 후손들은 400년 동안 애굽에서 살면서 200만 명이 넘는 큰 민족으로 성장했습니다. 그동안 애굽의 왕 바로는 이들을 노예로 만들었습니다. 그러나 하나님께서는 '모세'라는 사람을 택하셔서 자기 백성들을 노예 상태에서 이끌어내어 약속의 땅 가나안으로 인도하셨습니다.

처음에 바로는 자신의 노예인 이스라엘 백성들을 풀어 주지 않았습니다. 그래서 하나님께서는 10가지 무서운 재앙을 내리셨습니다. 애굽 사람들은 하나님이 두려워 할 수 없이 이스라엘 백성들을 놓아 주었습니다.

이스라엘 백성들이 애굽에서 도망하는 중에, 바로의 군대가 쫓아왔습니다. 그래서 하나님께서는 이스라엘 백성들을 구하기 위해 홍해를 양쪽으로 가르시고 그 가운데로 길을 내어 그들로 하여금 건너가게 하셨습니다! 그리하여 이스라엘 백성들은 하나님께서 아브라함에게 약속하신 가나안 땅으로 가는 긴 여행을 시작하게 되었습니다.

이스라엘 백성들은 가나안으로 가는 길에

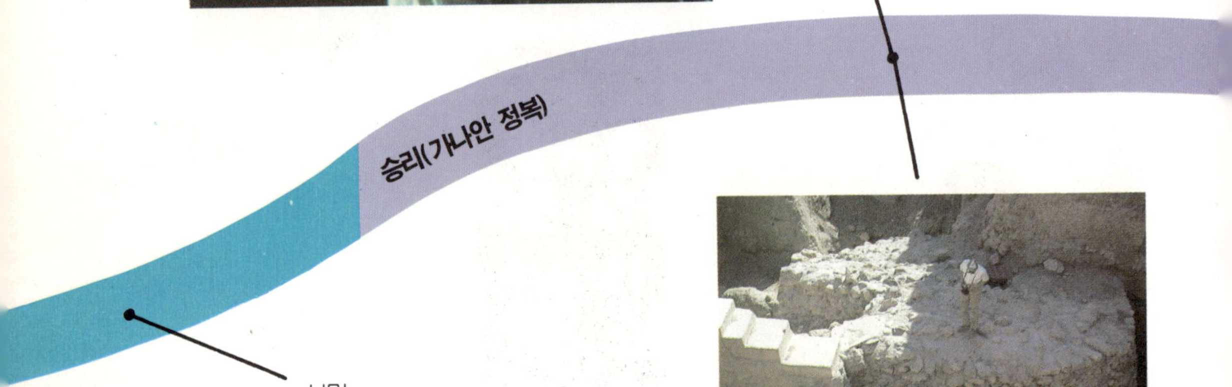

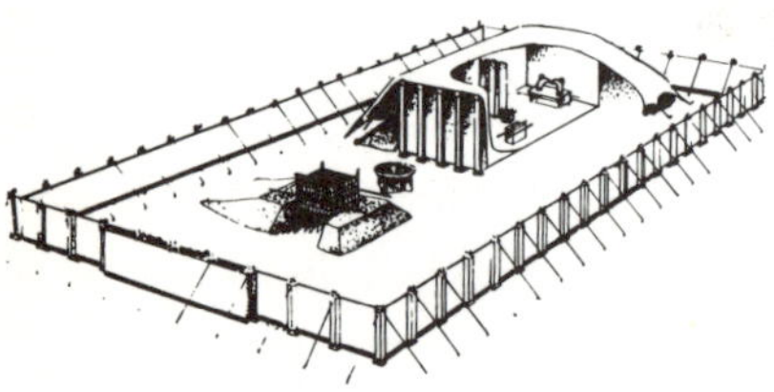

많은 모험을 하게 됩니다. 하나님께서는 시내 산에서 모세에게 이들이 지켜야 할 율법을 주셨습니다.

출애굽기, 레위기, 신명기는 이 율법에 대해 말해 주는 책들입니다. 이 책들은 구약시대의 백성들이 하나님을 어떻게 섬겨야 했는지에 대해 나와 있습니다.

이스라엘은 가나안을 향하여 가는 도중에 하나님께 여러 번 불순종했습니다. 그래서 하나님으로부터 벌도 받았습니다. 그러나 수십 년이 지난 후 이스라엘 백성은 마침내 약속의 땅에 들어갈 수 있었습니다.

가나안 정복

기원전 1399년

모세는 이스라엘 백성이 가나안에 들어가기 전에 죽었습니다. 그래서 '여호수아'가 이스라엘의 새로운 지도자가 되었습니다. 여호수아서에는 하나님의 백성이 약속의 땅을 차지하기 위해 싸운 전투 이야기가 담겨 있습니다.

하나님께서는 이스라엘 백성을 도우셨습니다. 그들이 순종할 때에 여리고성을 무너뜨리셨습니다. 하나님의 백성들은 승리를 위해 열심히 싸워야 했습니다. 7년간의 전쟁을 마친 후, 그들은 드디어 약속의 땅을 차지할 수 있었습니다. 마침내 하나님께서 약속하신 가나안이 이스라엘의 영토가 된 것입니다!

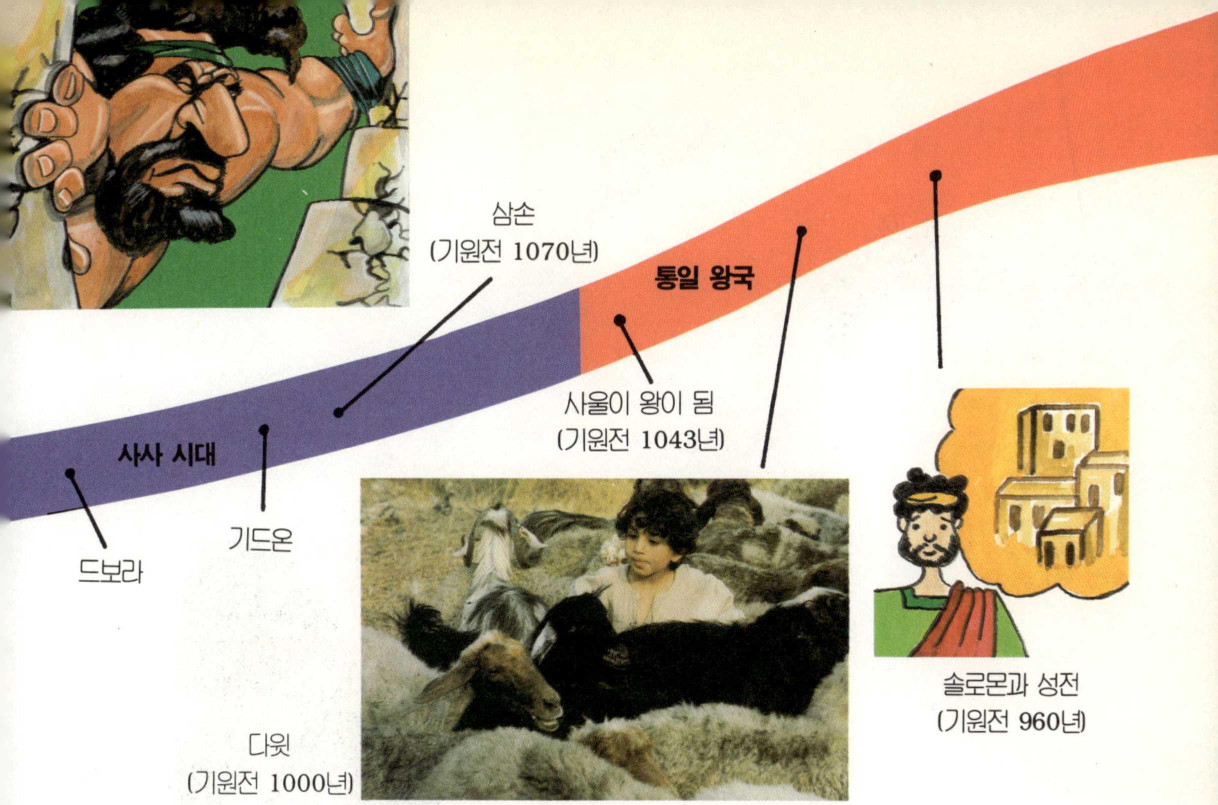

사사 시대

기원전 1380－1058년

이스라엘 백성들은 400년 동안 가나안에서 살았습니다. 하지만 그들에게는 많은 어려움이 있었습니다. 그들은 자주 하나님을 잊고 우상을 숭배했으며, 하나님의 율법을 지키지 않고 죄를 지었습니다. 그래서 하나님께서는 거듭거듭 다른 나라들이 이스라엘을 침략하게 하심으로써 그들을 벌하셨습니다. 그러나 이스라엘 백성들이 회개하고 다시 하나님께로 돌아왔을 때, 하나님께서는 드보라, 기드온, 삼손과 같은 지도자들을 보내셔서 원수들을 물리치게 해 주셨습니다. '사사'들은 군사 지도자이자 통치자들이었습니다. 이들은 하나님의 백성들을 인도하여 하나님을 믿고 순종하도록 했습니다.

통일 왕국

기원전 1043－931년

예수께서 태어나시기 약 1,000년 전에 이스라엘 백성들은 왕을 세우기 원했습니다. 그렇게 해서 첫번째로 왕이 된 사람이 '사울'이었습니다. 사울왕은 많은 전쟁을 승리로 이끌었습니다. 하지만 그는 하나님께 순종하지 않았습니다. 그래서 하나님께서는 '다윗'을 새로운 왕으로 세우셨습니다.

다윗은 하나님을 사랑하고 하나님께 순종하려고 노력하는 사람이었습니다. 성경에는 다윗에 관한 많은 이야기가 실려 있습니다. 다윗은 소년이었을 때 거인 골리앗을 물리쳤습니다. 다윗이 왕으로 있는 동안 이스라엘은 부강했습니다. 그래서 이스라엘은 하나님께서 그의 백성들에게 약속하신 땅을 거의 다 차지했습니다.

다윗의 아들 솔로몬도 훌륭한 왕이었습니다. 솔로몬은 이스라엘을 강하고 부유한 나라로 만들었습니다. 그는 예루살렘에 하나님의 백성들이 제사(예배)드릴 수 있도록 아름다운 성전을 건축했습니다.

다윗과 솔로몬이 살았던 시대에 성경에 나오는 훌륭한 시들이 많이 지어졌고(시편), 많은 금언들이 기록되었습니다(잠언).

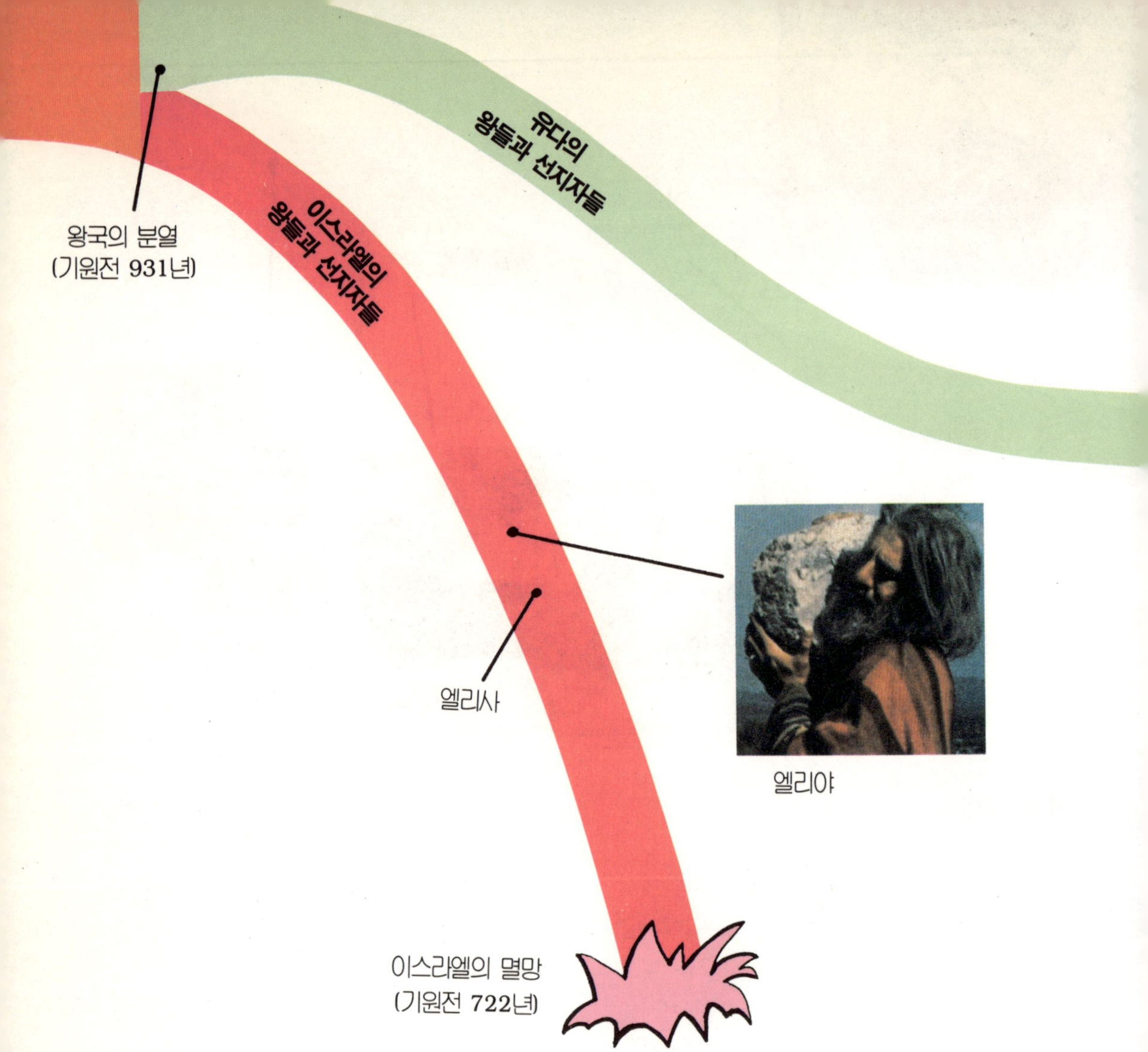

이스라엘의 왕들과 선지자들

기원전 931－722년

기원전 931년에 솔로몬이 죽자, 통일 왕국은 둘로 갈라졌습니다. 북쪽에 새로 생겨난 나라가 '이스라엘'이라는 이름을 계속 사용했습니다. 그런데 이스라엘은 많은 악한 왕들에 의해 다스려졌습니다. 이들은 하나님을 경배하기를 거부하거나 백성들이 예루살렘 성전에 가서 하나님께 제사드리는 것을 허락하지 않았습니다.

하나님께서는 이스라엘의 악한 왕들과 백성들에게 경고를 내리기 위해 선지자들을 보내셨습니다. 선지자들은 사람들에게 하나님의 율법을 상기시켜 주면서, 그들이 하나님께 돌아오지 않으면 하나님께서 벌을 내리실 것이라고 경고했습니다.

성경에는 엘리야, 엘리사와 같은 용감한 선지자들의 이야기가 많이 나옵니다. 또한 아모스와 요엘 선지자, 그리고 그 밖의 선지자들이 기록한 성경도 있습니다.

하나님께서 많은 선지자들을 보내셨음에도 불구하고 이스라엘 왕들과 백성들은 하나님께 돌아가기를 거부했습니다. 그래서 하나님께서는 기원전 722년에 앗수르 군대로 하여금 이 악한 왕국을 멸망시키고 백성들을 포로로 끌고 가게 하셨습니다.

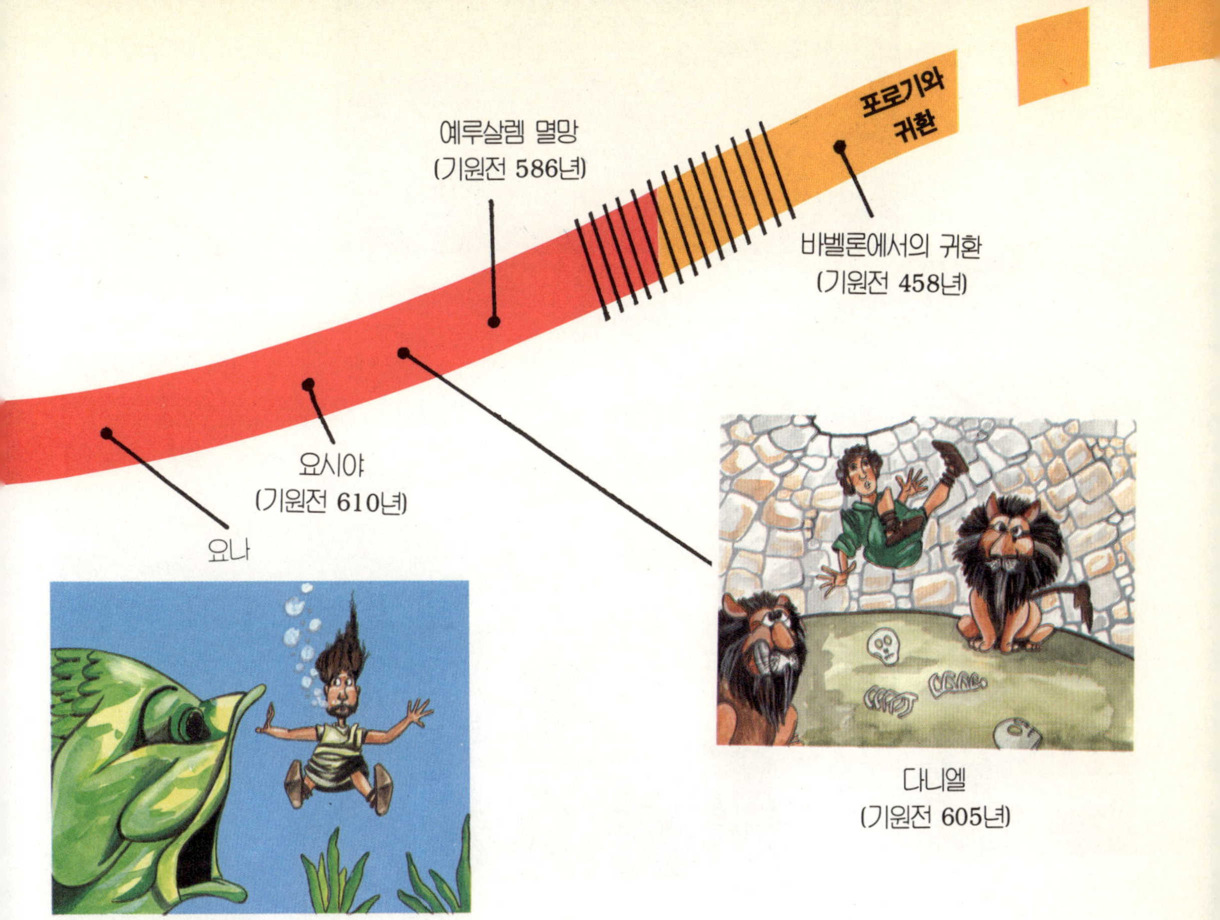

유다의 왕들과 선지자들

기원전 931－586년

솔로몬 왕국이 분열되었을 때, 남쪽은 '유다'라고 불렀습니다. 유다의 왕들은 모두 다윗 가문 출신이었습니다. 이들 가운데 요시야, 히스기야처럼 하나님을 의지하고 하나님의 율법을 따르기 위해 노력한 훌륭한 왕들이 있었던 반면에 악한 왕들도 많았습니다. 하나님의 백성들은 자주 하나님의 법에서 등을 돌리고 거짓 신들을 섬겼습니다.

그러다가 마침내, 기원전 586년에 느부갓네살왕의 바벨론 군대가 쳐들어와 예루살렘과 솔로몬이 지은 아름다운 성전을 불태워 버렸습니다. 그리고 유다 백성들을 바벨론에 포로로 끌고갔습니다. 하나님의 백성들이 죄를 지었기 때문에 그들의 나라가 멸망하였고, 그 백성들이 약속의 땅에서 살지 못하고 먼 다른 나라의 포로로 끌려간 것입니다.

바벨론 포로기와 귀환

기원전 458년

바벨론에서 많은 백성들이 하나님께로 돌아왔습니다. 그들은 하나님의 가르침을 연구하기 시작했습니다. 그리고 더 이상 우상을 숭배하지 않았습니다. 다니엘서와 에스더서에는 유다 백성들이 바벨론에 포로로 잡혀가 있는 동안 하나님께서 그들을 보호하신 이야기가 기록되어 있습니다.

바벨론에서 70년을 보낸 후에, 유다 백성들 중 얼마는 약속의 땅으로 다시 돌아왔습니다. 에스라와 느헤미야가 이들을 인도했습니다. 이때에는 학개와 스가랴와 같은 선지자들이 활동하고 있었습니다. 고향으로 돌아온 유다 백성들은 성전을 재건하고 예루살렘 성벽을 다시 쌓았습니다.

그렇게 해서 하나님의 백성들은 오랫동안 평안하게 지냈습니다. 또 다른 선지자가 나타

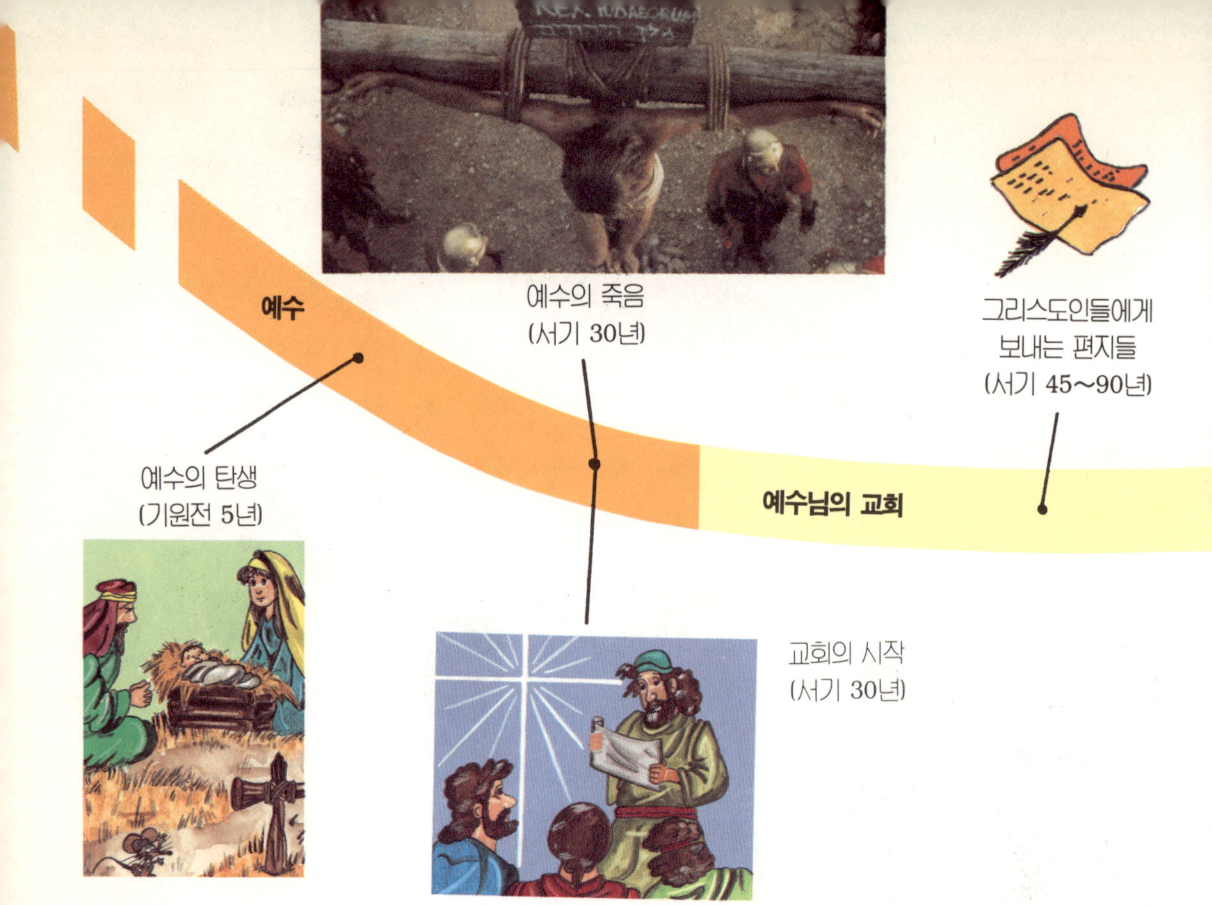

난 것은 그로부터 400년이 지난 후였습니다. 이때 나타난 선지자는 하나님의 백성들에게 놀라운 소식을 전했습니다. 그는 약속하신 구원자 '예수 그리스도'가 곧 오실 것이라고 말했습니다!

예수

기원전 5년–서기 30년

예수께서는 아브라함의 후손으로 오셨습니다. 예수 그리스도는 하나님께서 아브라함에게 세상의 모든 민족들에게 복을 주겠다고 약속하신 바로 그분이십니다.

신약성경에 있는 네 개의 복음서(마태복음, 마가복음, 누가복음, 요한복음)는 우리에게 예수님에 관한 이야기를 들려줍니다. 예수님은 동정녀 마리아에게서 태어나셨습니다. 예수님은 하나님의 아들이십니다.

복음서에는 예수께서 행하신 기적들과 그분의 가르침에 관해 쓰여 있습니다. 그뿐만 아니라 예수께서 왜 돌아가셔야 했고, 장사지낸 후에 어떻게 다시 살아나셨는지도 보여줍니다.

복음서를 읽음으로써 우리는 하나님을 좀 더 깊이 알게 됩니다. 그리고 예수께서 행하신 일들을 연구하고 그분이 말씀하신 것들을 생각하면 하나님에 대해 알 수 있게 됩니다. 왜냐하면 예수님이 하나님의 아들이시기 때문입니다.

예수님의 교회

서기 30년~

예수께서는 십자가에서 돌아가셨습니다. 그러나 다시 살아나셨습니다. 지금 예수께서는 하늘나라에 계십니다. 하나님께서는 어느 날인가 예수께서 이 땅에 다시 오실 것이라고 약속하셨습니다.

예수께서 하늘나라로 돌아가신 후, 예수님을 믿던 사람들은 함께 모여 그를 경배하며 서로 사랑했습니다. 그런 사람들을 '그리스도인'이라고 부릅니다. 그들이 곧 예수님의 교회입니다.

사도행전은 교회가 어떻게 시작되었고 어떻게 성장했는지를 보여 줍니다. 예수님을 따르는 자들은 모든 사람들에게 예수님에 관해 전하기 시작했습니다.

베드로는 이스라엘에서 예수님을 따르는 사람들을 이끌었습니다.

바울은 온세계를 여행하면서 사람들에게 하나님을 전한 선교사였습니다. 베드로와 바울, 그리고 그 외의 지도자들은 그리스도인들에게 예수님을 따르고 경배하는 방법을 가르치기 위해 편지를 썼습니다. 그것들은 현재 우리의 신약성경에 있습니다.

성경은 예수님에 관한 이야기입니다. 구약은 하나님께서 그의 아들을 이 땅에 보내기 위해 준비하신 것에 대해 사람들이 이해할 수 있도록 계시해 줍니다. 그리고 신약성경의 복음서는 예수께서 어떻게 오셨고, 이 땅에서 어떻게 사셨으며, 왜 죽으셔야 했는지를 보여 줍니다. 그리고 그 밖의 신약성경에는 예수님을 믿고 사랑하는 사람들이 하나님을 기쁘시게 하는 삶을 살 수 있는 방법에 대해 쓰여 있습니다.

생각하고 실천합시다

1. 당신은 성경 이야기를 얼마나 많이 알고 있습니까? 알고 있는 성경 이야기들을 하나씩 종이에 써 내려가 보십시오. 그런 다음 그 이야기들이 성경의 어디에 나오는지 알아보십시오.
   그리고 팀을 만들어 각 팀이 열거한 이야기들이 성경 역사 고속도로의' 어느 지점에 위치하는지 확인해 보십시오.

2. 주일학교에서 성경 역사 고속도로를 만들어 보십시오. 각 반이 한 색깔씩 맡아서 긴 종이에 자기반이 맡은 부분에서 일어난 사건들과 인물들을 기록해 보십시오. 그런 다음 각 반들이 만든 조각들을 순서에 따라 하나로 이어 보십시오. 그러면 이 고속도로를 따라 걸으면서 성경이 말해 주는 멋진 이야기들을 기억할 수 있을 것입니다.

구약 성경
(THE OLD TESTAMENT)

세상의 시작

우리가 살고 있는 이 세상은 어떻게 생겨난 것일까요? 왜 지구가 사람들이 살기에 적합할까요? 태양 주변의 다른 행성들은 화성처럼 티끌로 덮여 있어 아주 차갑거나, 수성처럼 뜨겁고 텅 빈 별입니다. 그런 곳에서는 사람이 살 수 없습니다. 그러나 하나님께서는 우주를 창조하실 때 지구를 특별하게 창조하셔서 온갖 생물들이 살 수 있도록 하셨습니다.

좋은 소식

★하나님께서는 우리가 살고 있는 이 지구를 아름답게 창조하셨습니다. 창조는 정말 좋은 소식입니다. 우리는 그분께서 창조하신 것들을 보면서 그분께 감사할 수 있습니다. 그분의 힘과 지혜에 대해서 말입니다.

창세기의 창조 이야기는 다음과 같은 의문에 해답을 제시해 줍니다.

"우주는 어떻게 생겨났을까?"

"왜 하나님께서 지구를 만드셨을까?"

"창조자이신 하나님은 어떤 분이신가?"

그러나 창세기의 이야기를 보면 몇 가지 의문이 일어나는 것도 사실입니다.

하나님께서는 하늘과 지구를 당신의 피조물들이 살 수 있는 아름다운 곳으로 창조하셨다.

"지구의 나이는 몇 살이나 되었을까?"

"공룡은 정말 있었을까?"

창세기 1장을 읽을 때, 우리는 위와 같은 의문을 가질 수 있을 것입니다. 그리고 이러한 의문에 대한 답을 얻기를 원하겠지요.

우주는 어떻게 생겨났을까?

우주가 언제 생겨났는지는 아무도 모릅니다. 어떤 과학자들은 약 45억 년 전에 대폭발(Big Bang)이 있었다고 말합니다. 그 대폭발과 함께 우주와 그 안에 있는 모든 것들이 생겨났다고 합니다.

과학자들은 이전에 아무것도 존재하지 않았던 때가 있었다는 데 동의합니다. 그러나 그 대폭발의 원인이 무엇이었는지는 모릅니다.

성경에서도 아무것도 존재하지 않았던 때가 있었다고 말합니다. 하나님밖에는 아무것도 없었던 때 말입니다. 태초에 하나님께서 "온 세상이 생겨나라"고 말씀하셨습니다. 그러자 우주가 생겼습니다(창세기 1:1; 요한복음 1:1-3). 성경은 하나님께서 언제 우주를 창조하셨는지에 대해서는 말해 주지 않습니다. 그러나 모든 것을 있게 한 힘은 대폭발이 아니라 하나님이라고 분명히 말합니다.

무엇으로 세상을 창조하셨을까?

창세기 1장은 '하나님이 가라사대'(하나님께서 말씀하시자) 세상이 생겨났다고 말합니다(창세기 1:3, 6, 7, 14)! 하나님께서는 도구를 사용하실 필요가 없었습니다. 그분은 단지 말씀으로 명령만 하셨을 뿐입니다.

> "그것들이 여호와의 이름을 찬양할 것은 저가 명하시매 지음을 받았음이로다"(시편 148:5).

우리의 생명을 비롯하여 세상의 모든 것이 하나님으로부터 나왔습니다. 말씀만으로 우주를 만드셨으니 하나님은 얼마나 위대한 분입니까? 하나님께서는 지금도 자신이 만드신 우리를 돌보고 계십니다.

왜 세상을 창조하셨을까?

그것은 사람들이 살 곳을 만들어 주기 위해서였습니다.

왜 그렇냐구요? 그것은 6일간의 창조에 관한 묘사를 보면 알 수 있습니다. 하나님께서는 처음 3일간의 창조에서 세상의 모양새를 갖추셨습니다. 그 다음 3일 동안에는 그것을 아름답게 꾸미셨습니다. 그리고 모든 것이 준비되자 마지막 날에 사람을 창조하시고 세상을 그들에게 주셔서 다스리고 누리도록 하셨습니다(창세기 1:29). 지구는 참으로 하나님께서 우리에게 주신 선물입니다.

하나님은 어떤 분이신가?

창조 사건을 통해 당신은 하나님에 대해 무엇을 알 수 있습니까?

우주는 참으로 넓습니다. 이것은 하나님께서 능력이 매우 크신 분임을 말해 줍니다. 또한 세상 만물이 만들어진 형태나 구조는 하나님께서 매우 지혜로우신 분임을 보여 줍니다. 예를 들면, 새들은 하늘을 나는 데 적합하게 만들어졌습니다. 새들의 뼈는 가늘고 속이 비어서 체중이 적게 나갑니다. 그래서 새들이 쉽게 하늘을 날 수 있는 것입니다. 만일 새들의 뼈가 아주 굵게 창조되었다면 어떻게 되었을까요? 아마 조금 날지도 못하고 땅에 떨어지겠지요? 또 고기들은 물에서 살기 좋게 만들어졌습니다. 물고기들도 종류에 따라 다릅니다. 바닷물에서만 살 수 있는 것이 있고, 민물에서만 살 수 있는 것이 있습니다.

하나님께서는 우리가 살기에 적합하도록 세

상을 창조하셨습니다. 하나님께서 창조하신 대자연의 섭리는 변하지 않습니다. 우리는 내일 아침에 다시 태양이 뜰 것을 믿습니다. 하루는 정확하게 24시간입니다. 그리고 공중을 향해 뛰어오르면 반드시 다시 내려오게 되어 있습니다. 우리는 이 원리가 바뀌리라고는 생각지도 못합니다.

이처럼 우리가 사는 이 세상을 믿을 수 있다는 것은, 이 세상을 창조하신 하나님이 믿을 만한 분이라는 것을 의미합니다. 하나님께서는 어느 날 갑자기 변하시는 분이 아닙니다. 그분은 우리를 계속해서 사랑하십니다.

하나님께서는 우리가 살고 있는 세상의 형태를 만들고 아름답게 꾸미시고는, 보시기에 "좋았다"고 말씀하셨습니다. 이 세상을 우리가 살기 좋은 곳으로 창조하신 것을 보면, 하나님께서 우리를 매우 사랑하시는 것이 틀림없습니다.

창조

창조가 시작된 후 처음 3일간은 준비 기간

이었습니다. 하나님께서는 우주에 빛을 만드시고 바다와 하늘을 창조하셨습니다. 그리고 지구에 마른 땅이 있게 하시고 식물들을 창조하셨습니다.

그 다음 3일 동안, 하나님께서는 그 창조하신 것들을 아름답게 장식하셨습니다. 그리고 넷째 날에는 우주를 태양과 달과 별들로 채우셨습니다. 그리고 다섯째 날에 물에는 물고기가 다니게 하셨고, 하늘에는 새가 날게 하셨습니다. 여섯째 날에는 땅 위에서 사는 동물

창조의 날들

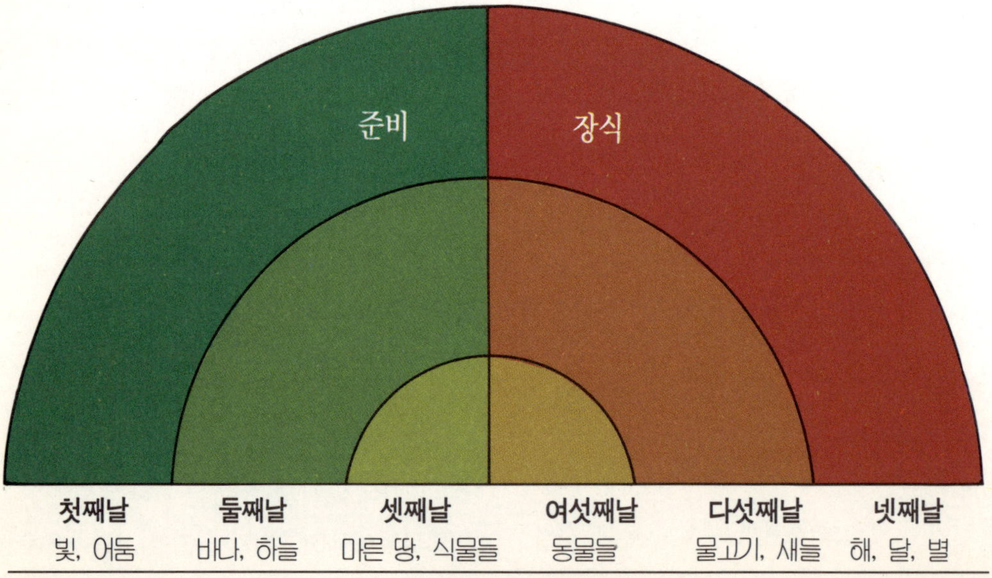

들을 창조하셨습니다.

하나님께서는 이 세상을 우리가 살 아름다운 집으로 창조하셨습니다.

하나님께 대한 응답

하나님께서 우리가 살 수 있도록 이 멋진 세상을 계획하고 창조하셨다는 사실을 생각할 때, 그분께 찬송과 감사를 돌리고 싶어지지 않습니까? 성경에는 천지를 창조하신 하나님을 찬양하기 위해 지어진 시들이 많습니다. 하늘에 수놓아진 은하수를 한번 올려다보십시오. 그리고 하나님을 찬양하십시오.

시편 148:1-6

할렐루야
하늘에서 여호와를 찬양하며
높은 데서 찬양할지어다
그의 모든 사자여 찬양하며
모든 군대여 찬양할지어다
해와 달아 찬양하며
광명한 별들아 찬양할지어다
하늘의 하늘도 찬양하며
하늘 위에 있는 물들도 찬양할지어다
그것들이 여호와의 이름을 찬양할 것은
저가 명하시매 지음을 받았음이로다
저가 또 그것들을
영영히 세우시고
폐치 못할 명을
정하셨도다

'다스리다'는 무슨 뜻일까?

하나님께서는 사람을 창조하시고 자신이 창조한 생물들을 "다스리라"고 말씀하셨습니다(창세기 1:26, 28). '다스린다'는 것은 '책임을 진다'는 의미입니다. 하나님께서는 인간에게 이 세상을 맡기셨습니다. 따라서 우리는 하나님께서 창조하신 세상과 그 가운데 있는 생물들을 돌봐야 합니다.

애완동물들을 잘 보살피는 것도 그중 하나일 수 있지요. 어떤 나라에서는 특정 지역을 동물이나 새를 보호하는 지역으로 정하기도 합니다. 이것은 정부 차원에서 하나님께서 의도하신 일을 행하는 하나의 방법입니다. 하나님께서는 우리에게 이 아름다운 세상을 다스릴 수 있는 권한을 주셨습니다. 그러므로 우리는 이 세상을 책임져야 합니다.

공룡에 대하여

과학자들이 아주 오래 전에 살았다고 믿는 이 거대한 동물의 뼈들은 많이 발견되어 박물관에 보존되어 있습니다. 그렇다면 공룡은 창세기 이야기의 어느 곳에 어울릴까요?

어떤 사람들은 창세기 1장에서의 '하루'는 수십만 년 혹은 수백만 년에 해당한다고 생각합니다(베드로후서 3:8). 이들은 각 날의 '아침'은 하나님에 의한 새로운 창조의 상징이고, '저녁'은 매우 긴 세대의 끝을 상징한다고 생각합니다.

뼈들을 모아 사람들이 재구성한 공룡의 모습

이들은 각각의 길고 긴 날이나 세대 동안 많은 성장과 변화가 이루어졌다고 말합니다. 그러니까 사람이 창조되기 이전에 먼저 창조된 나무들이나 동물들이 그동안에 자라났다는 것이지요. 그래서 그들은 공룡이 초기에 창조되어 긴 세대 동안 살다가 여섯째 날에 하나님께서 인간을 창조하실 무렵에 사라졌다고 믿습니다.

또 어떤 사람들은 하나님께서 24시간을 하루로 하는 7일 동안에 우주를 창조하셨다고 믿습니다. 그들은 하나님께서 세상을 창조하실 때 나무들이나 동물들을 이미 다 자란 상태로도 창조하셨다고 합니다. 그래서 200살이 넘어 보이는 큰 나무들, 그리고 다 자란 동물들이 사람이 창조될 당시에 그곳에 있을 수 있었다고 말합니다. 그러니까 공룡도 그 상태로 창조되었고 이 공룡의 자취를 담고 있는 것으로 보이는 화석들이 지구에 만들어진 거라고 합니다. 이 화석들은 우리가 매일 필요로 하는 가스와 석유를 공급해 줍니다.

우리는 지구가 정확하게 몇 살이고, 공룡이 창조의 몇째 날에 만들어졌는지 정확하게 알 수는 없습니다. 그러나 성경과 창조물 그 자체로부터 하나님께서 모든 것을 창조하셨다는 사실을 알 수 있습니다.

생각하고 실천합시다

1. 하나님께서 6일 동안 창조하신 것들을 써 보십시오.

2. 자루나 상자 속에 여러 가지 물건을 넣어 보십시오. 너트와 볼트, 못쓰게 된 라디오의 부속품 등등……. 그런 다음 그 자루를 잡고 흔들어 보십시오. 그냥 흔들기만 하면 당신이 사용할 수 있는 어떤 것이 만들어집니까? 그렇지 않죠? 마찬가지로, 우리가 살고 있는 이 세상도 아무렇게나 만들어진 것이 아닙니다. 세상의 모든 것들은 아주 주의 깊게 만들어졌습니다.

3. 시편 104편, 욥기 36, 37장에서는 창조자이신 하나님에 관해 말해 줍니다. 이 구절들을 읽어 보십시오. 그런 다음 하나님께서 이 세상을 만들어 주셔서 감사하다는 내용의 시를 한 편 써 보십시오.

남자와 여자

거울을 한번 보세요. 당신의 모습이 보이지요? 최초의 인간인 아담도 당신과 같은 모습이었습니다. 하나님께서는 아담과 하와를 창조하실 때 자신의 형상대로 창조하셨습니다. 그래서 인간은 많은 점에서 하나님을 닮았습니다. 그런데 죄를 지었기 때문에 인간은 아주 중요한 점에서 더 이상 하나님을 닮지 않게 되었습니다.

좋은 소식

★ 오직 사람만이 하나님의 형상대로 창조되었습니다.

☆ 아담과 하와는 죄를 지었습니다. 그럼에도 불구하고 하나님께서는 그들을 계속 사랑하셨습니다. 하나님께서는 우리가 죄를 짓더라도 여전히 우리를 사랑하십니다.

왜 인간은 특별한 존재일까?

창세기 1, 2장

하나님께서는 지구의 모양을 다 갖추신 후 인간을 창조하셨습니다. 인간이 그토록 특별

하나님께서는 세상의 모든 만물을 창조하셨다. 그런데 오직 인간만이 하나님의 형상대로 창조되었다.

에덴동산

하게 창조된 것은 '하나님의 형상대로' 창조되었다는 오직 그 한 가지 이유 때문입니다(창세기 1:27).

창세기에 나오는 에덴동산 이야기는 인간이 어떻게 하나님의 형상으로 창조되었는지를 말해 줍니다. 하나님께서는 '매우 아름다운' 나무들을 에덴동산에 두셨습니다(창세기 2:9). 그리고 아담으로 하여금 에덴동산을 '다스리며 지키게' 하셨습니다(창세기 2:15). 하나님께서는 심지어 아담이 동물들의 이름을 짓는 것까지 허락하셨습니다(창세기 2: 19, 20). 하나님처럼 우리 인간들도 동물의 이름을 짓는 것과 같이 새로운 것을 발명하고 사용할 수 있는 지성을 가지고 있습니다.

하나님께서는 당신께서 창조한 모든 것들을 보고 기뻐하셨습니다(창세기 1:12, 18, 21, 25, 31).

하나님은 거룩하십니다. 그분은 언제나 옳은 것만을 선택하고 행하십니다. 그러나 하나님께서는 인간들을 창조하실 때 옳은 것과 옳지 못한 것을 선택할 수 있는 '자유 의지'를 주셨습니다. 하나님께서 에덴동산에 한 나무를 두시고 아담에게 따먹지 말라고 명령하신 것도 바로 이러한 이유 때문이었을 것입니다(창세기 2:16, 17). 아담은 옳은 것과 옳지 못한 것을 자유롭게 선택할 수 있었습니다.

에덴동산이 있었던 곳

에덴 동산은 과연 어디에 있었을까요? 창세기 2장은 에덴동산이 네 강의 근원이 되는 지역에 있었다고 말합니다. 우리는 이들 중 둘은 알고 있습니다. 티그리스강과 유프라테스강이 그것입니다. 위의 지도를 보고 대부분의 사람들이 에덴동산이 있었다고 생각하는 지역을 찾아보십시오.

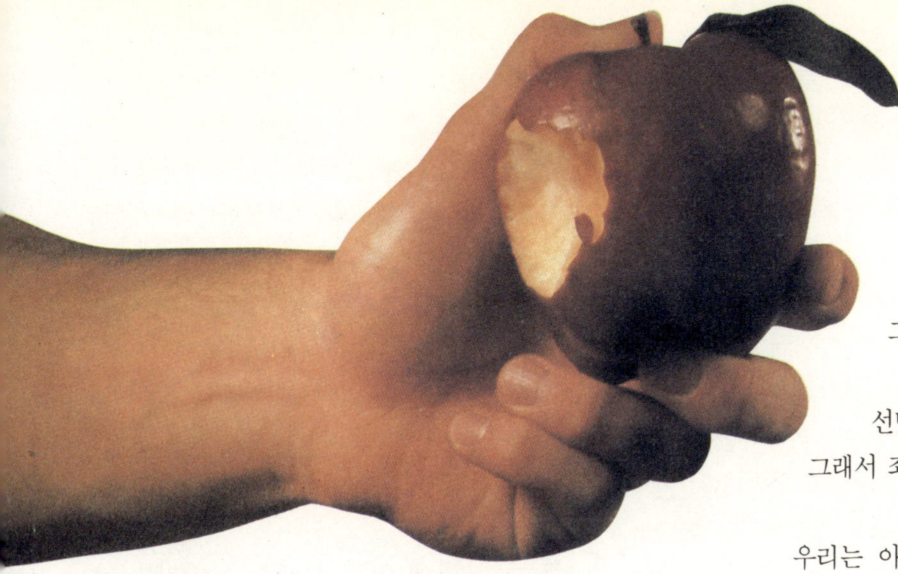

첫번째 죄

창세기 3장

참으로 하나님과 같기 위해서는, 아담과 하와는 항상 옳은 것만을 선택해야 했습니다. 그러나 아담과 하와는 계속해서 옳은 것만 선택하지는 않았습니다. 그래서 죄가 세상에 들어오게 되었습니다.

우리는 아담과 하와가 에덴동산에서 얼마나 오랫동안 행복하게 살았는지는 알 수 없습니다. 또한 그들이 얼마나 여러 번 그 나무를 바라보고 따먹지 말아야 한다고 생각했는지도 알 수 없습니다. 어쨌든 어느 날 사탄이 하와를 유혹하였고, 하와는 아담에게 옳지 못한 선택을 하게 했습니다. 아담과 하와는 하나님께 불순종하여 따먹지 말라고 명령하신 과일을 따먹었습니다. 그것이 인간이 범한 첫번째 죄입니다. 그것은 참으로 무서운 결과를 낳았습니다.

남자와 여자

하나님께서는 먼저 아담을 창조하시고, 그 다음에 아담의 갈비뼈로 하와를 창조하셨습니다(창세기 2:20-24). 왜 그렇게 하셨는지 궁금하지 않으세요? 성경을 연구하는 많은 사람들은 하나님께서 그렇게 하신 데는 중요한 이유가 있다고 생각합니다.

아담은 오랫동안 에덴동산에서 혼자 살았습니다. 그런데 아담은 점점 외로움을 느끼기 시작했습니다. 그는 혼자 살면서 사람에게는 서로를 사랑해 줄 또 다른 사람이 필요하다는 것을 느꼈습니다. 그때 하나님께서 아담의 갈비뼈로 하와를 만드셔서 아담에게 데려오셨습니다.

아담은 하와를 보자 "이는 내 뼈 중의 뼈요 살 중의 살이라"고 말했습니다(창세기 2:23). 아담은 하와가 자기와 비교할 때 몇몇 다른 점들이 있기는 하지만 실제로는 자신과 같다는 것을 알았습니다. 남자와 여자는 똑같이 하나님의 형상대로 창조되었습니다. 그렇기 때문에 둘 중 어느 한 쪽이 더 중요하지도, 덜 중요하지도 않습니다.

인간이 죄를 범했을 때 어떤 일이 일어났나?

인간은 아직도 많은 면에서 하나님의 형상을 닮았습니다(창세기 9:6; 야고보서 3:9). 그러나 이 형상은 왜곡되고 깨어졌습니다. 하나님께서는 언제나 옳은 것과 선한 것만을 선택하십니다. 그러나 아담과 하와는 옳지 못한 일을 했습니다. 그들은 더 이상 하나님처럼 참으로 선한 존재가 아니었습니다.

우리는 하나님께서 아담과 하와와 이야기를 나누려고 에덴동산에서 그들을 찾으셨을 때 그들이 취한 행동에서 죄의 결과를 한 가지 발견할 수 있습니다. 아담과 하와는 죄의식을 느끼고 부끄러워했습니다. 그래서 그들은 하나님으로부터 달아나 숨으려고 했습니다.

하나님께서 왜 옷을 만들어 주셨을까?

아담과 하와는 나뭇잎으로 자신들의 벗은 몸을 가리려 했습니다(창세기 3:7). 하나님께서 그 모습을 보시고 그들에게 동물의 가죽으로 옷을 만들어 주셨습니다(창세기 3:21).

왜 그렇게 하셨을까요? 어떤 사람들은 이것이 첫번째 희생 제사였다고 믿습니다. 이것은 죄는 반드시 죽음으로 징벌되어야 한다는 것을 보여 주었습니다. 그러나 하나님께서는 아담을 죽이는 대신 다른 대속자를 이 땅에 보내어 그로 하여금 죽게 하셨습니다.

그분이 바로 십자가 위에서 돌아가신 예수 그리스도입니다. 예수께서는 우리의 죄를 위하여 죽으셨습니다. 그래서 우리가 죄를 지었을 때도 용서를 받을 수 있는 것입니다. 구약 성경의 동물 희생 제사는 죄의 결과는 죽음이라는 사실을 가르쳐 주었습니다. 하나님께서 죄인을 받아들이실 수 있을 때는 오직 죄가 징벌되었을 때입니다.

사람은 왜 죽을까?

하나님께서는 아담에게 선악과를 따먹으면 죽을 것이라고 경고하셨습니다(창세기 2:17). 그 말씀대로 아담과 하와가 선악과를 먹는 순간부터 그들의 몸은 죽어 가기 시작했습니다.

하와를 유혹해서
죄를 짓게 만든 간교한 뱀은
저주를 받아
종신토록
배로 땅을 기어다니며
흙을 먹고 살게 되었다.

그러나 성경에서의 '죽음'은 육체적인 것과 영적인 것을 모두 포함합니다. 영적으로 죽은 사람은 하나님께 응답하지 못합니다. 아담과 하와처럼, 영적으로 죽은 사람은 하나님을 피하게 됩니다.

에베소서 2:1-3에서는 영적으로 죽은 사람이 어떻게 행동하는지를 보여 줍니다. 그리고 창세기 4장은 죄와 영적인 죽음이 일으키는 크나큰 비극을 보여 줍니다.

죄는 그 밖에 어떤 결과를 낳았나?

하나님께서는 아담과 하와가 숨어 있는 곳에 찾아오셨습니다. 그리고 그들의 잘못된 선택이 가져다 줄 결과에 대해 말씀하셨습니다(창세기 3:16-19). 죄 때문에 땅은 잡초로 가득 찰 것이라고 하셨습니다. 그래서 곡식을 심기 위해서는 땅을 갈아야 했습니다. 아담은 즐겁게 노는 대신 힘든 노동을 해야 했습니다. 그리고 하와는 큰 고통을 겪으면서 아이를 낳아야 했습니다. 아담과 하와가 여전히 서로를 사랑했지만, 그들의 관계는 이전처럼 가깝지 못하게 되었습니다.

가장 비극적인 결과는 그들의 자녀가 하나님보다는 사람인 그들을 더 닮게 된다는 것이었습니다. 이미 죄가 세상에 들어왔기 때문입니다. 그래서 앞으로 태어나는 모든 사람들은 죄를 짓게 되어 있습니다. 그들은 옳은 것을 선택하기 보다는 자주 옳지 못한 것을 선택하게 될 것입니다.

죄가 얼마나 무서운가?

창세기 4장에는 아담의 아들 가인이 질투와 분노 때문에 자기의 동생 아벨을 죽인 이야기가 나옵니다. 그 후 여러 해가 지나서 라멕이 하나님의 뜻을 거역하고 두 명의 아내와 결혼했습니다. 그리고 그는 죄 없는 사람을 죽이고도 원수를 죽였다고 변명했습니다.

죄는 모든 사람들 속에 있습니다. 그래서 오늘날 신문에는 못된 짓을 하고 다른 사람들을 해치는 악한 사람들의 이야기로 가득 차 있습니다.

그 당시 사람들의 수명

창세기 5장

창세기 5장에는 사람들이 782세, 805세, 심지어 969세까지 살았다고 기록되어 있습니다. 이것을 어떻게 설명할 수 있을까요?

홍수 이전에 사람들이 오래 살았다고 말하고 있는 것은 단지 성경뿐만이 아닙니다.

고고학자들은 노아 홍수 이전과 이후에 살았던 고대 메소포타미아 왕들의 이름이 적힌 기록을 발견했습니다. 거기에 보니까 홍수 이전에 살았던 왕들 중에는 42,000년이나 통치한 왕들도 있었다고 합니다!

그렇다면 사람들이 어떻게 수백 년이나 살 수 있었을까요? 많은 사람들은 창세기에 기록된 홍수가 있기 이전의 세상은 지금과는 아주 달랐다고 믿습니다. 그때에는 비가 오지 않았습니다(창세기 2:5). 그리고 하늘에는 많은 수증기가 먹구름을 이루고 있었습니다(창세기 1:7). 이 기간 동안에는 동물들조차 고기를 먹지 않았습니다(창세기 1:29, 30과 창세기 9:3을 비교해 보십시오).

그 때에는 공중의 수증기가 태양의 어떤 광

가인은 농사를 지었고, 아벨은 양을 치는 목동이었다. 어느 날 가인과 아벨은 하나님께 제물을 드렸는데 하나님께서 아벨의 제물은 기쁘게 받으셨지만, 가인의 제물은 받지 않으셨다. 그래서 화가 난 가인은 자기 동생 아벨을 죽였다.

선들을 차단했을 것입니다. 과학자들은 이러한 광선들이 동물과 사람을 늙게 만든다고 설명합니다.

이 때문에 홍수 이전의 사람들이 그렇게 오래 살 수 있었던 것일까요? 확실히는 알 수 없습니다. 그러나 성경은 그때에는 사람들이 매우 오래 살았다고 말합니다.

하나님께서 죄를 어떻게 생각하실까?

창세기 6-9장

하나님께서는 죄를 어떻게 생각하실까요? 그리고 만일 사람들이 계속해서 죄를 범한다면 어떻게 하실까요?

아담과 하와 이후 수백 년 동안 아마도 수백만 명의 사람들이 이 땅에서 살았을 것입니다. 이 사람들은 분명 하나님에 관해 들었지만, '항상 악한 짓만'했습니다(창세기 6:5). 하나님께서는 '마음이 아프셨지만' 이러한 죄인들의 세상을 벌하셔야만 한다는 것을 알고 계셨습니다(창세기 6:6). 그래서 모든 생명체를 휩쓸어 버릴 대홍수를 내리기로 결심하셨습니다.

왜 노아만 구원되었나?

노아는 악을 행하지 않고 선을 행하는 사람이었습니다(창세기 6:8, 9). 하나님께서는 노아에게 홍수가 있을 것이라는 경고를 주셨습니다. 그리고 '방주'라고 불리우는 큰 배를 지으라고 말씀하셨습니다. 그 배는 길이가 138m, 폭이 23m, 높이가 18m나 되는 큰 배였습니다. 그 배는 아주 커서 노아와 그의 아내, 세 아들과 며느리들, 그리고 많은 동물들을 실을 수 있었습니다.

홍수는 전세계적인 것이었나?

어떤 성경 학자들은 창세기의 홍수는 지역적인 것이었다고 믿습니다. 이들은 단지 아담의 후손들이 살았던 메소포타미아의 저지대에만 홍수가 있었다고 생각합니다. 만일 사람들이 전세계로 이주하지 않고 그 지역에만 남아 있었다면, 지역적인 홍수였더라도 하나님께서 의도하신 목적을 이루어 모든 인간들과 동물들을 멸망시켰을 것입니다.

다른 성경 학자들은 물이 약 7m가 넘자 "천하에 높은 산이 다 덮였더니 물이 불어서 십오 규빗(약 6.7m) 오르매"라는 성경 말씀을 지

하나님께서는 모든 종류의 동물과 새들을 각각 한 쌍씩 방주에 들이라고 말씀하셨다. 그리고 어떤 것들은 일곱 쌍씩 들이라고 하셨다. 하나님께서 그렇게 말씀하신 이유는 그것들을 구하기 위해서였다. 홍수가 끝나자 모든 동물들과 새들은 다시 땅을 채웠다.

홍수로 인한 물이 마침내 사라지기 시작하자, 노아의 방주는 아라랏산 꼭대기에 멈추어 섰다. 지금은 터어키 영토인 그곳에서 탐험가들은 아직도 노아의 방주를 찾고 있다.

적합니다(창세기 7:19, 20). 그러나 현재 지구를 그만한 깊이로 덮을 수 있을 정도로 그렇게 많은 양의 물은 없습니다. 어떤 크리스천 과학자들은 홍수 이전에는 산들이 그렇게 높지 않았었다고 말합니다. 이들은 홍수로 인한 물의 무게가 바다의 바닥에 압력을 가했고 그래서 산들이 더 높게 솟아오르게 되었다고 합니다.

하나님께서 노아에게 하신 약속

비가 내리가 시작한 지 거의 일 년이 지난 후에 노아와 그의 가족과 동물들은 방주에서 나올 수 있었습니다. 방주는 아라랏산 위에 멈추었습니다. 노아는 제단을 쌓고 동물을 잡아 하나님께 희생 제사를 드렸습니다. 그러자 하나님께서는 노아에게 다음과 같이 약속하셨습니다.

"내가 전에 행한 것같이 모든 생물을 멸하지 아니하리라"(창세기 8:21).

무지개가 이 약속의 표시입니다. 구름이 몰려들어 비가 온 후, 가끔 우리는 하늘에서 무지개를 볼 수 있습니다. 그때 우리는 하나님의 약속을 기억하게 됩니다. 다시는 우리가 사는 이 땅이 홍수로 뒤덮이지 않을 것입니다(창세기 9:12-16).

하나님의 형상

하나님께서는 몇 가지 점에서 우리를 자신의 형상대로 만드셨습니다. 우리에게 선하고 경이로운 것들이 있는 것은 하나님께서 우리를 하나님처럼 만드셨기 때문입니다.

그러나 몇 가지 점에서 우리는 이제 더 이상 하나님과 같아질 수 없습니다. 하나님께서는 언제나 옳고 선한 것을 선택하시지만, 사람들은 때때로 옳지 못하고 악한 것을 선택합니다.

아담과 하와, 그리고 노아 홍수 이야기를 통해서 우리는 하나님께서는 계속해서 옳지 못한 일을 행하는 자들을 벌하신다는 사실을 알 수 있습니다. 죄를 벌하는 것은 옳은 일입니다.

생각하고 실천합시다

1. 창세기 2, 3, 6장을 읽어 보십시오. 이 말씀들은 하나님에 관해 무엇을 가르쳐 주고 있습니까?

2. 사탄은 하와를 꾀어 옳지 못한 일을 하게 했습니다. 창세기 3:1-6을 보십시오. 사탄은 하와가 하나님의 말씀을 어기도록 하기 위해 어떻게 했습니까? 무엇이 하와로 하여금 선악과를 따먹고 싶도록 만들었습니까?

3. 신문을 한번 보십시오. 어떤 기사가 아직도 인간들이 몇 가지 면에서 하나님과 같다는 점을 보여 줍니까? 또 어떤 기사가 다른 중요한 면에서 인간들이 하나님과 다르다는 것을 보여 줍니까?

4. 노아의 방주에 대해 이야기를 나누어 보십시오. 그 방주를 만드는 데 왜 그렇게 오래 걸렸으며, 하나님께서는 왜 노아에게 방주를 지으라고 하셨습니까? 그리고 홍수 동안에는 어떤 일이 일어났습니까?

믿음의 조상 아브라함

이슬람교와 유대교, 그리고 기독교에서는 아브라함을 믿음의 '조상'이라고 말합니다. 이들 각 종교에서는 하나님께서 아브라함에게 말씀하셨다고 믿고 있습니다. 그리고 하나님께서 이교도의 땅 '우르'에서 살고 있는 아브라함에게 말씀하신 데는 특별한 목적이 있었다고 합니다. 하나님께서 아브라함에게 무슨 말씀을 하셨을까요? 하나님의 목적은 무엇이었을까요? 왜 아브라함을 '믿음의 조상'이라고 부르게 되었을까요?

좋은 소식

★ 하나님께서는 사랑하는 사람들에게 놀라운 약속을 주십니다. 아브라함처럼 우리도 하나님을 믿고 그분의 말씀을 행함으로써 그분께 약속을 받을 수 있습니다.

☆ 하나님께서는 아브라함에게 하신 약속을 지키셔서 그가 100세에 이삭을 낳게 하셨습니다. 이와 마찬가지로 하나님께서는 우리에게 하신 약속도 지키십니다. 우리 인간이 보기에 그 약속을 행하는 것이 불가능하게 보일지라도 하나님께서는 반드시 약속을 지키십니다.

4,000년 전에

아브라함이 살던 곳은 아주 부유한 지역이었으며, 사람들이 아주 많은 곳이었습니다. 낙타

아브라함 시대에 얼마나 부자인가를 평가하는 한 가지 방법은 그 사람이 가진 낙타와 천막과 그 밖의 소유물들의 수를 세는 것이었다. 아브라함은 수천 마리의 동물들과 많은 천막들을 가지고 있었다.

아브라함의 여행

를 탄 상인들은 황금, 철제 도구, 도자기, 목제, 곡식, 옷 등을 가져다가 이곳에서 장사를 했습니다. 이곳의 무역로는 다른 도시들과 여러 나라들로 이어져 있었습니다. 또한 관개시설도 잘 되어 있었던 이 지역은 '비옥한 초생달 지역'이라고 불리웠습니다. 지도에서 어둡게 표시된 곳이 바로 이 지역입니다.

이 지역은 아브라함 시대 이전에 이미 문명화되었습니다. 예를 들면, 에블라(지도를 보십시오)라는 도시에는 수천 개의 토판을 갖춘 도서관이 있었습니다. 게다가 인구는 약 26만 명이나 되었습니다. 이 도시는 아브라함이 이곳에 살기 약 500년 전에 전쟁으로 파괴되었습니다. 아브라함이 등장하기 아주 오래 전에, 애굽에는 피라미드가 있었습니다. 천문학자들은 별을 연구했으며, 의사들은 의학 서적들을 썼습니다. 시민들과 여행자들은 법의 보호를 받을 수 있었습니다.

아브라함 시대의 법과 관습들에 대해 어떻게 이렇게 많이 알 수 있을까요? 그것은 바벨론 말로 쓰여진 약 20,000개의 토판들이 '누지'라는 곳에서 발견되었기 때문입니다. 이 토판들을 통해 우리는 고대의 많은 관습들을 알 수 있습니다.

물론 고대는 오늘 우리가 사는 세계와는 달랐습니다. 여행을 할 때는 굉장히 오래 걸렸습니다. 전화도 없었고, 라디오나 텔레비전도 물론 없었습니다. 하지만 아주 많은 점에서, 아브라함이 살던 시대는 오늘날과 비슷했습니다.

우르

아브라함은 유프라테스(지도를 보세요)강가에 있는 번영하는 도시 우르에서 살았습니다. 고고학을 연구하는 사람들은 이 도시에 관해 많은 것을 알아냈습니다. 이 도시에는 하수도와 넓은 거리들과 이층집들이 있었습니다. 계약이나 다른 상업 활동들에 관한 세밀한 기록들도 남아 있습니다. 왕의 무덤에서는 황금 접시들이 발견되었습니다. 이것은 우르 예술가들의 솜씨가 얼마나 훌륭했는지를 보여 주는 걸작품입니다.

아브라함은 아마 우르에서 부유한 상인이었을 것입니다. 그래서 그는 이 도시에서 최고의 풍요를 누리며 살았을 것입니다. 그때까지 아브라함은 하나님을 알지 못했습니다. 하지만 하나님께서 그에게 말씀하시자, 그는 곧 그 말씀에 순종했습니다.

하나님께서 아브라함에게 주신 약속들

창세기 12장

하나님께서는 아브라함에게 고향 땅 우르를 떠나 새로운 땅으로 가라고 말씀하셨습니다. 그러면서 놀라운 약속을 주셨습니다. 다음은 하나님께서 아브라함에게 주신 몇 가지 약속들입니다.

- 하나님께서는 아브라함의 후손들로 큰 민족을 이루겠다고 약속하셨습니다. 그래서 유대 민족, 아랍 민족이 아브라함으로부터 나왔습니다.
- 하나님께서는 아브라함을 축복하겠다고 약속하셨습니다. 그리고 평생 동안 아브라함을 지켜 주셨습니다.
- 하나님께서는 아브라함의 이름을 위대하게 만들어 주겠다고 약속하셨습니다. 오늘날 이슬람교도들, 유대교도들, 그리고 그리스도인들이 아브라함을 위대한 인물로 생각하고 있습니다.
- 하나님께서는 아브라함을 모든 사람에게 복을 주는 사람으로 만들어 주겠다고 약속하셨습니다. 우리의 구원자이신 예수께서 아브라함의 자손으로 태어나셨습니다.
- 하나님께서는 아브라함에게 보여 주신 땅을 그의 후손들에게 주겠다고 약속하셨습니다. 아브라함의 후손들, 즉 이스라엘 백성들은 가나안을 약속의 땅으로 받았습니다.

지구라트(Ziggurat). 우르(Ur)에서 발견된 이것은 지구라트 중에 가장 완벽한 형태를 유지하고 있다. 어떤 학자들은 바벨탑이 하나의 지구라트라고 믿고 있다.

하나님께서 아브라함에게 하신 약속들은 왜 중요한가?

하나님께서 아브라함에게 주신 약속이 왜 그렇게도 중요할까요? 그것은 하나님께서 아브라함과 '언약'이라고 불리는 아주 특별한 협약을 맺으셨기 때문입니다. 아브라함 시대에 협약(언약)은 계약과 같았습니다. 이러한 종류의 협약을 맺음으로써 하나님께서는 절대로 약속을 어기지 않으실 것이라는 점을 아브라함에게 확신시켜 주신 것입니다.

아브라함에게 하신 하나님의 약속들은 우리를 위한 하나님의 계획을 이해할 수 있게 해 줍니다. 하나님은 언제나 신실하십니다. 하나님께서는 구약시대에 약속을 지키셨던 것처럼, 오늘 우리들에게도 약속을 지키십니다.

아브라함은 왜 이름이 둘이었나?

창세기에 보면 같은 사람이 '아브람'과 '아브라함'이라는 두 가지 이름으로 불렸습니다. 왜 그랬을까요? 구약시대에 이름은 특별한 의미를 가지고 있었습니다. '아브람'이라는 이름에는 '아버지'라는 뜻이 있고 '아브라함'이라는 이름에는 '존경받는 아버지'라는 뜻이 있습니다. 하나님께서는 아브람의 이름을 아브라함으로 고쳐 주셨습니다. 이것은 아브라함을 많은 민족들의 존경받는 조상(아버지)으로 만들어 주겠다는 하나님의 약속의 상징이었습니다.

아브라함은 어떤 사람이었나?

아브라함은 특별한 사람이었습니다. 그렇지만 그는 완벽한 사람은 아니었습니다. 그는 때로는 겁을 내기도 했습니다. 그렇지만 공정하고, 용감하며, 법을 지키며, 주의 깊은 사람이었습니다. 그리고 무엇보다 참된 믿음의 사람이었습니다.

그는 겁이 많았다(창세기 12장)

하나님께서 그에게 말씀하셨을 때, 아브라함은 용감하게 우르를 떠났습니다. 그러나 그는 여전히 겁이 많았습니다. 애굽으로 여행할 때 애굽 사람들이 자기를 죽이고 자신의 아름다운 아내를 빼앗을까봐 그는 두려워했습니다. 그래서 그는 아내 사라에게 자신의 여동생이라고 거짓말하도록 시켰습니다. 후에 아브라함은 다시 한 번 똑같은 거짓말을 했습니다(창세기 20장). 우리도 때때로 두려움을 느낍니다. 그러나 우리가 옳은 것을 선택하기만 한다면 하나님께서 우리를 지켜 주실 것입니다.

그는 공정했다(창세기 13장)

아브라함은 조카 롯과 함께 옮겨다니며 목축을 했습니다. 두 사람은 모두 부자였고 양떼와 소떼가 아주 많았습니다. 얼마 후에는 가축들이 너무 많아 두 사람이 함께 다닐 수 없게 되었습니다. 아브라함은 롯이 땅을 먼저 선택하도록 했습니다. 아브라함은 롯보다 나이가 많았기 때문에 자기가 우선권을 가질 수도 있었지만, 그는 그렇게 하지 않았습니다. 하나님께서는 아브라함의 공정함을 기뻐하시며 아브라함의 후손이 그 땅 전부를 영원히 소유하게 될 것이라고 약속하셨습니다.

그는 용기 있는 사람이었다(창세기 14장)

롯은 소돔으로 이사했습니다. 그런데 네 명의 왕들이 보낸 군대가 소돔성을 장악하여 롯은 그들의 포로로 잡히고 말았습니다. 아브라함은 318명의 잘 훈련된 용사들을 무장시켰습니다. 그는 소돔을 공격한 군대를 물리치고 조카 롯과 다른 포로들을 구해냈습니다.

그는 법을 잘 지켰다(창세기 16장)

아브라함의 아내는 아이를 낳지 못했습니

다. 그래서 그녀는 여종 하갈을 통해 아브라함의 아이를 낳게 하고 싶었습니다. 아브라함 시대의 법에 따르면 아이를 낳지 못하는 여자들은 그렇게 해야만 했습니다. 그녀는 여종이 낳은 아이를 자기의 아이로 키울 수 있었습니다. 그 아이의 이름은 '이스마엘'이었습니다. 후에, 사라는 아브라함에게 이 아이를 내보내라고 했습니다(창세기 21장). 아브라함은 그렇게 하고 싶지 않았습니다. 왜냐하면 이스마엘을 사랑했기 때문입니다. 그리고 이스마엘을 내보내는 것은 그 당시의 법에 어긋나는 것이었습니다. 그러나 하나님께서는 아브라함에게 이스마엘을 내보내라고 말씀하시고, 이스마엘을 지켜 주시겠다고 약속하셨습니다.

주의 깊은 사람이었다(창세기 18, 19장)

하나님께서는 아브라함에게 악으로 가득 찬 소돔과 고모라를 멸하겠다고 말씀하셨습니다. 아브라함은 그곳에 선한 사람이 단 열 명이라도 있으면 그 성들을 멸하시지 말라고 간청했습니다. 하지만 그곳에는 선한 사람이 단 한 명밖에 없었습니다. 그 사람은 아브라함의 조카 롯이었습니다. 하나님께서는 롯이 그 성을 탈출할 때까지 기다리셨습니다. 그리고 나서 불로 그 성들을 멸하셨습니다. 이처럼 아브라함은 주의 깊은 사람이었습니다. 그러나 하나님은 더욱 주의 깊으셨습니다. 그래서 하나님께서는 악한 사람들을 벌하실 때에 선한 사람은 단 한 명이라도 죽이지 않으셨습니다.

소돔과 고모라는 과연 어디인가?

현재 많은 사람들은 폐허가 된 소돔과 고모라가 사해의 남쪽 짠 바닷물 아래 있다고 믿습니다(지도를 보십시오). 하나님께서는 하늘에서 불을 내려 소돔과 고모라를 멸하셨습니다. 어떤 사람들은 하나님께서 지진을 일으키시고 그 지역의 유황과 아스팔트가 섞인 석유 가스를 폭발시키셨다고 생각합니다. 1953년, 이스라엘의 첫 석유 시추봉이 이곳에 꽂혔습니다.

소돔과 고모라는
사해의 낮은
지역 위에 놓여
있을지도 모른다.
기원전 2,000년경에 계곡을 수면
아래로 내려앉게 만든
강력한 지진이 있었을 것이다.

사해에는 염분이 너무 많아서 물고기가 살 수 없다. 그래서 사해에서 수영하는 사람들은 저절로 물 위로 뜨게 된다.

믿음의 시험

아브라함은 세 번 믿음을 시험받았습니다.

첫번째, 하나님께서는 아브라함에게 "우르를 떠나라"고 말씀하셨습니다. 아브라함은 하나님을 믿고 떠났습니다(창세기 12장).

두 번째, 하나님께서는 사라가 아들을 낳게 될 것이라고 약속하셨습니다. 그러나 아브라함 부부는 아이를 낳기에는 이미 나이가 너무

아브라함이 그의 아들 이삭을 제사지내기 위해 준비했던 모리아산에 지금은 바위돔(Dome of Rock)이 세워져 있다.

많았습니다. 그럼에도 불구하고 아브라함은 하나님의 약속을 믿었습니다(창세기 15장).

세 번째, 하나님께서는 아브라함에게 아들 이삭을 죽여 희생 제사를 드리라고 말씀하셨습니다. 아브라함은 하나님의 말씀에 순종할 준비를 했습니다(창세기 22장). 그는 하나님께서 이삭을 죽은 자 가운데서라도 다시 살리실 것이라고 믿었습니다(창세기 22:5; 히브리서 11:17-19).

아브라함은 하나님의 명령에 순종했습니다. 그렇게 함으로써 그는 자신이 하나님을 진정으로 믿고 있다는 것을 보여 주었습니다. 아브라함은 정말 그렇게 하기 힘들었을 때에도 하나님께 순종했습니다. 오늘날에도 하나님을 진정으로 믿는 사람들이라면 아브라함과 같이 기꺼이 하나님께 순종해야 합니다.

아브라함의 아들들

아브라함이 이스마엘을 내보낸 후, 이스마엘은 하나님의 보호를 받았습니다(창세기 21:1-21). 아랍 민족이 바로 이스마엘의 후손입니다(창세기 25:12-18).

이삭은 부모님이 죽을 때까지 함께 있었습니다. 아브라함에게 주신 하나님의 놀라운 약속들은 이삭에게로 그대로 이어졌습니다. 그리고 이삭이 죽자 이 약속들은 그의 아들 야곱에게로 전해졌습니다.

생각하고 실천합시다

1. 다음 구절들을 읽고 하나님께서 아브라함에게 주신 약속들을 찾아보십시오. 이 약속들 중에서 하나님께서 당신에게 해 주셨으면 하는 것 한 가지만 다른 사람에게 말해 보십시오. 시편 32:8; 이사야 41:10, 13, 49:15, 54:10; 요한복음 14:13; 요한일서 1:9.

애굽으로 건너감

아브라함의 손자 야곱은 하나님의 언약을 물려받은 사람이었습니다. 그는 모험으로 가득 찬 생애를 살았습니다. 그는 형 에서가 자신을 죽이려 했기 때문에 집에서 도망쳐야 했습니다. 그러나 하나님께서는 아브라함과의 약속을 지키셔서 야곱을 약속의 땅으로 다시 돌아오게 하셨습니다.

야곱의 아들 중 요셉은 애굽에 노예로 팔려갔습니다. 하나님께서는 요셉과 함께하시고 요셉을 도와주셨습니다. 그래서 요셉은 그 큰 애굽 나라의 총리가 되었습니다. 그 덕분에 아주 큰 흉년이 들었을 때 요셉의 가족들은 양식을 공급받을 수 있었습니다. 요셉은 자기 가족들을 애굽으로 데려와 편안하게 살도록 해 주었습니다.

좋은 소식

★ 야곱은 옳은 일을 행하는 것을 배우는 데는 아주 느렸습니다. 하지만 하나님께서는 야곱을 포기하지 않으셨습니다. 하나님께서는 당신과 저도 포기하지 않으십니다.

☆ 요셉은 아주 힘든 생애를 살았고, 고통스러운 일들도 많이 경험했습니다. 그러나 하나님께서는 요셉의 고난을 좋은 것으로 바꾸셨습니다. 하나님께서는 우리의 어려운 고난들도 좋은 것으로 바꾸실 수 있습니다.

에서의 장자권

창세기 25장

이삭에게는 두 아들이 있었습니다. 형은 에서이고 동생은 야곱이었습니다. 관습에 따르면, 형 에서가 이삭의 재산 대부분은 물론이고, 하나님의 축복의 약속까지 상속받게 되어 있었습니다. 맏아들로 태어났기 때문에 그가 가질 수 있었던 '장자권'은 하나님께서 아브라함의 가족에게 약속하신 하나님과의 특별한 관계였습니다.

그러나 어느 날 에서는 배가 몹시 고팠습니다. 그는 하나님과의 이 특별한 관계를 팥죽 한 그릇에 동생 야곱에게 팔아 버렸습니다! 에서는 하나님과의 관계가 그렇게 중요하다고 생각하지 않았던 것입니다.

후에 야곱과 그의 어머니는 이삭을 속여 에서 대신 야곱에게 하나님의 축복을 주도록 했습니다(창세기 27장). 야곱이 아버지를 속여 거짓말을 한 것은 잘못이었습니다. 그러나 적어도 야곱은 하나님의 약속이 가치 있는 것이라는 사실을 알고 있었습니다.

야곱의 꿈

창세기 28장

에서는 너무나 화가 나서 동생 야곱을 죽일 계획을 세웠습니다. 그래서 야곱은 밧단 아람의 친척 집으로 도망쳐 거기에서 지냈습니다(36페이지의 지도를 보십시오).

야곱이 도망칠 때, 하나님께서 꿈에 나타나 그에게 말씀하셨습니다. 그리고 아브라함에게 주셨던 것과 똑같은 약속을 야곱에게도 주셨습니다. 하나님께서는 "내가 네게 허락한 것을 다 이루기까지 너를 떠나지 아니하리라"(창세기 28:15)고 말씀하셨습니다.

야곱 시대에 하나님께서는 때때로 꿈을 통

해 사람들에게 말씀하셨습니다. 이때는 성경이 기록되기 전이었습니다. 그래서 사람들에게 메시지를 전하고 싶을 때, 하나님은 꿈에 나타나셨습니다.

왜 야곱의 아내가 네 명이나 되었나?

창세기 29, 30장

야곱은 친척 집에서 지내는 동안 그 집의 딸 라헬과 사랑에 빠졌습니다. 야곱은 그녀의 아버지 라반에게 라헬과 결혼하게 해 주면 7년을 일해 주겠다고 약속했습니다. 야곱은 열심히 일했습니다. 그러나 라반은 야곱을 속여 라헬의 언니 레아와 결혼시켰습니다. 그러나 야곱이 사랑한 사람은 라헬이었습니다. 그래서 그는 라헬을 얻기 위해 또다시 7년을 더 일했습니다. 후에 레아와 라헬은 야곱에게 자기들의 종 빌하와 실바를 아내로 맞이하도록 야곱에게 요청했습니다.

오늘날 이슬람교는 야곱이 그랬었기 때문에 한 남자는 네 명의 아내를 취할 수 있다고 가르칩니다. 그러나 하나님의 계획은 한 남편이 한 아내를, 한 아내가 한 남편을 취하는 것입니다. 야곱이 그가 살던 곳의 풍속을 따랐던 것은 하나님께서 어떤 결혼을 원하시는지 알지 못했기 때문입니다(마태복음 19:3-9).

'이스라엘'이라는 이름

야곱은 20년 후에 자신의 가족들과 함께 많은 가축떼를 몰고서 고향으로 돌아왔습니다. 하나님께서는 그를 축복하시고 그의 이름을 '이스라엘'로 바꾸어 주셨습니다(창세기 32장).

이스라엘이라는 이름은 성경에서 여러 가지 뜻으로 사용됩니다. 성경에서 '이스라엘'이라는 말을 읽을 때, 우리는 그것이 어떤 뜻으로 사용되었는지 알아야 합니다.

- 이스라엘은 야곱의 새로운 이름입니다.
- 이스라엘은 야곱의 자손들에게 주어진 이름입니다. 이들은 '이스라엘 족속', '이스라엘 자손'이라고도 불립니다.
- 이스라엘은 하나님께서 아브라함에게 약속하신 땅에 붙여진 이름입니다.
- 이스라엘은 솔로몬과 다윗이 통치하던 나라가 둘로 갈라졌을 때, 북쪽 나라가 사용하던 이름입니다.

하나님께서 아브라함과 이삭, 야곱에게 주신 놀라운 언약은 이스라엘 족속 전체에게 전해졌습니다(표를 보십시오).

야곱의 아들들 하나하나는 큰 가족의 조상(아버지)이 되었습니다. 성경에서는 그 큰 가족을 '지파'라고 부릅니다. 후에 요셉의 두 아들, 에브라임과 므낫세는 '이스라엘 자손'으로서 야곱을 대신했습니다. 야곱, 즉 이스라엘이 죽고 약 400년이 지난 후, 하나님께서는 이스라엘 자손들을 애굽에서 끌어내어 아브라함에게 약속하신 땅으로 돌아가게 하셨습니다. 그때 각 지파에게 그들이 살 지역이 분배되었습니다(80페이지의 지도를 보십시오).

요셉은 왜 형제들의 미움을 받았나?

창세기 37장

요셉은 야곱이 가장 사랑하는 아내 라헬에게서 낳은 아들이었습니다. 야곱은 아들들 중에서 요셉을 가장 사랑했습니다. 요셉의 형들은 그를 시기하였습니다. 더욱이 요셉이 형제들에게 자기의 꿈 이야기를 해 주었을 때는 그들의 분노가 극에 달하게 되었습니다. 요셉은 어느 날 자신이 형제들보다 더 크게 되고 심지어 부모님보다 더 크게 되는 꿈을 꾸었습니다. 이러한 꿈은 형제들을 매우 화나게 만들었습니다.

이스라엘 자손들: 야곱(이스라엘)의 아들들			
레아에게서	라헬에게서	빌하에게서	실바에게서
르우벤 시므온 레위 유다 잇사갈 스불론	요셉 베냐민	단 납달리	갓 아셀

그래서 그들은 요셉을 죽일 계획을 세웠습니다. 요셉이 열일곱 살 때, 형제들은 그를 차마 죽이지는 못하고 애굽으로 가는 상인에게 노예로 팔아 버렸습니다. 그리고 나서 아버지에게는 요셉이 맹수에게 죽임을 당했다고 했습니다.

애굽은 어떤 나라였나?

애굽은 사막과 바다로 둘러싸여 세로로 길게 뻗어 있는 나라입니다. 그곳에서는 나일강에 근접하여 물을 공급받을 수 있는 땅에서만 곡식들이 자랍니다. 그래서 대부분의 사람들은 나일강 근처에 모여 살았습니다.

애굽은 기원전 약 3100년경에 나라를 이루었습니다. 아브라함이 등장하기 수백 년 전에 애굽에는 이미 아름다운 건축물들이 세워졌습니다. 위대한 예술가들이 있었고, 책들이 쓰여졌습니다. 요셉 시대에 이미 단편소설들과 모험담을 담은 책들이 있었으며, 심지어 낚시와 새 사냥하는 방법에 관한 책도 있었습니다!

- 애굽 여성들은 오늘날의 여성들과 같이 립스틱, 아이섀도 같은 화장품을 사용했습니다.

라(Ra)

오시리스(Osiris)

애굽 문자는 '성형 문자'라고 불리는데, 주로 돌판에 새겨졌다.

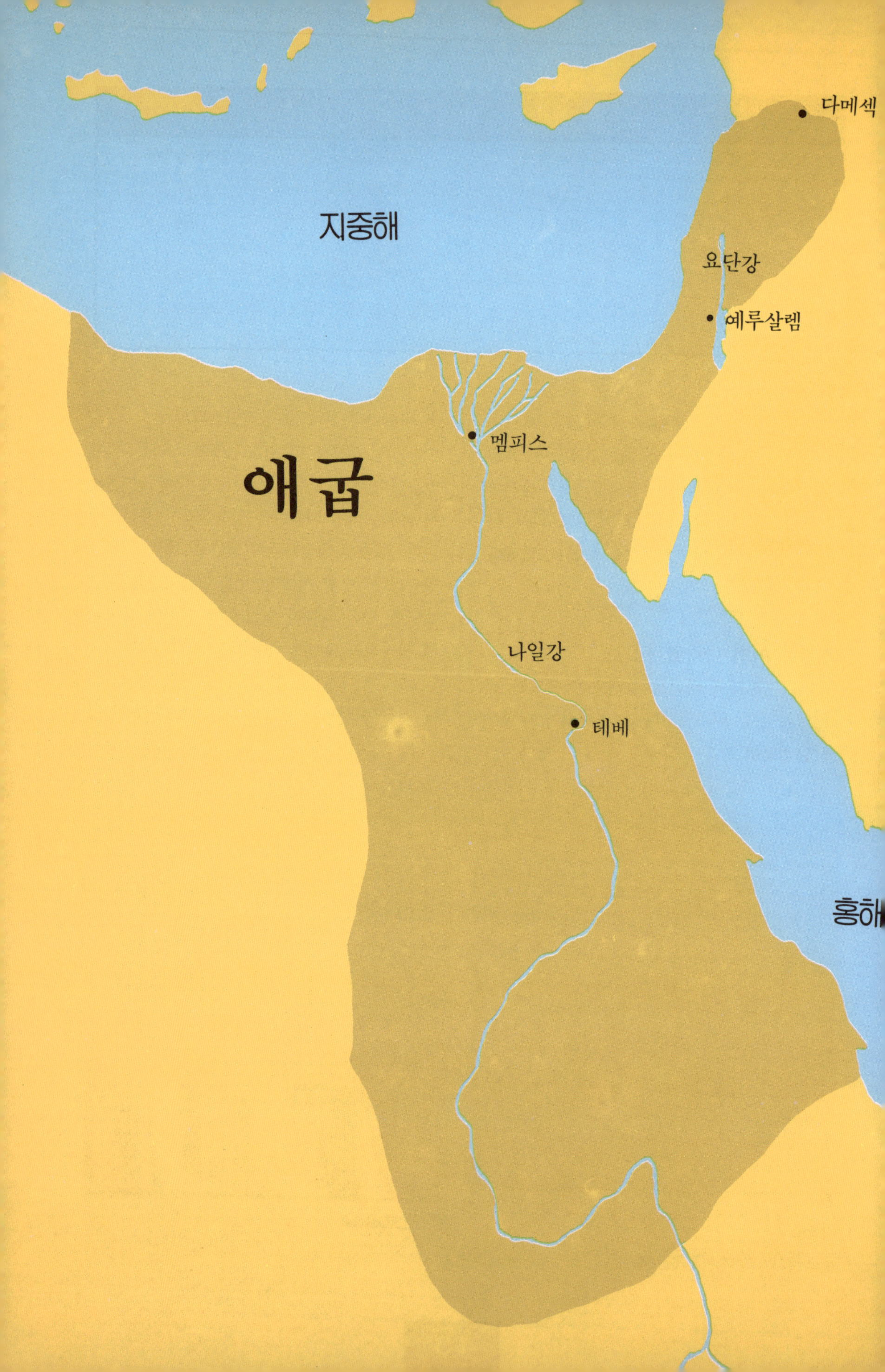
다메섹
지중해
요단강
예루살렘
멤피스
애굽
나일강
테베
홍해

- 애굽의 과학자들은 수학과 천문학을 연구해서 별들의 지도(천체도)를 그렸습니다.
- 애굽의 상인들은 육로와 해로로 여행하면서 각 도시들을 부유하게 만들었습니다.
- 애굽의 군대는 매우 강했습니다. 그래서 애굽은 고대에서 가장 강한 나라가 되었습니다.

애굽에는 동물 모양을 한 신들이 많이 있었습니다. 그 중 가장 중요시했던 신은 태양의 신 '라'(Ra)와 '오시리스'(Osiris)였습니다.

당시 그곳에서는 부유한 사람들과 왕들의 시체는 건조시켜 미이라로 만들었습니다. 애굽 사람들은 영혼이 몸의 한 부분이라고 믿었기 때문에 죽은 후에도 몸을 보존한 것입니다. 그래서 이렇게 비싼 장례를 치를 수 없는 가난한 사람들에게는 아무런 희망도 없었습니다. 사실, 평민들은 '바로'라고 불리는 왕이 지은 큰 신전들에 들어갈 수조차 없었습니다.

요셉이 노예로 팔려갔을 때, 애굽은 크고 강력한 문화를 가지고 있었습니다. 노예로 팔려간 지 13년 만에 요셉은 강대국 애굽의 총리가 되었습니다.

요셉은 어떤 사람이었나?

창세기 39장

요셉이 형제들에게 꿈 이야기를 한 것을 보면, 어쩌면 지혜롭지 못했었는지도 모릅니다. 그러나 요셉은 하나님을 믿었고 언제나 순종했습니다.

요셉은 애굽 주인 보디발을 위해 열심히 일했습니다. 그래서 그는 곧 이 높은 관리의 집안일을 모두 책임지는 사람이 되었습니다. 요셉은 함께 지내자는 보디발의 아내의 유혹을 뿌리쳤습니다. 그러자 그녀는 요셉을 모함해서 감옥에 가두어 버렸습니다. 요셉은 감옥에서도 열심히 일했습니다. 그래서 곧 간수장은 그에게 감옥을 관리하는 일을 맡겼습니다.

요셉은 형제들이 그를 노예로 팔아 버렸을 때처럼, 죄가 없는데도 감옥에 갇혔습니다. 그러나 그는 계속 하나님을 믿고 옳은 일을 행하려고 노력했습니다. 성경은 이렇게 말합니다.

아브라함은 아내 사라를 장사지내기 위해 헷 사람들로부터 막벨라 동굴을 샀다. 아브라함과 야곱도 이 동굴에 장사되었다.

"이는 여호와께서 요셉과 함께하심이라. 여호와께서 그의 범사에 형통케 하셨더라"(창세기 39:23).

꿈을 해석하는 요셉

창세기 40, 41장

야곱이 꿈을 꾸었는데, 꿈속에 하나님께서 나타나 말씀하셨습니다. 우리가 꾸는 꿈은 대부분 야곱이 꾸었던 꿈과는 달리 말이 아니라 상징입니다.

애굽에서는 꿈을 매우 중요한 것으로 여겼습니다. 그 나라에는 바로의 꿈을 해석해 주고 그 대가를 받아 살아가는 술객들과 박사들도 있었습니다!

하루는 요셉과 함께 감옥에 갇혀 있던 바로의 두 관원이 꿈을 꾸었습니다. 술 맡은 관원은 포도나무에 대한 꿈을 꾸었습니다. 떡 굽는 관원은 떡광주리에 대한 꿈을 꾸었습니다. 하나님께서는 이 꿈을 해석할 수 있도록 요셉에게 지혜를 주셨습니다. 그것은 술 맡은 관원은 감옥에서 풀려날 것이고, 떡 굽는 관원은 죽임을 당하게 될 것이라는 내용이었습니다!

2년 후, 바로가 이상한 꿈을 꾸었습니다. 그런데 술객들과 박사들 중 어느 누구도 그 꿈을 해석하지 못했습니다. 그때 술 맡은 관원이 요셉을 기억해냈습니다. 바로는 요셉을 불러 자기의 꿈을 해석하게 했습니다.

바로의 꿈은 하나님께서 주신 경고였습니다. 그 꿈은 애굽에 앞으로 7년간 큰 풍년이 들 것이지만, 그 후 7년 동안은 큰 흉년이 들 것이라는 내용이었습니다. 요셉은 바로에게 7년간의 흉년에서 애굽을 구할 수 있는 방법을 가르쳐 주었습니다. 바로는 깊은 감명을 받았습니다. 그래서 요셉을 자기 바로 아랫사람인 총리로 삼았습니다. 요셉의 그때 나이 겨우 30세였습니다!

요셉이 애굽에 살았던 때는 실제로 언제일까?

성경을 의심하는 사람들은 한때 요셉의 이야기는 그가 살았다고 생각되는 때보다 훨씬 뒤에 꾸며진 것이라고 주장했습니다. 그러나 오늘날 고고학자들은 이 이야기가 꾸며진 것이 아니라는 것을 알고 있습니다. 창세기의 아주 많은 부분들이 점점 사실로 밝혀지고 있습니다.

창세기에 기록되어 있는 애굽 관원들의 관직 이름들은 정확합니다. 성경은 바로가 요셉을 어떻게 영화롭게 했는지를 보여 줍니다(창세기 41:42, 43). 바로가 요셉에게 한 것도 실제로 애굽의 풍습이었음을 보여 주는 그림과 조각들이 발견되었습니다.

기록상에 보면, 나일강이 애굽에 물을 공급해 주지 못해 애굽에 흉년이 들었던 때가 있었다고 합니다. 그때 땅이 말라 곡식들이 자랄 수 없었습니다.

요셉에 관한 직접적인 기록은 아직 발견되지 않았지만 적어도 한 명의 외국인(두두, 즉 '다윗'이라는 이름으로)이 애굽에서 요셉과 같은 지위에 올랐음을 보여 주는 편지가 하나 발견되었습니다.

요셉이 애굽에서 총리가 된 시기에 대해 학자들의 의견이 일치하지는 않지만, 아마 기원전 1885년경이었을 것으로 추측됩니다. 그런데 모든 학자들이 동의하는 사실이 하나 있습니다. 그것은 성경에 나오는 요셉 이야기의 모든 부분들이 그리스도가 오시기 수세기 전의 애굽 풍습들과 일치한다는 것입니다.

하나님께서 왜 이스라엘을 애굽으로 인도하셨나?

요셉이 예견했던 흉년이 정말 닥쳐왔습니다. 그러자 요셉의 형제들은 양식을 사기 위

아브라함에서부터 여호수아까지의 연대기

- 아브라함의 출생－기원전 2166년경
- 가나안으로 이주－기원전 2091년경
- 이삭의 출생－기원전 2066년경
- 야곱의 출생－기원전 2006년경
- 요셉의 출생－기원전 1915년경
- 애굽에 팔려감－기원전 1898년경
- 총리가 됨－기원전 1885년경
- 가족이 애굽으로 옮김－기원전 1859년경
- 힉소스인들이 애굽을 통치함－기원전 1730년경
- 아모세가 이스라엘 사람을 노예로 만듬－기원전 1570년경
- 모세의 출생/투트모세 1세－기원전 1526년경
- 모세가 미디안으로 도망함/투트모세 3세－기원전 1486년경
- 출애굽/아멘호셉 2세－기원전 1446년경
- 가나안 정복－기원전 1390년경

2200 2100 2000 1900 1800 1700 1600 1500 1400 1300

해 애굽으로 왔습니다. 요셉은 형제들을 알아보았습니다! 그는 자신을 팔아 넘긴 형제들을 용서해 주었습니다. 그리고 자기 가족들을 애굽으로 불러들였습니다. 바로는 그들을 '고센'이라는 비옥한 초원 지역에 살도록 해 주었습니다(지도를 보십시오). 이스라엘 자손들은 약 400년 동안이나 애굽에서 살았습니다!

하나님께서는 무엇 때문에 이스라엘 자손들을 노예가 될 땅으로 인도하셨을까요? 그것은 그들을 보호하기 위해서였습니다! 이스라엘이 애굽에 있는 동안 가나안에서는 많은 전쟁들이 벌어졌습니다. 그러나 애굽에 정착한 요셉의 가족 70명은 안전하게 살 수 있었습니다. 애굽에 정착해서 사는 동안 그들은 여자와 아이를 포함해서 약 300만 명으로 불어났습니다! 하나님께서 마침내 이스라엘을 그들의 땅으로 돌아가게 하실 때, 그들은 한 민족을 이룰 만큼 아주 많았습니다.

생각하고 실천합시다

1. 창세기 25-50장에는 가족들에 관한 내용이 많이 나옵니다. 그 이야기를 읽어 보고 다음 질문에 대답해 보십시오. 그 가족들은 행복했습니까? 행복한 가정을 이루기 위해 사람들은 어떤 일을 했습니까? 당신은 당신의 가족을 보다 행복하게 하기 위해 어떤 일을 할 수 있습니까?

노예 상태로부터의 해방

이스라엘은 강대국 애굽에서 안전하게 지냈습니다. 그 동안 그들은 그 수가 엄청나게 불어났습니다. 그러나 바로가 그들을 노예로 만들어 버렸습니다! 야곱의 가족들이 애굽으로 옮겨간 지 약 400년이 지났습니다. 이때 하나님께서는 모세를 택하시고 그로 하여금 자기의 백성들을 애굽에서 이끌어내어 아브라함에게 약속하신 땅으로 인도하여 돌아가게 하셨습니다.

좋은 소식

★ 하나님께서는 애굽에서 고통당하는 이스라엘 백성들을 돌아보셨습니다. 하나님께서는 우리가 고통당할 때에도 돌아보십니다.

☆ 하나님께서는 모세와 이스라엘 사람들에게 약속을 지키셨습니다. 즉, 그들을 노예 상태에서 해방시켜 주셨습니다. 하나님께서는 우리에게도 약속을 지키십니다.

누가 이스라엘을 노예로 만들었나?

요셉이 아버지와 형제들을 애굽으로 데려온 지 약 150년이 지났을 때, '힉소스인'이라고 불리는 사람들이 애굽을 다스리기 시작했습니다(기원전 약 1730년). 이들은 이스라엘 사람들

애굽에서 혹사당하고 있는 이스라엘 백성들. 테베 근처에서 발견된 레크미레 분묘벽화의 일부분이다.

이스라엘 사람들은 잘게 썬 짚을 강의 진흙이며 모래와 섞어서 벽돌을 만들었다.

과 같은 지역에서 온 사람들이었습니다. 후에 애굽 원주민들은 힉소스인을 애굽에서 몰아낼 수 있었습니다(기원전 1570년까지).

'요셉을 알지 못하는 새 왕'(출애굽기 1:8)은 아마도 아모세(Ahmose, 1584~1560)였을 것입니다. 그는 마침내 힉소스인들을 몰아냈습니다.

그런데 왜 이스라엘 백성들을 노예로 만들었을까요? 그것은 이스라엘 사람들이 점점 더 불어나, 그들의 힘이 강해질까봐 두려웠기 때문일 것입니다. 이스라엘 사람들이 외국인인 힉소스인들을 도와 애굽인들과 맞서 싸울지도 모른다고 생각한 것입니다.

벽돌을 만들 때 왜 짚을 넣었을까?

출애굽기 5장

사람들은 오랫동안 애굽 사람들이 벽돌을 만들 때 왜 짚을 넣는지 궁금해 했습니다. 그런데 후에 화학자들이 그 이유를 밝혀냈습니다. 짚을 잘게 썰어 모래와 섞어 만든 벽돌에는 화학 성분들이 포함되어 있어 벽돌이 빨리 마르고 더 단단해지게 한다고 합니다.

왜 이스라엘을 구해 주셨을까?

하나님께서는 이스라엘을 돕고자 하셨습니다. 그리고 그 이유를 모세에게 설명해 주셨습니다.

"내가 애굽에 있는 내 백성의 고통을 정녕히 보고 그들이 그 간역자로 인하여 부르짖음을 듣고 그 우고를 알고"(출애굽기 3:7). 하나님께서는 우리가 어려움을 당할 때에도 우리를 돌아보십니다.

하나님께서는 이스라엘을 아브라함에게 약속하신 땅으로 인도하겠다고 말씀해 주셨습니다(출애굽기 3:8). 하나님께서는 언제나 약속을 지키십니다.

하나님의 이름

출애굽기 3장

성경에서 하나님은 '거룩하신 자, 전능자, 아브라함의 하나님, 여호와 하나님' 등 다양하게 표현됩니다. 물론 이것은 모두 하나님을 가리키는 것입니다. 하지만 이것이 하나님의 이름은 아닙니다. 이것은 마치 어떤 사람을 두고 학교에서는 '선생님', 교회에서는 '장로님'이라고 부르는 것과 같습니다. 이러한 표현들은 그 사람을 가리키는 것이긴 하지만 그 사람의 이름은 아닙니다.

하나님께서는 모세에게 자신의 이름은 '스스로 있는 자'라고 말씀하셨습니다. 히브리어로는 '여호와'라고 발음했을 것입니다. 유대인들은 이 단어를 아주 거룩하게 생각했습니다. 그래서 그들은 그저 '그 이름'이라고만 불렀습니다. '여호와'란 무슨 뜻일까요? 대부분의 성경 학자들은 여호와란 '항상 현존하시는 분'을 뜻한다는 데 의견을 같이합니다.

'여호와'라는 이름이 우리 성경에도 있을까요? 물론입니다. 그리고 영어 대문자로 '로드'(LORD)라고 기록되어 있는 것은 여호와를 히브리어로 번역한 것입니다!

하나님께서는 모세에게 자신의 이름을 가르쳐 주면서 "이는 나의 영원한 이름이요"(출애굽기 3:15)라고 말씀하셨습니다. 하나님께서는 우리가 하나님의 이름을 기억하기 원하십니다. 이는 그분께서 우리와 늘 함께하신다는 사실을 우리가 알기 원하시기 때문입니다. 하나님께서 항상 우리와 함께하시므로, 우리는 결코 혼자가 아닙니다.

하나님이냐, 애굽의 신들이냐?

어디를 가든지 사람들은 신을 섬깁니다. 그러나 그 사람들이 섬기는 신들이 실제로 존재할까요? 애굽의 신들이 애굽 백성들을 보호해 줄 수 있었을까요?

거만한 애굽 왕 바로는 모세를 비웃었습니다. "여호와가 도대체 누구냐?" 그는 자신의 노예들이 믿는 하나님이 자신을 해칠 수는 없을 것이라고 생각했습니다.

그러나 하나님께서는 애굽의 신들이 막을 수 없는 재앙을 내리셨습니다. 마지막 재앙에서는 하룻밤에 애굽의 장자들이 모두 죽었습니다! 마침내 바로는 애굽의 신들은 참 신이 아니며, 하나님이 참 신이심을 깨달았습니다. 그때서야 바로는 이스라엘 백성들이 떠나도록 허락했습니다.

성경은 하나님께서 애굽에 무서운 재앙들을 보내신 세 가지 이유를 말해 줍니다. (1) 이스라엘이 그들의 하나님께서 얼마나 강하시며, 또 하나님께서 그들을 노예에서 해방시키시기 위해 어떤 일을 하셨는지를 항상 기억하도록 하기 위해서였습니다(출애굽기 6:7). (2) 바로와 애굽 백성들이 여호와만이 참 하나님이신 것을 깨닫도록 하기 위해서였습니다(출애굽기 7:5). (3) 애굽의 거짓 신들은 아무 능력도 없고 애굽인들을 도와줄 수도 없다는 것을 보여 주기 위해서였습니다(출애굽기 12:12).

하나님께서 바로를 강퍅하게 하셨을까?

성경 어떤 곳에서는 바로가 '완강(강퍅)해져서' 하나님께 순종하기를 거부했다고 말합니다(출애굽기 8:15, 32). 그러나 다른 곳에서는 하나님께서 "바로의 마음을 강퍅하게 하셨다"고 합니다(출애굽기 7:3, 9:12). 하나님께서 과연 바로를 강퍅하게 했을까요?

많은 사람이 이 문제 때문에 고민했습니다. 그러나 그 질문은 '바로가 왜 강퍅해졌는가?'로 바뀌어야 합니다. 실제로, 하나님께서 행하신 모든 것은 바로에게 점점 더 큰 하나

모세와의 만남

모세가 오늘날의 T.V.에 출연하여 인터뷰를 한다고 가정해 봅시다.

사회자: 모세 선생님, 선생님의 생애에서 중요했던 사건들 몇 가지를 말씀해 주시겠습니까?

모세: 예, 그러지요. 제가 아기였을 때 애굽의 공주님이 강가에서 저를 발견하였습니다. 그래서 저는 애굽의 왕자로 자라났지요(출애굽기 2:1-10). 40세 때, 저는 저희 백성들을 노예에서 구해낼 계획을 세웠습니다. 하지만 저는 한 애굽 사람을 죽이고 말았어요. 그래서 도망쳐야 했지요(출애굽기 2:11-25).

80세가 될 때까지 저는 양치는 일을 하고 있었는데, 어느 날 하나님께서 불타는 떨기나무 가운데서 저에게 말씀하셨습니다(출애굽기 3:1-6). 애굽으로 돌아가 이스라엘을 구해내라고 말입니다.

사회자: 정말 흥분되셨겠군요! 선생님의 오랜 꿈이 실현되게 되었으니까요.

모세: 아닙니다. 오히려 두려움과 걱정이 앞섰습니다. 그래서 하나님께 따지기까지 했습니다. 하지만 저는 결국 애굽으로 돌아갔습니다(출애굽기 3:11-4:17).

사회자: 그래서 그 일을 성공시키셨군요. 선생님께서는 이스라엘 사람들을 애굽에서 인도하여 내셨지요.

모세: 그것은 하나님께서 하신 일이었습니다. 처음에는 바로도 우리가 떠나는 것을 허락하지 않았지요. 그래서 하나님께서는 무서운 재앙들을 내리셨습니다. 그제서야 바로는 우리가 떠나는 것을 허락했지요(출애굽기 7-11장).

사회자: 바로는 당신이 없어져서 아주 기뻐했겠군요?

모세: 그렇지 않습니다. 우리가 떠나자 바로는 우리를 붙잡아 다시 노예로 만들려고 군대를 보냈습니다. 그러나 하나님께서는 바다를 가르시고 그 사이로 우리를 지나가게 하셨습니다(출애굽기 14장).

사회자: 그런 다음 곧바로 약속의 땅으로 행진해 가셨습니까?

모세: 그렇지 못했습니다. 그때부터 고난의 생활이 시작되었습니다! 아시다시피, 우리 백성들은 하나님을 의지하거나 섬기는 법을 알지 못했습니다. 그들은 투덜거리고 불평했습니다. 그뿐만이 아닙니다. 그들은 저를 죽이고 애굽으로 돌아가 다시 노예가 되려고까지 했습니다(출애굽기 17:1-7)! 그래서 하나님께서 우리를 시내산으로 인도하시고 율법을 주셨습니다(출애굽기 19장).

사회자: 하나님께서 율법을 주신 후에는 모든 일이 잘 되어 갔습니까?

모세: 백성들은 계속해서 하나님의 법을 어겼습니다(민수기 11장). 그래서 벌을 받기도 했지요. 하나님께서는 우리를 약속의 땅이 눈앞에 보이는 곳까지 인도하셨지만, 백성들은 두려워서 "가서 그 땅을 정복하라"는 하나님의 말씀에 순종하지 않았습니다(민수기 14장).

사회자: 그래서 어떻게 되었습니까?

모세: 하나님께서는 우리를 광야로 인도하셨습니다. 그래서 우리는 40년 동안이나 광야에서 방황해야 했지요. 이런 일은 하나님을 의지하기를 거부했던 어른들이 모두 죽을 때까지 계속되었습니다.

사회자: 그 다음은 어떻게 되었나요?

모세: 광야에서 보낸 40년 동안에 자라난 아이들은 하나님을 의지하고 그분께 순종했습니다. 여호수아가 이 새로운 세대를 이끌고 나가 승리하여 하나님께서 우리에게 약속하신 땅을 차지했습니다.

사회자: 선생님도 그 땅에 들어가셨습니까?

모세: 저는 두려워서 하나님께 불순종했었습니다(민수기 20:1-13). 하나님께서 저에게 그 땅을 보여 주셨지만, 저는 그 땅에 들어갈 수 없었습니다.

사회자: 모세 선생님, 선생님의 120년간의 생애는 정말 흥미진진했군요! 오늘 이렇게 시간을 내 주셔서 감사합니다.

모세: 감사합니다. 이 자리에서 제가 말씀드리지 않은 모험담들을 알고 싶으시다면, 성경을 읽어 보십시오. 거기에는 정말 흥미진진한 이야기들이 많습니다(출애굽기 32, 33장; 민수기 12, 16, 21장).

애굽의 많은 신들

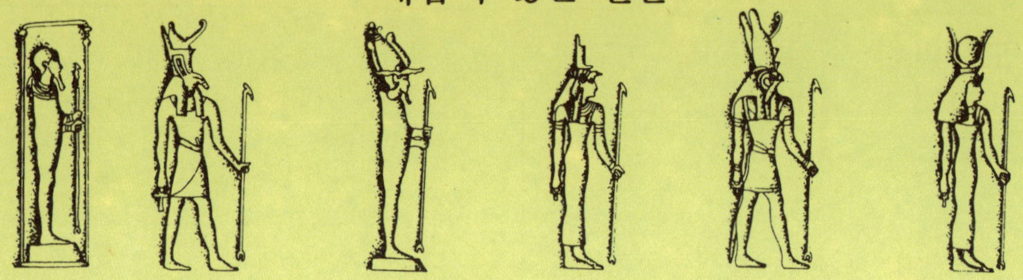

프타(PTAH) 세스(SETH) 오시리스(OSIRIS) 이시스(ISIS) 호루스(HORUS) 하돌(HATHOR)

님의 능력을 보여 주는 것이었습니다. 바로는 하나님에 대해 더 많은 것을 알게 되었습니다. 하지만 그럴수록 바로는 하나님께 순종하기를 더욱 거부했던 것입니다.

열 가지 재앙은 기적이었나?

하나님께서 애굽을 치려고 내리신 재앙들은 다른 시대에도 일어났었습니다. 개구리(두 번째 재앙)와 이가 몰려 오기도 했고(세 번째), 가축들이 병들었으며(네 번째), 해일과 폭풍우로 동물들이 죽기도 하였습니다(일곱 번째). 엄청난 메뚜기 떼들이 날아와 애굽의 농작물을 먹어치워 버린 일도 있었습니다(아홉 번째). 사실 이러한 일들은 기적이 아니라 재난이었습니다.

만일 이러한 것들이 자연적인 재난이었다면, 어떻게 기적이 될 수 있었을까요?

'기적'이란 도대체 무엇입니까? 구약에서 기적은 하나님으로부터 주어지는 특별한 상징으로, 하나님께서 자신의 목적을 성취하기 위해 직접 행하시는 어렵고 놀라운 일들을 말합니다. 애굽에 내려진 재앙들은 기적이었습니다. 왜냐하면 (1) 그것들은 미리 선포되었고, (2) 모세가 명령할 때 일어났다가 사라졌으며, (3) 일상적인 것보다 더 무서운 것이었고, (4) 대부분의 재앙들이 애굽인들에게만 내렸고, 이스라엘 노예들이 사는 곳에는 내리지 않았기 때문입니다.

애굽 백성들조차도 마침내 이 재앙들이 참되신 하나님께서 일으키신 진짜 기적이었다고 말했습니다.

출애굽은 정확히 언제 일어났나?

바로는 마침내 하나님께 항복하고 노예들을 풀어 주었습니다. 그래서 이스라엘 백성들은 애굽을 떠나게 되었습니다. 이 사건을 '출애굽'(엑서더스)라고 부릅니다. '엑서더스'라는 말은 '탈출'을 뜻합니다.

성경을 연구하는 사람들 사이에서는 이스라엘 사람들이 애굽을 떠나 약속의 땅 가나안으로 돌아간 정확한 연대에 관해 의견이 일치하지 않습니다. 어떤 사람들은 그리스도께서 오시기 약 1300년 전이라고 주장합니다. 그렇지만 대부분의 사람들은 출애굽이 예수께서 태어나시기 약 1450년 전에 일어났다고 생각합니다.

유월절

출애굽기 12장

유월절은 하나님께서 이스라엘을 위해 정하신 중요하고 특별한 종교 절기 중 첫번째이자 가장 중요한 절기입니다. 열 번째 재앙이 애굽에 내리던 날 밤에, 이스라엘 사람들은 가정마다 어린양을 한 마리씩 잡아 그 피를 문설주에 발랐습니다. 그리고 집 안에서 구운 양고기를 먹었습니다. 그들은 옷을 다 차려 입고 애굽을 떠날 만반의 준비를 갖추고서 이 고기를 먹었습니다. 하나님께서 애굽의 장자들을 죽이실

때, 문설주에 바른 피는 이스라엘의 장자들을 보호해 주었습니다. 하나님께서 이스라엘 사람들의 집을 '넘어가신 것입니다!'

하나님께서는 이스라엘 사람들에게 히브리 월력으로 매년 아빕월(우리 달력으로는 3월이나 4월에 해당합니다) 14일에 유월절 만찬을 먹도록 하셨습니다. 유대인들은 아직도 매년 유월절을 지키고 있습니다. 이것은 이스라엘 백성들을 애굽의 노예에서 구원하신 하나님을 경배하기 위한 것입니다.

얼마나 많은 사람들이 애굽을 떠났나?

성경에는 성인 남자 약 60만 명이 여자들, 아이들과 함께 애굽을 떠났다고 기록되어 있습니다(출애굽기 12:37). 따라서 모두 합치면 모세가 애굽에서 인도하여 낸 이스라엘 사람들은 250만 명쯤 되었을 것입니다!

이스라엘 사람들은 가난했나?

누구든지 노예라면 가난할 것이라고 생각할 것입니다. 그러나 모세는 이스라엘 사람들에게 애굽을 떠날 때, 금·은·옷들을 구하라고 말했습니다. 하나님께서는 애굽 사람들을 잔뜩 겁에 질리도록 만드셨습니다. 그래서 그들은 이스라엘 사람들이 떠나는 것만으로도 기뻤습니다. 그래서 그들의 노예였던 이스라엘

요셉의 가족들은 고센 지역에 정착했다.

홍해는 길이가 약 2,300km, 너비가 360km 정도된다. 이것은 아프리카 북쪽 끝과 아라비아 반도 사이에 있다.

사람들이 요구하는 것이면 무엇이나 다 주어 버렸습니다(출애굽기 12:35, 36). 이렇게 해서 애굽을 떠날 때 이스라엘 사람들은 아주 부유했습니다!

이스라엘 백성들을 위해 갈라진 바다는 어떤 바다였을까?

성경은 그 바다를 '홍해'(Red Sea)라고 부릅니다. 히브리어로는 '얌숩'(*yam suph*)인데 이는 '갈대 바다'라는 뜻입니다(출애굽기 13:18). 많은 사람들이 이 갈대 바다는 비터 호수(Bitter Lakes) 북쪽에 있는 고대의 깊은 호수였다고 믿습니다(63페이지 지도를 보십시오).

바다가 갈라진 것은 확실히 놀라운 기적이었습니다. 이스라엘 사람들은 바다 가운데 육지로 걸어갔고, 물은 그들 좌우의 벽이 되었습니다(출애굽기 14:22). 그러다가 애굽 군대가 추격해 왔을 때 바다는 그들을 삼켜 버렸습니다. 이스라엘 노예들을 다시 잡아가기 위해 바로가 보낸 군대는 모두 수장되었습니다.

생각하고 실천합시다

1. 당신이 애굽에 살았던 이스라엘 노예라고 가정해 봅시다. 당신이 노예였다면 하나님께 어떤 마음을 가졌을까요? 그리고 하나님께서 내리신 재앙들이 애굽 주인들을 치는 것을 볼 때(이 이야기는 출애굽기 7-11장에 나와 있습니다) 무엇을 느꼈을까요?

2. 시편 23편을 읽어 보십시오. 이 시편은 '항상 현존하시는 분'으로서의 주님을 좀더 특별하게 느끼게 해 줄 것입니다.

율법과 성막

모세는 애굽의 노예 생활에서 해방된 이스라엘 백성들을 이끌고 시내산으로 갔습니다. 하나님께서는 그곳에서 이스라엘 백성들이 지켜야 할 율법을 주셨습니다. 이 율법에는 그들이 어떻게 살아야 하는지, 그리고 하나님을 어떻게 섬겨야 하는지에 대해 나와 있습니다.

하나님께서는 모세에게 이스라엘 백성들이 지켜야 할 십계명을 주셨다. 처음 네 계명은 하나님과의 관계에 대한 것이고, 나머지 여섯은 이웃들과 더불어 사는 방법에 관한 것이었다.

좋은 소식

★ 예수 그리스도께서 우리 죄를 위하여 자신의 몸을 희생제물로 드렸기 때문에 우리는 더 이상 죄인이 아닙니다.

왜 이스라엘 백성들에게 하나님의 율법이 필요했을까?

출애굽기 15:22－18장

율법은 우리에게 옳고 그른 것을 분별하게 해 주며, 어떻게 하면 다른 사람들과 화목하게 지낼 수 있는지도 가르쳐 줍니다. 하나님께서는 이스라엘 백성들을 애굽에서 구해내셨습니다. 그러나 이스라엘 백성들의 행동을 보면 그들이 하나님과 화목하게 지낼 수 있는 방법을 알지 못했던 것 같습니다! 그들은 하나님께 감사하거나 그분을 의지하는 대신에, 불평하고 투덜거렸습니다. 다음의 이야기들은 이스라엘 백성들에게 왜 율법이 필요했는지를 보여 줍니다.

(1) 광야에서 물을 주신 이야기
(출애굽기 15:22-27)

(2) 광야에서 양식을 주신 이야기
(출애굽기 16:1-36)

(3) 바위에서 물이 난 이야기
(출애굽기 17:1-7)

시내산이라고 추측되는 곳은 애굽 북쪽과 수에즈만, 아카바만, 그리고 티란해협 사이이다. 이 산의 높이는 2,590m가 넘는다. 하나님께서는 바로 이 산에서 모세에게 율법을 주셨다.

만나

출애굽기 16장

광야에는 먹을 것이라곤 아무것도 없었습니다. 그렇다면 이스라엘 백성들은 어떻게 살 수 있었을까요?

하나님께서 그들에게 직접 양식을 공급하셨습니다. 그것이 바로 '만나'입니다. 이스라엘 자손들이 광야를 여행하는 40년 동안, 빵처럼 생긴 이 얇은 조각들이 매일 아침 이슬처럼 땅 위에 내렸습니다. 만나는 가져온 그날에 먹어야 했습니다. 하룻밤이 지나면 모두 상해서 먹을 수 없게 되었습니다. 그러나 안식일에는 만나가 내리지 않았습니다. 안식일은 하나님께서 쉬시는 날이었기 때문입니다. 이스라엘 백성도 안식일에는 일하면 안되었습니다. 그러면 안식일에는 무엇을 먹었을까요? 그날도 역시 만나를 먹었습니다! 금요일에 주워온 만나는 저녁이 되어도 상하지 않았습니다! 매일 내린 이 기적의 음식은 하나님께서 그들과 함께하시고 그들을 지켜 주신다는 것을 이스라엘 백성들에게 상기시켜 주었습니다.

시내산은 어디일까요?

출애굽기 19장

이스라엘 백성들은 애굽을 떠나온 후, 메마른 광야를 지나 시내산에 도착했습니다. 63페이지의 지도에는 그들이 시내산에 도착하기까지의 여정이 잘 나타나 있습니다. 시내산은 '호렙산'이라고도 불립니다.

시내산은 하나님께서 모세에게 십계명과 율법을 주신 아주 중요한 산입니다.

이스라엘 백성들과 하나님은 이 시내산에서 한 가지 약속을 했습니다. 이스라엘 백성들은 하나님의 율법을 지키기로 약속했고, 하나님께서는 그들이 순종할 때 축복하겠다고 하셨으며, 또한 율법을 지키지 않으면 그들을 벌하겠다고 경고하셨습니다.

이스라엘 백성들은 시내산에서 거의 일 년간 머물렀습니다. 율법은 그곳에서 기록되었고, 제사(예배)를 위한 특별한 장소도 세워졌습니다. 모세의 형 아론과 그의 아들들은 이곳에서 제사장으로 하나님께 제사드리는 일을 담당했습니다.

십계명

출애굽기 20장

십계명에 대해 알고 있는 사람은 많지만 그것이 무엇을 뜻하는지를 아는 사람은 드뭅니다. 처음 네 계명은 하나님과 더불어 살 수 있는 방법에 대한 말씀입니다. 그리고 나머지 여섯 계명은 이웃과 더불어 사는 방법에 대한 말씀입니다.

하나님을 대하는 방법	
1. 네 앞에 다른 신을 두지 말라	오직 하나님만 믿으라
2. 우상을 만들지 말라	오직 하나님만 섬기라
3. 여호와의 이름을 망령되이 일컫지 말라	하나님을 높이는 데만 하나님의 이름을 사용하라
4. 안식일을 기억하여 그 날을 거룩히 지키라	휴식을 취하라. 그리고 하나님을 생각하라

사람을 대하는 방법	
5. 네 부모를 공경하라	부모를 공경하고 그 말씀에 순종하라
6. 살인하지 말라	인간의 생명을 보호하라
7. 간음하지 말라	네 남편과 아내에게 진실하라
8. 도적질하지 말라	다른 사람의 것을 빼앗지 말라
9. 거짓 증거하지 말라	다른 사람에게 거짓말하지 말라
10. 탐내지 말라	자신이 가진 것에 만족하라

모든 율법은 다음 두 가지 계명 속에 모두 포함됩니다. "네 마음을 다하고 목숨을 다하고 뜻을 다하여 주 너의 하나님을 사랑하라." "네 이웃을 네 몸과 같이 사랑하라." 이웃을 사랑한다면, 우리는 그들을 해치는 짓을 감히 할 수 없을 것입니다(마태복음 22:34-39).

율법이 왜 그렇게 많았을까?

하나님께서는 이스라엘 백성들에게 십계명뿐만 아니라 생활을 위한 규범들도 주셨습니다. 그렇다면 구약시대에는 왜 그렇게 율법이 많았을까요?

이들 중 상당수가 '상황법'이었습니다. 그것들은 십계명이 실제 생활에 어떻게 적용되어야 하는가를 보여 주는 본보기였습니다. 다음은 이스라엘이 십계명을 어떻게 지켜야 하는지를 설명하는 데 도움이 되는 몇 가지 '상황법들'입니다. 여기에 언급된 각 '상황'이 어떤 계명을 설명하는 데 도움이 되는지 생각해 봅시다.

"너희는 도적질하지 말며, 속이지 말며, 서로 거짓말하지 말며, 너희는 내 이름으로 거짓 맹세함으로 네 하나님의 이름을 욕되게 하지 말라. 나는 하나님 여호와니라.

너는 네 이웃을 압제하지 말며, 늑탈하지 말며, 품꾼의 삯을 아침까지 밤새도록 네게 두지 말며, 너는 귀먹은 자를 저주하지 말며, 소경 앞에 장애물을 놓지 말고, 네 하나님을 경외하라. 나는 여호와니라.

너희는 재판할 때에 불의를 행치 말며, 가난한 자의 편을 들지 말며, 세력 있는 자라고 두호하지 말고, 공의로 사람을 재판할지며, 너는 네 백성 중으로 돌아다니며 사람을 논단하지 말며, 네 이웃을 대적하여 죽을 지경에 이르게 하지 말라. 나는 여호와니라.

너는 네 형제를 마음으로 미워하지 말며, 이웃을 인하여 죄를 당치 않도록 그를 반드시 책선하라. 원수를 갚지 말며, 동포를 원망하지 말며, 이웃 사랑하기를 네 몸과 같이 하라. 나는 여호와니라."

(레위기 19:11-18)

하나님의 율법에는 또 어떤 내용이 담겨 있나?

출애굽기 21－23장

구약성경에는 십계명 외에도 많은 율법이 포함되어 있습니다. 이스라엘 백성들은 곧 한 나라를 이루었습니다. 하나님의 법은 우리나

위와 같은 우르 남무 법전과 같은 성경 시대의 법전들은 돌판이나 토판에 기록되었다.

라의 법과 비슷한 내용을 많이 담고 있습니다. 그러나 하나님의 법에는 많은 종교적 규범들도 포함됩니다.

다음은 하나님의 구약법에 포함되는 몇 가지 어려운 법적 문제들입니다. '이러한 문제에 당신은 어떤 답을 제시하겠습니까? 성경구절을 찾아보면 하나님의 법이 각 문제에 대해 어떤 해답을 제시하는지 알 수 있습니다.

- 어떤 사람이 고의로 살인을 했다면 어떻게 해야 합니까(출애굽기 21:12-14)?
- 서로 싸우다가 상대방에게 상처를 입혔을 때는 어떻게 해야 합니까(출애굽기 21:19)?
- 어떤 사람이 남의 소를 훔쳐서 팔아 버렸다면 어떻게 해야 합니까(출애굽기 22:1)?
- 어떤 사람이 가축을 빌렸는데 그 가축이 사람을 죽였다면 어떻게 해야 합니까(출애굽기 22:14, 15)?
- 가난한 사람이 돈을 빌리기 원하면 그에게 이자를 얼마나 받아야 합니까(출애굽기 22:25)?
- 재판에서 가난한 사람의 편을 들어야 합니까(출애굽기 23:3)?

이 밖에도 구약 성경에는 많은 법이 포함되어 있습니다. 그중 대부분은 레위기와 신명기에 기록되어 있습니다.

그 당시에는 어디에서 제사를 드렸나?

하나님께서는 모세에게 성막을 세우는 것에 대해 자세한 지시를 내리셨습니다. 하나님께 제사를 드리기 위한 이 성막은 이스라엘 백성들이 옮겨다니는 곳이면 어디나 운반할 수 있도록 조립식으로 세워졌습니다. '장막'이라고도 불리는 이 성막은 길이가 약 13.5m, 너비가 약 4.5m, 높이가 약 4.5m였습니다. 그리고 주변에는 길이 약 45m, 너비가 약 22.5m되는 울타리를 쳤습니다.

하나님께서는 또한 이 성막의 안과 밖에 놓아 두어야 할 것들도 지시해 주셨습니다. 성막은 구약시대에 사람들이 하나님을 만나는 곳이었습니다.

성막 안에는 어떤 것들이 있었나?

출애굽기 25–30장, 35–40장

성막에 갖추어진 각각의 기구에는 영적인 의미가 담겨 있었습니다. 신약성경에서는 그 기구들은, 예수께서 오심으로써 알 수 있게 된 진리들을 우리에게 보여 주는 그림자와 같다고 말합니다. 각각의 기구에는 어떤 것들이 있었으며, 그것들은 무엇을 의미했을까요?

- 성막을 둘러싸고 있는 담에는 안으로 통하는 문이 하나밖에 없었습니다. 이것은 예수 그리스도께서 말씀하셨듯이, 하나님께 나아가는 길은 오직 하나밖에 없다는 것을 보여 줍니다(요한복음 14:6).
- 출입문 바로 안쪽에는 제단이 있었습니다. 여기에서는 매일 양을 비롯한 동물들이 **희생제물**로 태워졌습니다. 이것은 하나님께 나아오는 자는 누구든지 피의 희생제물이 필요하다는 것을 가르쳐 줍니다. 예수께서는 갈보리에서 죽으셔서 우리의 희생제물이 되셨습니다(히브리서 9:28; 10:11-18).
- 지성소 안에는 금을 입힌 나무 상자, 즉 법궤가 있었는데, 이것을 '언약궤'라고 불렀습니다. 언약궤 위에는 날개를 펼치고 있는 모양의 황금 조각물 두 개가 놓여 있었습니다. 이스라엘의 대제사장은 일 년에 한 번씩 희생제물의 피를 가지고 지성소 안으로 들어가 그 피를 법궤 위에 뿌렸습니다. 하나님께서는 대제사장이 피를 자신에게 가져올 때 백성들의 죄를 용서해 주겠다고 약속하셨습니다(레위기 16장). 희생제물의 피는 인간의 죄값을 치르기 위해 갈보리에서 흘리신 예수 그리스도의 피를 상징합니다.
- 성막에는 이 밖에 다른 기구들도 있는데, 각각 영적인 의미가 다릅니다. 성막과 그 기구들의 제작에 대해 그렇게 세밀한 지시가 주어진 것도 바로 이러한 이유 때문이었습니다.
- 성막은 두 개의 방으로 나뉘어졌습니다. 첫번째 방은 길이가 약 9m였고, 두 번째

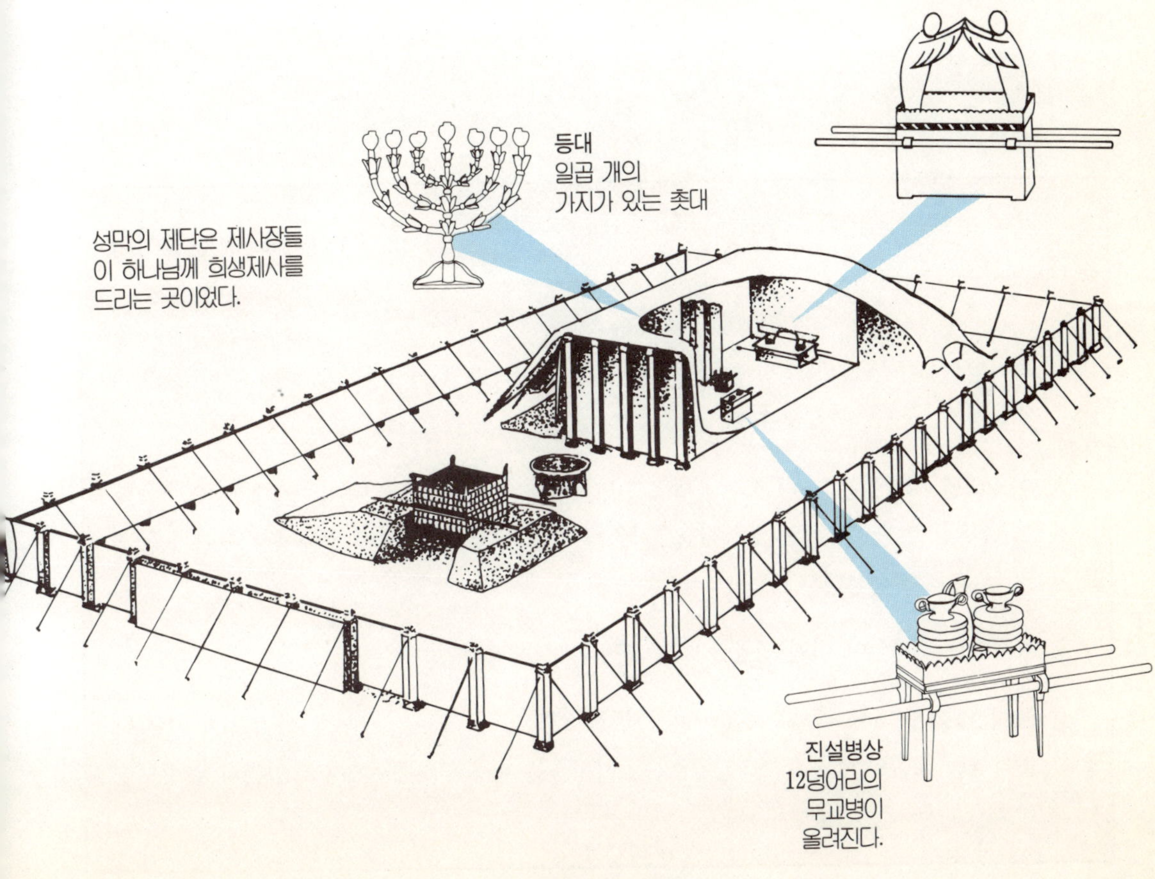

방은 약 4.6m였습니다. 두 번째 방은 '지성소'라고 불렀습니다. 왜냐하면 하나님께서 특별한 방법으로 그곳에 계셨기 때문입니다.

제사장들의 역할

모세의 형 아론의 가족은 하나님의 선택을 받아 이스라엘의 제사장들이 되었습니다. 그때에는 제사장들만이 하나님께 제사를 드릴 수 있었습니다. 제사장들은 하나님의 율법을 이스라엘 백성들에게 가르쳐야 했습니다(신명기 33:8-10). 그들은 사람들이 질병에서 완쾌되었는지 확인도 했으며(레위기 13-15장), 어려운 문제가 있을 때에는 재판관의 역할도 했습니다(신명기 17:8, 9).

오늘날 그리스도인들이 다른 사람들을 위해 기도하거나 그들에게 하나님에 관해 가르칠 때, 그들은 제사장의 역할을 하고 있는 것입니다. 그러나 우리는 구약의 제사장들이 했던 것과 같은 동물 희생 제사는 드리지 않습니다. 예수님께서 우리를 위해 죽으셨을 때, 몸으로 드린 희생 제사가 우리의 죄를 완전히 깨끗하게 했기 때문입니다. 예수께서 드리신 희생 제사로 다른 어떤 희생 제사도 필요하지 않게 된 것입니다.

레위기에 대해	
레위기는 율법에 대해 다루고 있다.	
예배에 관한 규정	1-15장
속죄일	16-17장
거룩한 삶을 위한 규정	18-22장
특별한 절기에 관한 규정	23-25장
그 외의 규정과 약속들	26-27장

생각하고 실천합시다

1. 하나님께서는 율법이 매우 중요하다는 사실을 이스라엘 사람들에게 보여 주기 위해 시내산에서 무엇을 하셨습니까?

2. 이스라엘 사람들은 하나님의 율법을 지키겠다고 약속했습니다(출애굽기 24:3). 그들이 율법을 받은 후 정말 선해졌습니까? 출애굽기 32:1-33:6의 금송아지 이야기를 읽어 보고 대답해 보십시오.

3. 십계명은 하나님이 어떤 성품을 가진 분이라고 말합니까?

4. 교회 건물을 지을 때 각 부분마다 특별한 의미를 부여하는 경우가 많습니다. 당신이 출석하는 교회의 건물과 그 안에 있는 기구들은 어떤 의미를 가지고 있는지 알아보십시오.

광야에서의 생활

하나님께서는 이스라엘 백성들을 시내산에서 가나안 땅으로 인도하셨습니다. 그곳은 하나님께서 아브라함의 후손들에게 주겠다고 약속하신 땅이었습니다. 이스라엘 백성들도 하나님의 율법을 지키겠다는 약속을 했었지만, 순종하지 않아 벌을 받았습니다. 그러나 그 다음 세대는 순종하여 약속의 땅에 들어갔습니다.

좋은 소식

★ 하나님께서는 자기의 백성들을 위해 광야에서 양식과 물을 공급해 주셨습니다. 그분은 우리에게도 필요한 것을 주십니다.

하나님에 대한 반역

하나님의 구름기둥

민수기 9장

이스라엘이 회막(장막)을 세우자, 구름기둥이 그곳을 덮었습니다. 하나님께서 이스라엘 백성들이 이동하기를 원하실 때는 그 구름이 하늘로 올라가 그들을 인도했습니다. 그 구름이 성막에 머물러 있을 때는 이스라엘 사람들은 이동하지 않았습니다. 그런 방법으로 하나님께서는 이스라엘 백성들이 가야 할 길을 보여 주셨습니다. 구름기둥은 그들에게 하나님께서 그들과 함께 계시다는 사실을 상기시켜 주었습니다.

가나안은 어떤 곳이었나?

민수기 13장

모세는 가나안에 정탐꾼을 몇 명 보냈습니다. 그들이 가서 보니 가나안은 땅이 비옥하여 농작물이 풍부하게 수확되는 정말 풍요로운 곳이었습니다.

사람들은 한때 성경이 묘사하는 가나안의

가나안의 포도나무와 무화과나무

오늘날 이스라엘 땅은 다시 비옥하고 아름다운 곳으로 바뀌어 가고 있다.

모습을 의심했습니다. 왜냐하면 현재 가나안은 나무도 자라지 않고 풍부한 농작물도 찾아 볼 수 없는 메마르고 먼지만 나는 땅이기 때문입니다. 그 땅에 어떤 일이 일어난 걸까요? 수백 년을 거치면서 그곳에서 큰 전쟁이 많이 벌어졌습니다. 그래서 오래된 나무들이 잘려 나갔고, 비옥한 토양은 씻겨 내려가고 말았습니다. 고고학자들은 이곳이 옛날에는 매우 비옥한 땅이었다고 말합니다.

오늘날 이스라엘에서 이 땅은 다시 비옥하고 아름다운 땅으로 바뀌어 가고 있습니다. 이 약속의 땅에는 다시 나무와 농작물들이 풍부하게 자라고 있습니다.

이스라엘의 반역

민수기 11-14장

이스라엘 백성에게 하나님을 상기시켜 주는 구름기둥이 있었음에도 불구하고, 첫 세대는 하나님께 반역했습니다.

이스라엘 사람들은 시내산을 떠나자 불평을 늘어놓았습니다(민수기 11장). 시내산에서 율법을 주실 때, 불순종하면 벌하겠다고 경고하셨던 바와 같이 그들이 불평할 때, 하나님께서는 불과 질병을 내리셨습니다(민수기 11장).

심지어 모세의 형 아론과 누이 미리암까지도 하나님께 반역했는데(민수기 12장), 이로 인해 미리암은 문둥병에 걸렸습니다. 아론과 미리암은 자신들의 죄를 깨달았습니다. 그들은 모세에게, 미리암을 위해 기도해 달라고 간청했습니다. 미리암은 진 밖에서 7일 동안을 기다려야 했습니다. 마침내 하나님께서는 그녀를 고쳐 주셨습니다.

그런데 이스라엘 백성들은 더욱 악한 짓을 저질렀습니다. 이스라엘은 가나안 경계에까

광야에서의
이스라엘의 방황
요단강
여리고
헤스본
사해
지중해
라암셋
바알스본
질루
숙곳
고센
비터 호수
수르 광야
신(Zin) 광야
에돔
가데스 바네아
바란 광야
에시온 게벨
마라
엘림
신(Sin) 광야
하세롯
돕가
홍해
르비딤
시내산
미디안
이스라엘이
광야에서 방황했을 여정

지 왔습니다. 하나님께서는 그들에게 올라가 싸워 그 땅을 취하라고 말씀하셨습니다. 그러나 그들은 거절했습니다(민수기 14장).

하나님은 몹시 화가 나셨습니다. 그래서 그들을 광야로 보내셨습니다. 하나님께서는 불순종한 어른들이 모두 죽고 새로운 세대가 자라날 때까지 40년 동안을 광야에서 기다리게 하셨습니다. 하나님은 거룩하십니다. 그러므로 늘 그분의 말씀에 순종해야 합니다.

이스라엘이 어디에서 방랑 생활을 했나?

민수기 15－19장

민수기 33장에는 이스라엘이 애굽을 떠나 진을 친 곳들이 열거되어 있습니다. 이 장소들 중 위치를 알 수 없는 곳이 여러 곳 있습니다. 63페이지의 지도는 지금까지 확인된 장소들입니다.

이스라엘 사람들은 "싸워서 가나안 땅을 취하라"는 하나님의 명령을 거역했습니다. 그래서 그들은 그 후 40년 동안 가데스 바네아와 바란 광야를 헤매다녀야 했습니다. 그들은 약 130km밖에 안되는 바란과 에시온 게벨 사이를 이리저리 방황했습니다.

하나님의 말씀을 불순종했을 때, 나이가 스무 살이 넘었던 사람들은 여호수아와 갈렙을 제외하고는 모두 이 기간에 죽었습니다. 여호수아와 갈렙은 하나님을 의지한 사람들이었습니다. 이들은 하나님께서 그의 백성에게 말씀하신 대로 가나안을 공격하기 원했습니다.

이 기간 말기에 인구 조사가 있었습니다. 이때 이스라엘에는 40년 전에 싸우려 하지 않았던 603,550명의 남자(어른)들을 대신하는 601,730명의 전사들이 있었답니다! 하나님의 말씀을 순종하지 않았던 사람들은 모두 죽었습니다. 그리고 그들의 자녀들이 자라난 것입니다. 이들은 모두 하나님의 말씀을 순종할 준비가 되어 있었습니다!

나귀가 말을 함

민수기 22장

발락은 모압의 왕이었습니다. 그는 이스라엘을 두려워했습니다. 그래서 마력을 가지고 있다고 하는 발람을 부르러 사람을 보냈습니다. 그러나 하나님께서는 발람에게 가지 말라고 말씀하셨습니다. 그러나 발람은 발락이 그에게 주겠다고 약속한 돈이 탐났습니다. 마침내 하나님께서는 발람이 가는 것을 허락하셨습니다. 그러나 가는 도중에 발람이 타고 가던 나귀가 멈춰 서서 더 이상 가려 하지 않았습니다.

그때 하나님께서 나귀가 말을 하게 하셨고, 그를 죽이려고 서 있는 천사를 보게 하셨습니다. 발람은 자신이 죄를 지었다는 것을 깨닫고 집으로 돌아가겠다고 말했습니다. 천사는 발람이 계속 가게 하면서 "오직 하나님께서 말하라고 하시는 것만 말하라"고 지시했습니다.

저주

민수기 23, 24장

발락은 발람에게 이스라엘을 저주하라고 요구했습니다. 그가 진짜로 원한 것은 무엇이었을까요? 그 당시 대부분의 사람들은 마술을 행할 수 있는 사람이 있다고 생각했습니다. 마력을 지닌 사람이 어떤 사람을 저주하면, 그 저주를 받은 사람은 더 이상 강하지도 건강하지도 못하게 된다고 믿었습니다. 발락은 발람이 마력을 통해 이스라엘의 군대를 약하게 해 주기를 원한 것입니다.

그러나 발람이 이스라엘을 저주하려고 할 때마다, 하나님께서는 발람에게 오히려 이스라엘을 축복하게 하셨습니다. 그래서 발람은 발락에게 "이스라엘을 해할 복술(마술)이 없다"고 말했습니다(민수기 23:23). 하나님께서는 오늘날에도 자신의 백성인 우리와 함께 하십니다. 어떤 악한 마술도 우리를 해할 수 없습니다.

성경에서 **저주**는 언제나 마술을 의미할까요? 그렇지는 않습니다. 성경은 하나님께서 직접 어떤 사람이나 사물을 저주하시는 모습도 보여 줍니다. 그러나 **저주**는 하나님께서 선언하신 벌을 의미합니다.

발람의 죄는 무엇이었나?

신약은 발람의 이야기가 보여 주는 세 가지 죄에 대해 경고합니다.

- '발람의 방법'(베드로후서 2:15)은 종교를 돈벌이에 이용하는 것입니다.
- '발람의 잘못'(유다서 11절)은 돈을 너무나 좋아한 나머지 하나님께 불순종하는 것입니다.
- '발람의 교훈'(요한계시록 2:14)은 사람들로 하여금 죄를 짓게 만드는 것입니다.

이스라엘을 저주할 수 없게 되었을 때, 발람은 발락에게 이스라엘이 죄를 짓도록 만들라고 말해 주었습니다(민수기 31:16). 그는 하나님께서는 거룩하시다는 것을 알고 있었습니다. 그리고 이스라엘이 죄를 지으면 하나님께서는 그들을 버리실 것이라고 생각했습니다. 그의 생각대로 하나님께서는 죄를 지은 이스라엘을 벌하셨습니다(민수기 25장). 그러나 하나님께서는 자기 백성들을 버리지는 않으셨습니다. 우리가 죄를 지으면 하나님께서는 우리를 벌하실 것입니다. 그러나 하나님께서는 자신을 사랑하고 의뢰하는 사람들을 절대로 버리지 않으십니다.

그 후 발람에게 어떤 일이 일어났습니까? 이스라엘의 군대가 미디안 군대를 격파했을 때, 죽임을 당했습니다(여호수아 13:22).

신명기에는 어떤 내용이 담겨 있나?

신명기는 '두 번째 법'이라는 뜻입니다. 신명기에는 모세가 가데스 바네아에서 가나안에 들어가려는 세대에게 한 세 편의 설교가 포함되어 있습니다. 다음이 그 세 편의 설교입니다.

- 하나님께서 우리를 위해 행하신 일들을 기억하라(신명기 1:1-4:43) – 과거를 회고함.
- 삶의 기준이 되는 율법을 기억하라(신명기 4:44-27:28) – 현재의 명령.
- 순종은 매우 중요하다(신명기 28:1-30) – 미래를 결정지을 선택(순종).

이 설교들은 '하나님 여호와께 붙어 떠나지 않고 오늘까지 다 생존한' 새로운 세대에게 주어졌습니다(신명기 4:4). 이 사람들은 애굽을 떠난 후 하나님을 거역했던 어른들과는 아주 달랐습니다.

성공의 비결

신명기 4:39, 40

모세는 이스라엘 백성들에게 인생에서 성공할 수 있는 방법을 말해 주었습니다. 그의 충고는 명심할 만합니다. 왜냐하면 그것은 성공의 열쇠이기 때문입니다. 이스라엘 백성들처럼 우리도 다음의 말씀을 지키면 성공할 수 있습니다. "너는 오늘날 상천 하지에 오직 여호와는 하나님이시요 다른 신이 없는 줄 명심하고 오늘 내가 네게 명하는 여호와의 규례와 명령을 지키라. 너와 네 후손이 복을 받아 네 하나님 여호와께서 네게 주시는 땅에서 한없이 오래 살리라."

이것이 최초의 율법이었을까?

한때 어떤 사람들은 모세가 이스라엘에게 율법을 주지 않았다고 생각했습니다. 그들은 율법이 모세 시대 이후에 만들어졌다고 주장했습니다. 오늘날 고고학을 연구하는 사람들은 많은 고대 사람들이 법전을 가지고 있었다는 사실을 알고 있습니다. 가장 잘 알려진 것으로는 기원전 1700년경의 함무라비 법전입니다. 리피트-이쉬타르 법전(기원전 1875년)과 우르-남무 법전(기원전 2050년)은 이보다도 더 오래되었습니다! 하나님께서 모세를 통해 이스라엘에게 주신 율법에는 이전의 법전들에 포함된 것들이 많이 담겨 있습니다. 그러나 오직 하나님의 백성들만이 이 율법을 지키라는 요구를 받았습니다. 왜냐하면 하나님께서 그들을 택하셔서 선하고 거룩하게 하셨기 때문입니다.

하나님께서 어떻게 자신의 사랑을 보여 주셨나?

신명기 6-8장

하나님의 율법은 사랑의 법입니다. 하나님께서 이스라엘 백성들에게 율법을 주신 것은 이스라엘을 사랑하셔서 그들에게 최고를 원하셨기 때문이었습니다. 그 외에 하나님께서는 이스라엘을 사랑하신다는 사실을 어떻게 보여 주셨습니까? 하나님께서는 아브라함에게 약속을 하셨습니다. 그분께서는 이스라엘을 노예에서 해방시킴으로써 그 약속을 지키셨습니다. 또한 광야에서 이스라엘을 먹이셨고 필요한 것을 충족시켜 주셨습니다. 그들의 신발과 옷은 40년 동안 닳지 않았습니다! 하나님께서는 이스라엘에게 계속 사랑을 보여 주셔서 이스라엘보다 더 강한 나라들을 가나안에서 쫓아내셨습니다.

이스라엘 백성들은 하나님을 사랑했나?

신명기 9-11장

이스라엘은 전쟁에서 승리할 때 하나님을 찬양함으로써 자신들이 하나님을 사랑한다는 것을 나타냈습니다. 모세는 새로운 세대에게 어떻게 하나님을 사랑해야 하는지를 가르쳐 주었습니다. "이스라엘아 네 하나님 여호와께서 네게 요구하시는 것이 무엇이냐. 곧 네 하나님 여호와를 경외하여 그 모든 도를 행하고 그를 사랑하며 마음을 다하고 성품을 다하여 네 하나님 여호와를 섬기고 내가 오늘날 네 행복을 위하여 네게 명하는 여호와의 명령과 규례를 지킬 것이 아니냐"(신명기 10:12, 13).

우리는 하나님을 두려워해야 합니까?

하나님을 **두려워하는** 사람들은 하나님을 경외하여 그분의 말씀을 순종하고 선하게 살아갑니다. 하나님을 두려워하는 것은 단순히 벌 받을 것이 두려워 순종하는 것을 말하는 것이 아닙니다.

하나님을 두려워한다는 것은 하나님께서 실제로 계시고, 우리를 사랑하신다는 사실을 믿는 것을 의미합니다. 우리도 하나님을 사랑합니다. 그리고 하나님께 우리의 사랑을 보여 주기 위해 옳은 일을 행하기를 원합니다.

모세의 예언

신명기 28장

모세는 이스라엘 백성들에게 그들이 하나님께 순종했을 때 어떤 좋은 일이 생길지 말해 주었습니다. 그는 또한 그들이 하나님께 불순종할 때에는 벌을 받게 될 것이라는 경고도 했습니다.

"하나님께 순종하면 풍성한 수확을 얻게 되며 가축이 많아질 것이다. 건강을 얻게 되고 원수들을 물리칠 수 있게 될 것이다. 나라는 부유해지고 주목을 받게 될 것이다. 그렇지만 하나님께 불순종하면 저주(징벌)가 임할 것이다. 농작물이 죽어 버리고, 동물들도 허약해질 것이다. 사람들은 질병으로 고통을 당하고, 원수들에게 패배를 당할 것이다. 비가 오지 않을 것이며, 사람들은 점점 더 가난해질 것이다. 마침내, 원수의 군대들이 와서 이스라엘 사람들을 약속의 땅으로부터 붙잡아 갈 것이다."

모세의 말은 그대로 이루어졌습니다! 성경에 보면 이스라엘에 무슨 일이 일어났는지 알 수 있습니다. 이스라엘 백성들이 하나님을 두려워하여 하나님께 순종했을 때는 복을 받았습니다. 그러나 그들이 하나님께 불순종하고 악한 행동을 했을 때, 모세가 그들에게 경고한 일들이 실제로 일어났습니다.

생각하고 실천합시다

1. 63페이지 지도에서 이스라엘 백성들이 여행한 경로를 따라가 보십시오. 그리고 다음 장소들을 찾아보십시오.
   - 이스라엘이 건넜던 홍해는 어디에 있습니까?
   - 애굽을 떠났던 사람들은 어디에서 죽었습니까?
   - 하나님께서는 어디에서 이스라엘에게 율법을 주셨습니까?
   - 신명기의 설교들은 어디에서 주어졌습니까?
   - 하나님께서 이스라엘에게 가나안으로 들어가라고 말씀하셨을 때, 이스라엘은 어디에서 하나님의 말씀을 거역했습니까?

2. 다음의 이야기들은 각각 어떤 질문에 대한 해답을 제시합니까? 성경 구절과 이야기를 짝지어 보십시오. 그리고 다음 질문에 답해 보십시오.

   〈성경구절〉

   민수기 12장　민수기 14장　민수기 16장　민수기 17장　민수기 20장
   민수기 23장　민수기 27장　신명기 21장　신명기 26장

   〈질문〉
   - 왜 하나님께 드렸습니까?
   - 모세는 어떻게 죄를 지었습니까?
   - 시기하는 것이 옳습니까?
   - 여자들도 자기 땅을 가져야 합니까?
   - 어떤 사람들이 하나님을 반역하여 '광야'에서 죽임을 당했습니까?
   - 하나님을 믿은 두 정탐꾼에게 어떤 일이 일어났습니까?
   - 해결되지 않은 살인 사건은 어떻게 해야 합니까?
   - 이스라엘 백성들은 아론이 대제사장으로 하나님의 선택을 받았다는 것을 어떻게 알았습니까?
   - 왜 발람은 이스라엘을 저주할 수 없었습니까?

약속의 실현

모세는 죽었습니다. 이스라엘의 새로운 세대는 여호수아의 인도 아래 요단강을 건너 하나님께서 아브라함에게 약속하신 땅에 들어갔습니다. 그 땅에 들어가기까지는 몇 년간에 걸친 싸움이 있었습니다. 그러나 하나님께서는 이스라엘과 함께하셨습니다. 하나님의 임재는 확실한 승리를 뜻하는 것입니다!

좋은 소식

★ 하나님께서는 이스라엘이 하나님께 순종할 때, 그들에게 하신 약속을 지키셨습니다.

☆ 하나님께서는 하나님을 섬기고 순종하겠다고 약속하는 사람들을 축복하십니다.

여호수아는 어떤 사람이었나?

여호수아 1장

여호수아는 전투가 있을 때마다 이스라엘 백성들을 이끈 장수였습니다(출애굽기 17:10). 많은 사람들은 여호수아는 모세가 이스라엘을 애굽에서 데리고 나오기 바로 이전에 장교였을 것으로 믿습니다. 고고학자들은 애굽 군대에

여호수아 시대 때 사람들이 사용하던 나팔은 양의 뿔로 만들어졌다.

관한 기록에서 이스라엘 사람인 것처럼 보이는 장교들의 이름을 찾아냈습니다.

여호수아는 또한 위대한 믿음의 사람이었습니다. 그는 모세가 약속의 땅에 보낸 정탐꾼들 중 하나였습니다. 다른 정탐꾼들은 가나안 사람들의 강한 힘을 무서워했으나 여호수아와 갈렙은 이스라엘 백성들에게 하나님께 순종할 것을 촉구했습니다. 그들은 하나님께서 이스라엘과 함께하심을 확신했기 때문에 그 강력한 적군과 기꺼이 싸우려 했습니다.

모세가 죽자, 하나님께서는 여호수아를 택하셔서 이스라엘의 백성을 이끌게 하셨습니다. 그리고 오직 한 가지만 말씀하셨습니다.

"오직 너는 마음을 강하게 하고 극히 담대히 하여 나의 종 모세가 네게 명한 율법을 다 지켜 행하고"(여호수아 1:7).

여호수아는 용감했으며 참으로 여호와께 순종했습니다. 그는 가나안에서 이스라엘을 승리로 이끌었습니다.

표징(memorials)

여호수아 4장

이스라엘 사람들이 가나안에 들어가기 위해서는 요단강을 건너야 했습니다. 하나님께서는 요단강의 흐름을 멈추게 하셨습니다. 그래서 그들은 갈라진 요단강 사이로 건너갔습니다! 그들이 강을 건널 때, 여호수아는 열두 명을 시켜 강 바닥에서 큰 바위를 가져와 강가에 쌓게 했습니다. 그 바윗돌들은 하나의 징표였습니다. 그것은 하나님께서 당신의 백성들을 어떻게 도우셨는지를 보여 주는 상징입니다. 여호수아는 이스라엘 백성들에게 후손들이 훗날 이 바윗더미를 보고 "이 돌들이 무엇입니까?"(여호수아 4:6)하고 물으면, '하나님께서 요단강을 갈라 약속의 땅에 들어가게 하셨음을 나타내는 징표'라고 말해 주라고 했습니다.

이스라엘 백성들은 하나님께서 행하신 것을 보고 하나님께서 여호수아와 함께하신다는 것을 확신했습니다. 그래서 기쁘게 그를 따랐습니다.

여리고는 어떤 성이었나?

여호수아 6장

이스라엘 백성들은 여리고성 근처에 있는

사람들은 어떤 사건이나 인물을 기억하기 위해 자주 표징(기념비)을 세운다. 성경에서는 자주 돌더미나 큰 돌을 어떤 사건이 일어난 후에 쌓는 것으로 표징을 나타내었다.

여리고는 사해 북쪽 요단 계곡에 있는, 팔레스틴의 고대 성읍이었다. 여리고성의 폐허 흔적들은, 이곳이 세계에서 가장 오래된 성임을 보여 준다.

요단강을 건넜습니다. 성벽이 둘러쳐진, 강한 여리고성은 가나안으로 통하는 길목을 막고 있었습니다. 이스라엘 백성들이 약속의 땅으로 가기 위해서는 이 성을 지나야만 했습니다(63페이지 지도).

여리고는 기원전 8000년경에 세워졌습니다. 여호수아 시대에 성벽으로 둘러싸인 여리고는 약 8에이커 정도 되는 도시였습니다.

여리고의 성벽은 매우 튼튼했습니다. 높이는, 기초가 약 3.5m 정도 되었고, 그 위의 성벽은 가파른 각도를 이루며 약 10m 높이로 세워져 있었습니다. 그리고 중요한 부분의 성벽은 이보다도 훨씬 더 높았습니다! 이렇게 견고하고 높은 성벽으로 둘러져 있었기 때문에, 여리고성의 사람들은 안전하다고 생각했습니다. 또한 어떤 적군도 이 성을 공격하여 점령하겠다는 생각을 할 수 없었습니다.

우리는 성경을 통해 하나님께서 이스라엘로 하여금 여리고성을 공격하게 하려고 어떤 계획을 세우셨는지 알고 있습니다. 이스라엘 사람들은 하나님의 명령대로 여리고성을 7일 동안 돌았습니다. 그런 다음 나팔을 불면서

여리고는 종려나무 성읍으로 유명했다.

큰소리로 외쳤습니다. 단지 조용히 돌고 나팔을 불면서 외친 것뿐인데 그 거대하고 튼튼한 여리고 성벽이 무너져 내린 것입니다!

오늘날에도 여리고 성벽을 볼 수 있을까?

고고학자들은 여리고성이 서 있던 지역의 땅을 깊이 파 보았습니다. 오늘날에도 여리고에 가면 아주 큰 돌벽돌들을 볼 수 있습니다. 이 돌들이 성벽을 쌓는 데 사용되었던 것입니다.

아간과 그의 가족

여호수아 7장

하나님께서 이스라엘 백성들에게 여리고의 모든 것들을 멸하되 은과 금은 여호와의 집을 짓는 데 사용하기 위해 따로 두라고 말씀하셨습니다. 그런데 '아간'이라는 군인이 얼마간의 금과 은을 자기 욕심을 위해 훔쳤습니다.

여호수아는 그곳에서 가까운 아이성을 치기 위해 군사를 보냈습니다. 그런데 이스라엘 군대가 패배하여 36명의 군사들이 죽었습니다! 여호수아는 기도했습니다. 하나님께서는 이스라엘 백성 중의 한 사람이 하나님의 명령에 불순종했기 때문에 이러한 일이 일어났다고 말씀해 주셨습니다.

하나님께서는 여호수아에게 누가 죄를 지었는지 가르쳐 주셨습니다. 아간이라는 사람이 훔친 금과 은을 자기 천막 속에 묻어 두었던 것입니다. 아간이라는 한 사람의 불순종으로 이스라엘은 아이성 전투에서 크게 패배했고, 36명의 군사가 죽었습니다. 아간의 가족들도 그 사실을 알고 있었기 때문에, 아간과 그의 가족은 모두 죽임을 당했습니다.

여호수아는 다시 아이성을 공격하여 적을 완전히 섬멸했습니다.

순종의 결과

여호수아 6, 7장

하나님께서는 이스라엘 백성들에게 아주 어리석어 보이는 일을 하라고 말씀하셨습니다. 그들에게 그저 여리고 성을 6일 동안 한 바퀴씩 돌기만 하라고 말씀하셨던 것입니다. 여호수아와 이스라엘 백성들은 하나님의 말씀에 순종했습니다. 그러자 하나님께서 직접 여리고성의 성벽을 무너뜨리셨습니다. 하나님에 대한 순종이 이스라엘에게 승리를 가져다 주었던 것입니다.

여리고성과는 비교도 안되는 작은 아이성과의 싸움에서 이스라엘이 패배한 것은 한 군사가 하나님의 명령에 불순종했기 때문이었습니다.

이 사건은 오늘 우리에게도 아주 중요한 교훈을 줍니다. 그것은 순종은 승리를 가져다 주지만 불순종은 패배를 가져다 준다는 사실입니다.

왜 이스라엘 백성들은 모든 것을 멸해야 했을까?

하나님께서는 여호수아에게 가나안 성읍의 모든 사람들을 죽이라고 명령하셨습니다. 여자와 아이들까지도 말입니다(여호수아 6:21, 9:24). 많은 사람들이 그렇게 하신 것은 잔인한 일이라고 생각할지도 모릅니다. 사람들을 사랑하시는 하나님께서 왜 그런 명령을 내렸을까요? 성경과 고고학에 대한 연구가 그 해답을 제시해 줍니다.

1) 죽음은 죄에 대한 벌이었습니다. 하나님께서는 아브라함에게 400년 동안 아모리 족속과 가나안 족속들을 그들의 땅에서 쫓아내지 않으실 것이라고 말씀하셨습니다. 이것은 그들의 죄악이 아직 벌을 받을 정도로 심한 것이 아니었기 때문이었습니다(창세기 15:16). 고고학자들은 이 사람들의 악한 종교와 죄악에 관해 많은 것을 찾아냈습니다. 가나안의 어떤 족속들은 심지어 자기 자녀들을 불태워 그들의 거짓 신에게 제사지내기까지 했습니

하솔은 아마도 이러한 모습의 성읍이었을 것이다.

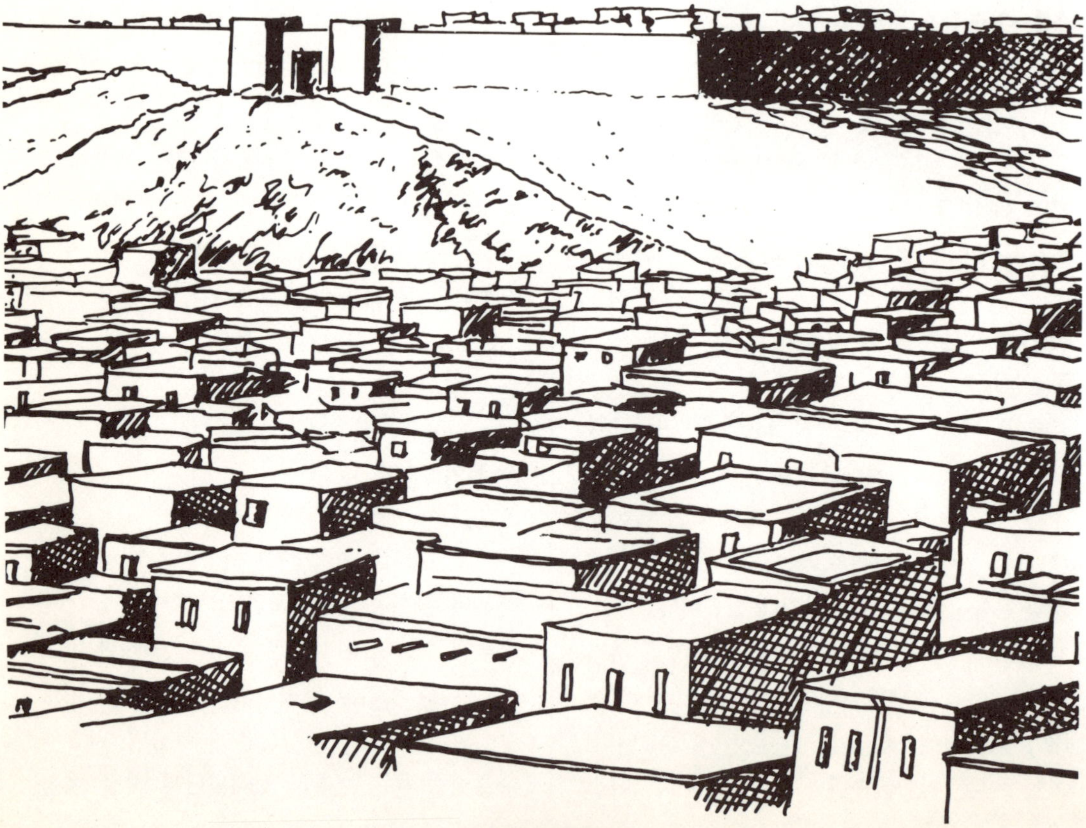

다! 하나님께서는 이러한 죄를 지은 악한 족속들을 벌하시기 위해 이스라엘 백성들을 사용하셨습니다.

2) 파괴는 하나님의 백성을 위한 보호책이었습니다. 하나님께서는 아모리 족속과 가나안 족속들을 그대로 살려 두면 이스라엘 사람들이 그들의 종교와 죄악에 매력을 느끼게 될 것을 아셨습니다. 그래서 하나님께서는 이 죄악된 족속들을 완전히 멸하라고 명령하심으로써 이스라엘을 보호하고 계셨던 것입니다.

이스라엘은 약속의 땅을 차지했습니다. 그러나 그곳에 사는 악한 사람들이 모두 죽임을 당한 것은 아니었습니다. 즉, 이스라엘 백성들이 하나님의 명령을 완전히 이행하지 않았던 것입니다. 수백 년 동안 이스라엘 백성들은 하나님을 멀리했는데, 이는 그들이 이웃 족속들을 모두 죽이지 않고 살려 두어 악한 종교와 죄 많은 생활 방식을 본받았기 때문이었습니다.

여호수아는 훌륭한 장군이었나?

여호수아 9-12장

오늘날에도 여러 사관학교들과 이스라엘 군사대학에서는 가나안에 맞서 싸운 여호수아의 전투법을 연구합니다.

수많은 적군의 성읍들이 연합하여 기브온을 공격했습니다. 기브온은 이스라엘에게 항복했던 성이었습니다. 여호수아는 군대를 이끌고 밤새 행진했습니다. 그리고 기습 공격으로 그 연합군을 물리쳤습니다. 그리하여 가나안의 중심부를 장악했습니다.

여호수아는 그의 대적들을 둘로 나누었습니다. 그런 다음 그는 남쪽으로 가서 그곳에 있는 강력한 대적의 성읍들을 쳐부수었습니다. 그리고 여호수아는 북쪽으로 가서 수많은 왕들과 싸웠습니다. 그들은 연합하여 이스라엘을 쳐부수려 했습니다. 여호수아는 적은 군사로 이 연합군을 물리쳤습니다. 그리고 그들의 주요한 성읍인 하솔을 파괴했습니다(80페이지 지도).

여호수아는 아주 강하고 용기가 있었으며 하나님의 충고를 따랐습니다. 그래서 강력한 대적들도 공격하여 승리할 수 있었습니다. 여호수아는 하나님의 율법에 순종했습니다.

가나안에는 여전히 대적들이 살고 있었습니다. 그러나 그들의 힘은 이미 꺾여 있었습니다. 이스라엘 사람들이 모두 여호수아만큼 용감했다면, 각 지파들은 그들의 영토에 남아 있는 사람들을 다 몰아낼 수 있었을 것입니다.

이스라엘의 대적들은 얼마나 강했나?

'하솔'은 가나안에서 지도적인 위치에 있는 성읍이었습니다. 그곳의 인구는 약 40,000명 정도였습니다. 그 넓이는 708,000㎢ 정도 되었는데, 1m 정도 두께로 된 성벽으로 둘러싸여 있었습니다.

하솔과 그 밖의 다른 성읍들은 전투에서 전차를 사용했습니다. 전차의 바퀴에는 바퀴와 함께 돌아가도록 큰 칼날이 장치되는 경우가 많았습니다. 이 칼날은 적군의 다리를 잘랐습니다. 가나안 족속들과 맞서 싸우는 이스라엘에는 전차가 한 대도 없었습니다!

가나안 성읍들은 잘 계획된 도시였습니다. 건물의 마당은 잘 포장이 되어 있었고, 마루는 회칠을 했습니다. 그뿐만 아니라 오물을 버리기 위한 하수도 시설도 갖추어져 있었습니다. 세계에서 가장 정교한 몇몇 도자기들이 바로 가나안에서 만들어졌습니다. 또한 가나안 사람들 가운데는 상당한 기술을 가진 금속 제련공이 많았으며, 여러 나라와 무역도 했습니다. 그리고 땅이 비옥해서 모든 종류의 농작물들이 잘 자라는 곳이었습니다.

가나안 사람들은 강했고, 문명화되어 있었습니다. 그러나 그들의 강력한 힘과 부도 이스라엘과 그들의 강하신 하나님을 막을 수는 없었습니다.

가나안 땅의 분배

여호수아 13-19장

여호수아는 약속의 땅을 이스라엘의 각 지파들에게 나누어 주었습니다. 80페이지의 지도는 각 지파들이 어느 지역을 분배받았는지를 보여 줍니다. 그리고 각 가족은 또 각 지파에서 그들의 영토를 분배받았습니다.

가나안에서 각 가족에게 주어진 영토는 누구에게도 팔 수 없었습니다. 그곳에서 농사지어 거둔 곡식은 팔 수 있었으나, 땅은 그 가족이 영원히 간직해야 했습니다(레위기 25장).

이스라엘 백성들은 하나님께 순종하고 그 분을 섬겨야 했습니다. 그리하여 그들의 새로운 고향에서 하나님께서 주신 그 비옥한 땅을 가꾸며 살아야 했습니다.

제사장들과 레위 지파의 땅

레위 지파는 하나님을 섬기는 일을 하도록 선택된 지파였습니다. 이스라엘이 광야에서 여행할 때, 레위 지파는 이스라엘의 회막인 성막을 옮겼습니다(민수기 3,4장). 이스라엘이 가나안에 정착했을 때, 레위 지파에게는 그들의 형제 지파들의 영토 가운데 몇몇 성읍들만이 주어졌습니다. 역시 레위 지파 출신인 제사장들에게도 땅은 주어지지 않았습니다.

그 대신에, 제사장들과 레위 지파는 다른 지파들이 하나님께 드리는 예물(십일조)로 생활을 할 수 있었습니다.

제사장들은 하나님께 희생제사를 드리고, 사람들에게 하나님의 율법을 가르쳤습니다. 이스라엘이 약속의 땅에 들어갔을 때, 레위 지파는 어떤 일을 했습니까? 그들은 제사장들을 도우며 회막을 관리하고 후에는 성전을 관리했습니다. 그리고 이들은 예배(제사) 음악도 담당했습니다(역대상 23,26장; 에스라 8장; 느헤미야 8장).

왜 여호와를 섬기는가?

여호수아 23, 24장

여호수아는 죽음이 임박해 오자 이스라엘 백성들을 모두 불러 모았습니다. 하나님께서는 이스라엘을 늘 보호하며 인도해 오셨습니다. 그리고 이스라엘 백성들은 싸워서 승리한 땅에서 살았습니다.

이제 여호수아는 모든 사람들에게 여호와를 섬기겠다는 새로운 약속을 하라고 요구합니다. 그는 백성들에게 "너희 하나님 여호와께서 너희에게 말씀하신 모든 선한 일이 너희에게 임하였다"고 상기시켜 주었습니다(여호수아 23:15).

우리도 또한 하나님을 섬기기 원하고 있습니다. 하나님을 섬기면 그분은 우리에게 모든 약속들을 지키시며, 승리케 하실 것입니다.

생각하고 실천합시다

1. 당신은 여호수아서에서 몇 가지 기적을 발견할 수 있습니까? 네 가지 정도 찾아보고, 각 기적에 이름을 붙여 보십시오.

사사 시대

이스라엘 백성들은 하나님께서 그들에게 약속하신 땅에 정착했습니다. 그러나 그 다음 몇 세기 동안 그들의 삶은 고난으로 가득 찼습니다. 이스라엘이 하나님께 충실하지 못했기 때문에 하나님께서 이스라엘의 원수들이 이스라엘 백성들을 괴롭히는 것을 허용하신 것입니다.

좋은 소식

★ 이스라엘 백성들이 불순종하여 하나님께 벌을 받았지만, 다시 회개하고 하나님께 돌아올 때 용서받을 수 있었습니다. 우리도 죄를 지었을 때, 하나님께 용서를 빌면 그분께서는 기꺼이 용서해 주시고 축복해 주실 것입니다.

'사사'란 어떤 사람인가?

성경의 사사들은 오늘날 법정에서 법을 집행하는 판사들과는 다릅니다. '사사'(judge)로 번역되는 단어는 '통치자'를 뜻합니다. 성경에서 나오는 많은 사사들은 적과의 전투에서 이스라엘을 승리로 이끈 다음, 통치자가 된 군사적 지도자들이었습니다.

그런데 구약의 어떤 사사도 이스라엘 전체

드보라는 이스라엘 사사 중 한 사람이었는데, 그녀는 종려나무 아래에서 재판을 했다. 사람들은 분쟁거리를 그곳으로 가져가 그녀에게 해결을 받았다. 그래서 그 나무를 '드보라의 종려나무'라고 불렀다고 한다.

를 다스리지는 못했습니다. 이스라엘의 지파들은 사울과 다윗 시대 이전에는 하나의 통일된 나라를 이루지 못했던 것입니다. 기원전 1350년부터 1050년 사이에 열두 지파는 같은 언어를 사용하고 같은 하나님을 섬겼습니다. 그러나 이들에게 아직 중앙 정부가 없었습니다. 각 마을이나 지역은 자치적으로 다스려졌습니다!

왜 사사가 필요했을까?

사사기 1－3장

여호수아는 가나안의 가장 강한 성읍들을 쳐부수었습니다. 그리고 그는 각 지파에게 영토를 나눠 주면서 아직도 남아 있는 원수들을 몰아내라고 말했습니다.

유다 지파는 언덕 지역에 살고 있던 사람들을 몰아냈습니다. 그러나 그들은 평지에 사는 사람들을 무서워했습니다. 왜냐하면 그들이 철로 만든 전차(철병거)를 가지고 있었기 때문입니다(사사기 1:19). 또 그 밖의 다른 지파들은 가나안 족속들을 몰아낼 수도 있었으나 오히려 그들은 가나안 사람들을 데려다 일을 시켰습니다(사사기 1:27-35).

하나님께서는 그들의 이러한 불순종에 분노하셨습니다. 여호와께서는 이스라엘이 자신의 뜻을 거역하여 그들이 가나안에 살도록 허락한 사람들의 거짓 신들을 섬길 것을 알고 계셨기 때문입니다.

정말 그런 일이 벌어졌습니다! 이스라엘 사람들은 우상을 섬기는 사람들과 결혼을 하고 그들을 따라 우상을 섬기기 시작했습니다.

하나님께서는 이스라엘의 원수들이 이스라엘을 침략하는 것을 도우심으로써 그들의 불순종을 벌하셨습니다. 때때로 이스라엘 백성들은 눈에 띄지 않는 길로 숨어 다녀야 했고, 큰길로는 감히 다니지 못했습니다(사사기 5:6)!

마침내, 심하게 고난을 당하자 이스라엘 백성들은 하나님께로 돌아왔습니다. 하나님께서 그들에게 사사들을 보내신 것은 바로 이때였습니다. 사사들은 이스라엘 백성들을 승리로 이끌고 후에 그들을 다스렸습니다. 사사가 다스리는 동안 백성들은 하나님께 순종했습니다.

그런데 또다시 그들은 여호와를 버리고 거짓 신들을 섬겼고, 그 결과 원수들에 의해 패배를 당했습니다. 그리고 큰 고난을 당하고서야 하나님의 도움을 구했습니다. 하나님께서는 자기 백성들을 도우셔서, 계속해서 그들에게 사사들을 보내셨습니다.

바알과 아스다롯

가나안에서는 신을 '바알'이라고 불렀습니다. 가나안 사람들은 여러 종류의 바알을 섬겼습니다. 그들은 바알들이 자기들 땅의 주인이며, 곡식이 자라게 해 준다고 생각했습니다. 그리고 '아스다롯'은 바알의 아내라고 생각하

바알은 가나안에서 가장 중요한 신이었다.

여 여신으로 섬겼습니다.

가나안 사람들은 나무 그루터기와 언덕 위에서 그 신들에게 제사했습니다. 이 제사에서는 하나님의 율법이 금지하는 성적인 범죄가 빈번하게 행해졌습니다(사사기 2:17; 아모스 2:7). 그리고 때로는 아이를 희생제물로 드리기까지 했습니다(예레미야 19:5).

이스라엘의 하나님은 가나안 사람들의 신들과 아주 다른 분입니다! 또한 하나님께서 자기의 백성들에게 원하시는 선한 삶은 가나안 종교의 악한 생활 방식과는 매우 달랐습니다.

하나님께서 이스라엘 백성들이 하나님을 배반하고 가나안의 신들을 섬길 때 그들을 벌하신 것은 전혀 이상할 것이 없습니다.

이스라엘의 중요한 사사들

사사기에는 열두 사사의 이름이 기록되어 있습니다. 그 중 드보라, 기드온, 입다, 그리고 삼손에 대한 이야기는 비교적 길게 기록되어 있습니다. 80페이지의 지도와 82페이지 도표는 사사 시대에 이스라엘 사람들이 얼마나 좁은 지역을 차지했는지를 보여 줍니다. 각 사사들은 그들의 영역 가까이에 살고 있는 단지 몇몇 지파들만 다스릴 수 있었을 것입니다.

여자들도 지도자가 될 수 있었을까?

사사기 4, 5장

성경 시대의 지도자들은 대개가 남자였으나 여자도 있었습니다. 드보라는 이스라엘이 지도자로 인정한 여자였습니다. 그녀는 분쟁들을 해결하고 이스라엘 백성들에게 하나님의 메시지를 전했습니다(사사기 4:5-7). 이스라엘 군대를 이끌었던 발락까지도 기꺼이 드보라가 이스라엘을 이끌도록 했습니다. 그는 드보라가 하나님과 가깝다는 것을 알고 있었습니다(여호수아 4:8-16). 하나님의 백성을 이끌고자 하는 사람은 하나님을 가까이해야 합니다.

드보라의 노래(사사기 5장)는 가나안 사람들을 이기고 그들의 철병거를 쳐부순 이스라엘의 승리를 축하하는 시로서, 이 세상에서 가장 아름다운 시들 중 하나입니다.

타작 마당에서는 곡식을 공중에 날림으로써 알곡과 쭉정이를 구별했다. 하나님께서 기드온을 부르실 때에 그는 타작 마당에 있었다.

사사들의 승리

사사기 6-8장

사사들은 성경의 영웅들입니다. 그러나 그들이 전투에서 승리하게 하신 분은 하나님이셨습니다. '기드온'이란 이름의 뜻은 '위대한 전사'입니다. 그러나 기드온은 너무나 두려워한 나머지 하나님께서 그에게 말씀하실 때 곡식을 숨기고 있었습니다(사사기 6:11). 미디안 사람들에게 그것을 빼앗기지 않기 위해서였습니다.

그런데 어떻게 해서 기드온이 영웅이 되었을까요? 그는 두려울 때에도 기꺼이 하나님께 순종했습니다. 기드온의 가족과 그 마을 사람들은 하나님 대신에 바알을 섬기고 있었습니다. 그러나 기드온은 하나님의 말씀을 듣고 우상 섬기는 곳을 파괴해 버렸습니다.

기드온은 원수들과 싸우기 전에 하나님께서 자신과 함께하신다는 확신을 갖고 싶었습니다(사사기 7:36-40). 확신을 갖게 되자, 기드온은 담대하게 싸우러 나갔습니다. 그는 하나님께서 그의 군대를 300명으로 줄이셨음에도 불구하고 기꺼이 싸웠습니다(사사기 7장). 하지만 이 300명의 군사들조차도 싸울 필요가 없었습니다. 기드온의 군사들은 밤에 큰 미디안 군의 진지에 몰래 다가갔습니다. 그들의 손에는 나팔과 숨겨진 횃불이 들려 있었습니다. 그들은 한밤중에 나팔을 불면서 횃불을 흔들었습니다. 이것이 미디안 군대를 혼란에 빠뜨렸습니다. 그래서 그들은 자기들끼리 서로 싸우고 죽이고는 도망쳤습니다. 이스라엘 사람들은 도망가는 미디안인들을 붙잡아 죽였습니다.

기드온은 40년 동안 사사로서 이스라엘을 다스렸습니다. 모든 사람들은 자기들에게 커다란 승리를 주신 분은 하나님이라는 사실을 알고 있었습니다. 기드온은 하나님을 믿고 그분께 순종했습니다. 그럴 때 하나님께서는 이스라엘의 원수들과 직접 싸워 주셨습니다.

외동딸을 제물로 드리는 입다

사사기 10-12장

입다는 암몬 족속과 싸울 때 사령관으로 참전했습니다. 그때 그는 이스라엘이 승리하면, 돌아오는 길에 처음 만나게 되는 것을 하나님께 희생제물로 드리겠다고 서원했습니다.

그런데 입다가 집으로 돌아오는 길에 처음 만난 것은 그의 외동딸이었습니다! 그러나 입다는 하나님께 서원한 것은 반드시 지켜야 한다고 생각했습니다(사사기 11:35). 입다의 딸은 아버지가 하나님께 맹세한 것을 기꺼이 받아들였습니다. 그녀는 두 달 동안만 여유를 달라고 아버지에게 요청했습니다. 왜냐하면 자신이 남자를 알지 못하고 처녀로 죽는 것이 슬퍼울기 위함이었습니다. 그녀는 자신이 죽는 것 때문에 운 것이 아니었습니다. 남편도, 자식도 갖지 못하고 죽는다는 것이 슬펐던 것입니다.

삼손이 힘센 이유

사사기 13-16장

삼손은 그때까지 살았던 사람들 중 가장 힘이 센 사람이었습니다. 그는 맨손으로 사자를 물리칠 수 있을 정도였습니다(사사기 14:6). 어떤 때는 천 명이나 되는 블레셋 사람들을 혼자서 물리쳤습니다(사사기 15:14,15). 또 아주 큰 문들을 부수어 버리기도 했습니다. 그 문들은 '가자'라는 성의 성문들이었는데, 삼손은 수백 킬로그램이나 되는 이 문들을 들어서 언덕 위에 옮겨 놓았습니다.

블레셋 사람들은 들릴라에게 돈을 주어 삼손의 힘의 비밀을 알아내게 했습니다. 삼손은 들릴라를 사랑했습니다. 그래서 마침내 그녀에게 비밀을 털어놓고 말았습니다.

삼손에게 큰 힘을 주시는 분은 하나님의 성

령이셨습니다(사사기 14:6, 15:14, 16:17). 삼손의 부모는 특별한 맹세(약속)를 했었습니다. 그것은 삼손을 '나실인'(하나님을 섬기기 위해 성별된 사람)으로 키우겠다는 것이었습니다. 하나님께 대한 이러한 특별한 약속의 징표로, 삼손은 머리카락을 자르지 않게 되어 있었습니다(사사기 13:5). 삼손의 머리카락이 잘렸을 때, 그 맹세는 깨어지고 삼손은 힘을 잃었습니다.

삼손이 힘을 잃자, 블레셋 사람들은 그를 잡아다가 두 눈을 뽑아 버렸습니다. 그러나 블레셋 사람들은 삼손의 머리카락이 다시 자라는 것을 미처 생각하지 못했습니다! 어느 날 블레셋 사람들은 눈먼 삼손과 그의 하나님을 비웃으려고 '다곤'이라는 신전으로 삼손을 데리고 갔습니다. 삼손은 하나님께 힘을 달라고 기도하고는, 신전을 떠받치고 있는 기둥을 힘껏 밀었습니다. 하나님의 성령께서 그에게 힘을 주셨습니다. 신전이 무너지면서 삼손은 거기에 깔려 죽었습니다. 이때 수천 명의 블레셋 사람들도 함께 죽었습니다.

블레셋인들은 어떤 사람들이었나?

드보라 시대에서 100년 정도 지났을 때였습니다. 지중해 연안에 아주 많은 블레셋 사람들이 정착하고 살았습니다. 이들은 가자, 아스글론, 아스돗, 가드, 그리고 에글론에 다섯 성읍을 건설하고 살았는데, 이 성에 있는 블레셋 사람들이 이스라엘 사람들과 가나안 사람들을 공격했습니다. 블레셋 사람들은 기원전 약 1200년부터 1000년까지 약 200년 동안 이스라엘을 많이 괴롭혔습니다. 다윗 시대에 이르러서야 블레셋의 힘이 꺾였습니다.

블레셋 사람들은 왜 그렇게 강했을까요?

삼손은 '다곤'이라는 거짓 신의 신전을 떠받치고 있는 큰 돌기둥을 밀어 무너뜨림으로써 수천 명의 블레셋 사람들을 죽였다.

사사 시대의 이스라엘 지파들

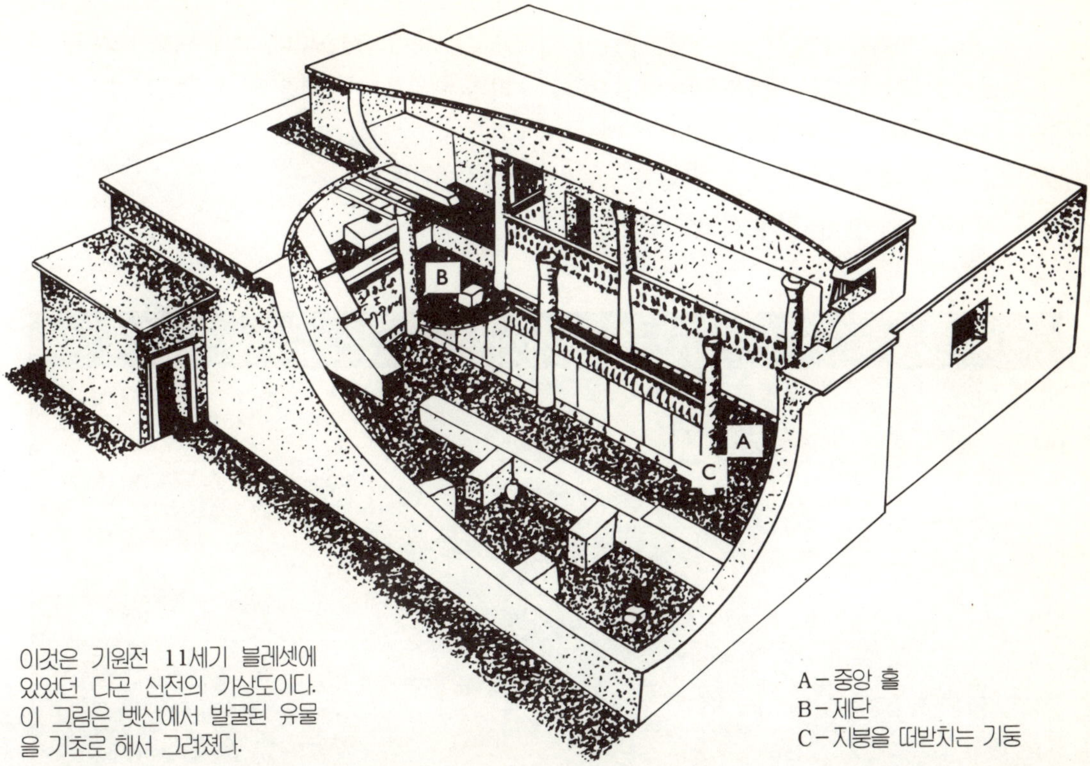

이것은 기원전 11세기 블레셋에 있었던 다곤 신전의 가상도이다. 이 그림은 벳산에서 발굴된 유물을 기초로 해서 그려졌다.

A－중앙 홀
B－제단
C－지붕을 떠받치는 기둥

가장 큰 이유는 블레셋 사람들만이 철을 제련하는 법을 알고 있었기 때문입니다(사무엘상 13:19-22). 그들은 철제 칼과 창과 전차를 가지고 있었습니다. 이러한 무기로 인해 그들은 적들이 두려워하는 아주 강력한 군대가 되었습니다.

룻

룻기 1장

룻은 사사 시대에 살았던 여자였습니다. 그러나 그녀는 이스라엘 사람은 아니었습니다. 그녀는 자기 땅을 떠나온 이스라엘 사람과 결혼했습니다. 이스라엘인인 그의 남편이 그녀가 살고 있던 모압으로 이주해 온 것입니다. 당시에 모압 사람들은 우상을 섬기고 있었습니다.

룻의 남편이 죽자 시어머니 나오미는 이스라엘로 돌아가기로 결정했습니다. 그때 룻은 중요한 결정을 내렸습니다. "어머니의 백성이 나의 백성이 되고 어머니의 하나님이 나의 하나님이 되시리니"(룻기 1:16).

구약시대에도, 이스라엘 사람으로 태어나지 않았을지라도 참되신 하나님을 섬기겠다는 선택을 할 수 있었습니다.

룻이 성경에 등장하는 이유

룻은 아주 어렵고 힘겨운 시기에도 하나님을 믿는 사람들이 있었음을 보여 주는 인물입니다. 후에 룻과 결혼한 보아스가 그러한 사람이었습니다. 룻은 두 가지 이유 때문에 중요한 인물입니다. 첫째, 룻은 이스라엘의 가장 위대한 왕 다윗의 증조모가 되었습니니다. 둘째, 룻의 이야기는 '친족 구속자'(기업 무를 자)에 관한 이야기입니다.

구약 율법 아래에서는, 만일 어떤 사람이 땅을 잃었을 경우 가장 가까운 친척이 그를 위해 그 땅을 다시 살 수 있었습니다. 그래서 보아스는 룻과 결혼하여 룻의 첫 남편의 땅이 다시 그녀의 것이 될 수 있게 하였습니다.

예수님은 우리의 친족 구속자(기업 무를 자)이십니다. 그분은 인간으로(우리의 친족으로) 태어나셨습니다. 그러므로 그분은 우리의 죄로부터 우리를 구원(구속)하실 수 있었으며, 우리를 다시 하나님께 돌려드릴 수 있었습니다.

열두 사사들

이름	성경구절	적	고통당한 기간	통치기간
1. 옷니엘	3:7-11	메소포타미아	8	40
2. 에훗	3:12-30	모압	18	80
3. 삼갈	3:31	블레셋		
4. 드보라	4, 5장	가나안	20	40
5. 기드온	6-8장	미디안	7	40
6. 돌라	10:1, 2			23
7. 야일	10:3, 5			22
8. 입다	10:6-12:7	암몬	18	6
9. 입산	12:8-10			7
10. 엘론	12:11-12			10
11. 압돈	12:13-15			8
12. 삼손	13-16장	블레셋	40	20

생각하고 실천합시다

1. 성경에는 드보라 외에도 여자 지도자가 몇 사람 등장합니다. 다음은 성경에 등장하는 여자 지도자들입니다. 이들에 대한 기록을 성경에서 찾아봅시다.
   아비가일(사무엘상 25장), 브리스길라(사도행전 18장; 로마서 16:3),
   에스더(에스더), 뵈뵈(로마서 16:1, 2).

2. 사사기 1:1-3:5에는 이스라엘 백성이 하나님께 어떻게 불순종했는지 나타나 있습니다. 이 구절을 읽고서 그들이 어떤 식으로 불순종했는지 그 행동을 조목조목 적어 보십시오.

이스라엘의 첫번째 왕

사무엘은 이스라엘의 마지막 사사였습니다. 사무엘이 늙자 이스라엘 사람들은 자기들을 다스릴 왕을 원했습니다. 그들의 첫번째 왕 사울은 실패했습니다. 하나님께서는 이스라엘에게 꼭 필요한 왕이 될 다른 사람을 준비하셨습니다. 그가 바로 다윗입니다.

좋은 소식

★ 다윗은 큰 성공을 거두었습니다. 그것은 그가 하나님을 믿고 그분의 말씀에 순종했기 때문입니다. 우리에게도 우리를 인도해 주는 하나님의 말씀이 있습니다.

기도의 응답

사무엘상 1, 2장

한나는 아이를 낳지 못하는 여자였습니다. 그래서 그녀는 실로에 있는 성막에서 울며 기도했습니다. 한나는 아이를 간절히 원했기 때문에 하나님께서 아이를 주시기만 한다면 첫 아이를 하나님께 드리겠다고 서원했습니다. 하나님께서는 한나의 기도에 응답하셔서 아들을 주셨습니다. 한나는 아기의 이름을 '사무엘'이라고 지었습니다. '사무엘'이라는 이름의 뜻은 '하나님께 구했다'입니다. 사무엘은 실로의 대제사장 엘리의 집에서 자랐습니다.

오늘날에도 아기가 태어나기 전에 아기를 위해 기도하는 크리스천 부모들이 많습니다. 그리고 그들의 아들과 딸을 하나님께 바칩니다. 그것은 특별한 목적을 위해 하나님께 바친다는 의미입니다.

하나님의 법궤는 마술적인가?

사무엘상 4, 5장

사무엘이 어렸을 때 블레셋 사람들이 이스라엘을 공격해 왔습니다. 이스라엘 사람들은 하나님의 법궤(언약궤)를 성막에서 꺼내 싸움터에 가지고 나갔습니다. 그들은 이 법궤가 마술적인 것이어서 법궤를 가지고 나가면 블레셋 사람들을 물리칠 수 있을 것이라고 생각했습니다.

그러나 예상과는 달리 블레셋 사람들이 이스라엘을 이겼습니다. 그리고 그들은 엘리의 두 아들을 죽였습니다. 엘리의 두 아들은 비록 제사장이었지만 악한 사람들이었습니다.

블레셋 사람들은 자신들이 이스라엘뿐만 아니라 그들의 하나님을 이겼다고 생각했습니다. 그들은 빼앗은 법궤를 '아스돗'이라는 성으로 가지고 갔습니다. 그리고 법궤를 다곤 신상 옆에 두었습니다. 그러나 블레셋 사람들은 하나님을 이긴 것이 아니었습니다. 다음날 아침 일어나 보니 그들의 신상이 하나님의 법궤 앞에 얼굴을 숙인 채 넘어져 있는 것이었습니다. 게다가 그 성의 블레셋인들은 원인을 알 수 없는 무서운 질병을 앓기 시작했습니다. 마침내 두려움을 느낀 블레셋 사람들은 법궤를 다시 이스라엘에게 돌려주었습니다.

법궤는 마술적인 것이 아니지만 거룩한 것이었습니다. 그것은 하나님을 섬기기 위해 구별된 것이었습니다.

왕을 원함

사무엘상 7-9장

사무엘은 자라서 이스라엘을 승리로 이끌었

기브아에 있던 사울왕의 요새

습니다. 미스바에서 있었던 블레셋과의 싸움에서 이스라엘에 승리를 가져다 준 것입니다. 그는 이스라엘 영토에서 블레셋 사람들을 몰아냈습니다. 사무엘이 사사로 다스리는 동안 이스라엘에는 평화가 깃들었습니다.

그러나 사무엘이 늙자, 이스라엘 사람들은 왕을 요구했습니다. 그들은 자기들을 이끌고 자기들을 위해 싸울 자가 필요하다고 말했습니다. 하나님의 특별한 백성으로서 뭔가 다른 모습을 보이는 대신 이스라엘은 다른 나라들과 똑같이 그들을 위해 싸워 줄 왕을 원한 것입니다(사무엘상 8:19).

물론 왕을 세우는 것 자체가 잘못은 아니었습니다. 그러나 이스라엘 백성들이 자기들을 위해 싸울 왕을 구한 것은 잘못이었습니다. 하나님께서는 이스라엘이 순종할 때 그들을 위해 싸워 주겠다고 약속하셨는데, 이스라엘이 자기들을 위해 싸워 줄 왕을 요구했다는 것은 하나님으로부터 등을 돌렸음을 뜻하는 것입니다.

사울왕

사무엘상 10-15장

이스라엘의 첫번째 왕은 사울이었습니다. 그는 적을 물리치고 하나님을 잘 섬기는 등 시작은 좋았습니다(사무엘상 11장). 그러나 후에 그는 하나님을 믿지 않았습니다(사무엘상 13장). 그는 하나님께서 사무엘을 통해 자신에게 내리신 명령에 불순종했습니다(사무엘상 15장).

사울은 40년 동안 다스렸습니다. 그는 요새(성)를 건축했는데, 고고학자들이 이 요새를 '길브아'에서 찾아냈습니다.

몇 년이 지나자 사울은 변덕스럽고 화를 잘 내는 사람으로 바뀌었습니다. 그는 왕이었지만 하나님을 떠났기 때문에 불행한 삶을 살았습니다.

다윗왕

사무엘상 17-26장

하나님께서는 사무엘을 보내어 다윗을 이스라엘의 두 번째 왕으로 지명하게 하셨습니다. 사무엘은 향기로운 올리브 기름을 다윗의 머리에 부음으로써 다윗을 왕으로 세웠습니다. 그 당시에 이렇게 머리에 기름을 붓는 것은 하나님께서 그 사람을 택하셔서 특별한 위치에 세우셨다는 뜻이었습니다.

하나님께서 다윗을 이스라엘의 두 번째 왕

다윗은 양을 돌보는 일로 아버지를 도왔다.

으로 선택하셨을 때 사무엘은 무척 놀랐습니다. 사울과 비교하면 다윗은 나이도 어리고 키도 크지 않았기 때문입니다. 그러나 하나님께서는 사무엘에게, 사람들은 겉모양을 보지만 하나님 자신은 사람의 중심을 본다고 말씀하셨습니다(사무엘상 16:7).

사울은 키도 매우 컸고 사람들에게 강한 인상을 주는 외모를 가졌으나 하나님께 순종하지 않았습니다. 반면에 다윗은 하나님을 사랑하고 전적으로 믿었습니다. 하나님께서 중요하게 여기시는 것이 바로 이것입니다. 다윗이 위대한 왕이 될 수 있었던 것은 이런 점을 갖추었기 때문이었습니다.

하나님을 신뢰한 다윗

사무엘상 17-26장

블레셋이 침략해 왔을 때, 이스라엘에서는 블레셋의 거인 골리앗이 두려워 감히 나서서 싸우려는 자가 없었습니다. 골리앗은 키가 3m나 되었고, 입고 있는 갑옷의 무게만도 54kg이나 되었습니다. 그리고 손에 쥔 긴 창끝에는 6.5kg이나 되는 쇠로 된 창날이 꽂혀 있었습니다. 그러나 어린 다윗은 골리앗을 조금도 두려워하지 않았습니다. 그는 그 거인을 향해 용감하게 소리쳤습니다.

"전쟁은 여호와께 속한 것인즉 그가 너희를 우리 손에 붙이시리라"(사무엘상 17:47).

후에 다윗은 군대의 장교가 되었습니다. 그리고 많은 전투를 승리로 이끌었습니다. 그는 사울의 딸 미갈과 결혼했습니다. 그런데 사울은 다윗을 매우 시기하여 그를 죽이려고 했습니다.

다윗은 사울을 피해 이스라엘의 어느 황량한 광야에 숨었고, 사울은 군대를 이끌고 다윗을 잡으러 쫓아갔습니다. 다윗은 두 번이나 사울을 죽일 기회가 있었지만 그렇게 하지 않았습니다(사무엘상 24:26). 그것은 하나님께서 사울을 이스라엘의 왕으로 세우셨기 때문이었습니다. 다윗은 하나님께서 자신을 왕이 되게 해 주실 때까지 기꺼이 기다렸습니다.

다윗은 어떤 사람이었나?

성경은 다윗에 관해 많은 이야기를 들려 줍니다. 시편에는 다윗이 지은 시와 노래가 많이 있습니다. 시편을 보면 다윗에 관해 여러 가지를 알게 됩니다.

다윗은 아버지의 양들을 돌보는 목동이었습니다. 그래서 그는 하나님을 자기의 백성을 돌보시는 목자로 생각했습니다(시편 23편). 그는 하나님께서 창조하신 아름다운 세상을 보고 하나님을 찬양했습니다(시편 8편). 다윗은 때때로 근심과 두려움을 느꼈습니다. 그럴 때마다 그는 하나님께 자신의 심정을 털어놓았습니다(시편 31편). 다윗은 하나님의 말씀을 믿었습니다. 그리고 그 말씀에 순종하기 위해 노력했습니다(시편 19편). 무엇보다도 다윗은 하나님을 사랑했으며, 좋으신 하나님을 찬양했습니다(시편 103편).

다윗은 자신이 생각하고 느낀 것을 아주 솔직하게 기록했기 때문에 우리는 성경에 등장하는 다른 어떤 사람들보다 다윗에 대해 더 많은 것을 알 수 있습니다.

다윗과 요나단

사무엘상 19, 20장

요나단은 사울왕의 큰아들로, 사울왕의 뒤를 이어 이스라엘의 왕이 될 사람이었습니다. 그러나 그는 하나님께서 다음 왕으로 다윗을 선택하셨음을 알고 있었습니다. 그는 다윗을 시기하지 않고 오히려 그에게 가장 좋은 친구가 되어 주었습니다. 그는 자신의 아버지가 다윗을 죽이려 할 때도 그를 보호해 주었습니다.

그 당시에는 마녀가 있었을까?

사무엘상 28장

마녀가 실제로 있습니까? 성경에는 악령과 이야기하는 사람들에 관해서도 언급되어 있습니다. 이들은 '점쟁이'라고 불리기도 합니다. 하나님께서는 이스라엘 백성들에게 이러한 사람들과 아무 상관도 하지 말라고 말씀하셨습니다(신명기 18:9-13).

그러나 사무엘이 죽은 후, 블레셋 사람들이 이스라엘을 다시 공격할 준비를 갖추자 사울

엔게디 마을 근처에 있는 이 동굴에 다윗이 사울을 피해 숨어 있었다.

왕은 마녀에게로 가서 도움을 구했습니다.

그는 마녀에게 사무엘과 이야기할 수 있도록 해 달라고 부탁했습니다. 사무엘이 정말로 나타나자 마녀는 놀라서 비명을 질렀습니다. 그녀는 오직 하나님만이 진짜 사무엘을 돌아오게 해서 사울과 이야기하게 하실 수 있다는 것을 알고 있었습니다.

다윗은 작은 하프처럼 생긴 수금을 연주했다. 어떤 시편들은 악기들의 연주에 맞추기 위해 지어졌다.

사무엘은 불순종하는 사울에게, 그와 요나단이 다음날 전투에서 죽을 것이라고 말했습니다. 이스라엘은 패배하고 사울이 죽은 후, 다윗이 왕이 될 것이라고 말입니다. 사울은 하나님께 순종하지 않았지만, 다윗은 순종했기 때문입니다.

사무엘상에 나타난 다윗

1. 다윗이 왕으로 지명됨(16:1－13)
2. 다윗이 사울을 위해 수금을 연주함(16:14－23)
3. 다윗이 거인 골리앗을 죽임(17장)
4. 다윗이 좋은 친구를 갖게 됨(18:1－9)
5. 사울이 다윗의 적이 됨(18:10－19)
6. 다윗이 사울의 딸과 결혼함(18:20－30)
7. 다윗이 사울을 피해 도망함(19장)
8. 다윗이 요나단에게 도움을 받음(20장)
9. 다윗이 골리앗의 칼을 취함(21:1－9)
10. 다윗이 미친 척함(21:10－15)
11. 다윗이 한 성읍을 구함(23:1－6)
12. 다윗이 사울에게 쫓김(23:7－29)
13. 다윗이 사울의 생명을 구해 줌(24장)
14. 다윗이 아비가일과 결혼함(25장)
15. 다윗이 사울을 다시 구해 줌(26장)
16. 다윗이 블레셋 사람들 가운데 숨음(27장)
17. 다윗이 이스라엘의 원수들과 싸움(29, 30장)

생각하고 실천합시다

1. 사울은 왜 실패했습니까? 다음 구절을 읽어 보십시오. 그런 다음 사울이 실패할 수밖에 없었던 원인에 대해 말해 보십시오.

   사무엘상 13:7－15　　사무엘상 18:28, 29
   사무엘상 15:1－25　　사무엘상 22:6－17
   사무엘상 18:12－15　　사무엘상 28:3－20

이스라엘의 가장 위대한 왕

다윗은 사울이 죽은 후 이스라엘의 왕이 되었습니다. 그는 이스라엘의 적들을 물리치고 이스라엘의 영토를 넓혔습니다. 다윗과 그의 아들 솔로몬이 다스리는 동안 이스라엘은 부유하고 강한 나라가 되었습니다.

좋은 소식

★ 다윗왕은 죄를 지었습니다. 그러나 그가 자기의 죄를 하나님께 고백할 때 하나님께서는 용서해 주셨습니다. 우리도 죄를 지었을 때 용서를 빌면 하나님께서 용서해 주실 것입니다.

위대한 왕, 다윗

처음에 다윗은 '유다'라는 작은 지파의 왕이었습니다(92페이지 지도). 그러다가 후에 그는 온 이스라엘의 왕으로 인정되었습니다. 다윗은 백성들로부터 존경을 받았으며 나라를 위해 많은 일을 한 위대한 왕이었습니다.

다윗은 블레셋을 물리쳤습니다. 그는 블레셋 사람들의 힘을 완전히 꺾어 놓았습니다. 블레셋은 거의 200년 동안이나 이스라엘을 괴롭혀 왔었는데, 다윗은 블레셋 사람들에게 빼앗겼던 땅을 다시 찾았습니다. 그리고 예루살렘 성을 점령하여 그곳을 수도로 정했습니다(사무엘하 5장). 또한 다윗은 하나님의 법궤(언약궤)를

예루살렘에 있는 다윗성(요새)의 아치. 다윗왕 때에 이스라엘은 블레셋으로부터 예루살렘을 빼앗았다.

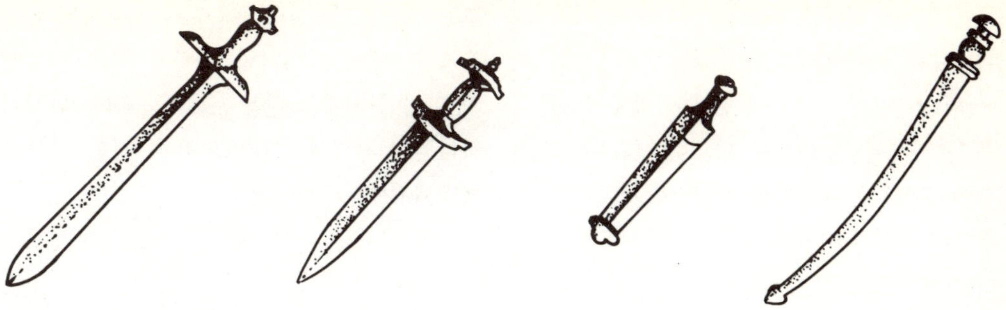

성경 시대의 칼들

예루살렘으로 옮겨다 놓았습니다. 그렇게 되자 이스라엘 백성들은 여호와를 섬기기 위해 예루살렘으로 왔습니다(사무엘하 6장). 다윗은 특별한 전사들을 육성하여 군대를 강하게 키웠습니다(사무엘하 23:1; 역대상 11장). 다윗에게는 28만 8천 명의 훈련된 군사가 있었는데, 매달 2만 4천명의 군사들이 돌아가면서 이스라엘을 방어하였습니다.

다윗은 모압과 에돔 같은 적대국들과 전쟁을 했습니다. 그는 모든 전쟁을 승리로 이끌었습니다. 그리하여 하나님께서 아브라함에게 약속하신 땅을 거의 다 다스리게 되었습니다. 이것은 사사 시대에 차지했던 영토와 비교할 때 거의 열 배나 넓은 것이었습니다! (80페이지 지도)

다윗은 또한 하나님을 섬기는 일에서도 백성들을 이끌었습니다. 그는 하나님을 사랑했고 언제나 하나님을 찬양했습니다. 그는 제사장들과 레위 지파 사람들이 항상 하나님을 찬양하는 일을 맡아보도록 했습니다. 그리고 예배 때 드려지는 많은 시편들(노래들)을 직접 지었습니다(역대상 25:1-8).

웃사는 왜 죽었는가?

사무엘하 6장

다윗은 하나님의 법궤를 예루살렘으로 옮겨오고 싶었습니다. 그래서 법궤를 황소가 끄는 수레에 실었습니다. 그런데 황소가 뒤뚱거리는 바람에 법궤가 흔들렸습니다. 그때 '웃사'라는 사람이 법궤를 붙들자 하나님께서는 그를 죽이셨습니다.

다윗은 너무도 당황스럽고 화가 치밀어올라왔습니다. 왜 하나님께서 그렇게 하셨을까요? 나중에서야 다윗은 하나님의 법궤는 덮어야 하고, 황소가 아니라 레위인들이 운반해야 한다는 사실을 율법을 통해 알게 되었습니다. 또한 그 누구도 결코 만져서는 안되었습니다(민수기 4:1-20). 법궤는 거룩한 것이어서 하나님의 제사장 외에는 그 누구도 볼 수 없었습니다.

웃사의 죽음은 다윗과 온 이스라엘에게 하나님은 그들을 사랑하실 뿐만 아니라 거룩하시다는 사실을 깨닫게 해 주었습니다. 하나님께 순종하고 그분을 경외하는 것은 그 무엇보다 중요합니다.

다윗에게 주신 하나님의 약속

사무엘하 7장

다윗의 원수들이 마침내 패배하고 이스라엘에는 평화가 찾아왔습니다. 다윗은 하나님을 위해 성전을 짓고 싶었습니다. 하지만 하나님께서는 다윗이 성전 짓는 것을 허락하지 않으셨습니다. 그 대신에 다윗에게 특별한 약속을 주셨습니다. 그것은 다윗의 후손(가문) 중 한 사람이 영원한 나라를 다스릴 것이라는 약속이었습니다(사무엘하 17:12, 13, 16).

다윗의 후손들은 이스라엘에 국왕 제도가 있는 동안에만 예루살렘에서 다스렸습니다. 그러나 하나님께서 다윗에게 주신 약속은 특별한 후손에 관한 것이었습니다. 그 특별한 후손이 바로 예수님입니다! 예수님의 어머니인 마리아는 다윗의 후손입니다(누가복음 3:1-31). 성경은 예수께서 다윗의 가문에서 태어나셨다고 말합니다(마태복음 1:1).

선한 사람들도 죄를 지을 수 있을까?

사무엘하 11, 12장, 시편 51편

아무리 선한 사람일지라도 죄를 지을 수 있습니다. 다윗은 하나님을 사랑하는 선한 사람이었지만 큰 죄를 지었습니다. 그는 다른 남자의 아내와 사랑에 빠졌습니다. 그런데다가 그는 그 남편을 전쟁터에서 죽게 했습니다.

하나님께서는 이러한 다윗의 죄를 책망하기 위해 선지자 나단을 보내셨습니다. 다윗이 하나님의 말씀을 어기고 악한 짓을 했음을 깨닫게 하기 위해서였습니다.

그때 다윗은 즉시 자기의 죄를 고백했습니다. 그는 나쁜 짓을 하지 않았다고 거짓말을 하지 않았습니다. 그는 심지어 자신이 죄를 지었다는 것을 인정하는 한 편의 시를 써서 모든 백성이 읽게 했습니다. 그리고 하나님께 용서를 구했습니다! 다음은 다윗이 쓴 글입니다.

> 하나님이여 주의 인자를 좇아
> 나를 긍휼히 여기시며
> 주의 많은 자비를 좇아
> 내 죄과를 도말하소서
> 나의 죄악을 말갛게 씻기시며
> 나의 죄를 깨끗이 제하소서

다윗왕은 방어를 위해 요새를 지어 '다윗성'이라고 불렀다. 예루살렘성 전체가
이 요새로 둘러싸여 있었기 때문에 후에는 예루살렘성 전체가 다윗성이라는 이름으로 불려졌다.

모든 사람이 다윗 왕을 좋아했을까?

사무엘하 13-19장

다윗은 선하고 하나님을 경외하는 왕이었습니다. 그러나 모든 사람이 다윗을 좋아한 것은 아니었습니다. 다윗이 늙었을 때, 그의 아들 압살롬이 반역을 했습니다. 이때 많은 사람들이 이 비밀 음모에 가담했습니다.

다윗이 얼마나 비참했을까요! 그는 몇 안되는 충실한 친구들과 함께 급히 예루살렘에서 도망쳐야 했습니다. 왜냐하면 그의 아들과 신하들이 그를 죽이려 했기 때문입니다.

그러나 무서운 내란에서 압살롬은 죽고 다윗의 대적들도 패배했습니다. 하지만 다윗은 그를 배반했던 아들과 백성들 때문에 몹시 슬펐습니다. 압살롬을 피해 도망할 때, 다윗은 하나님을 향한 믿음을 보여 주는 시편(노래)을 지었습니다.

"여호와여 주는 나의 방패시요 나의 영광이시요 나의 머리를 드시는 자니이다"(시편3:3).

백성들은 다윗을 실망시켰습니다. 그러나 다윗은 하나님께서 자신과 함께하신다는 사실을 기억했습니다. 다윗은 옳았습니다. 하나님께서 그를 도와주셨습니다. 그리고 다윗에게 실망하는 마음을 극복할 수 있는 힘을 주셨습니다.

솔로몬은 위대한 왕이었나?

열왕기상 1-14장

다윗의 아들 솔로몬이 이스라엘의 다음 왕이 되었습니다. 솔로몬은 아버지 다윗처럼 전쟁을 벌이지는 않았습니다. 그 대신 강한 성벽으로 둘러쳐진 성읍들을 지었습니다. 그는 아주 강한 군대를 가지고 있었습니다. 그래서 감히 누구도 이스라엘을 공격하지 못했습니다.

솔로몬은 에시온 게벨에 구리 광산을 가지고 있었습니다. 그는 거기에서 나오는 광석을 가지고 빛나는 금속을 만들었습니다. 그는 배를 많이 만들어 3년이나 걸리는 무역 여행을 보내기도 했습니다. 선원들은 금과 은, 보석과 상아, 그리고 동물들을 가지고 돌아왔습니니

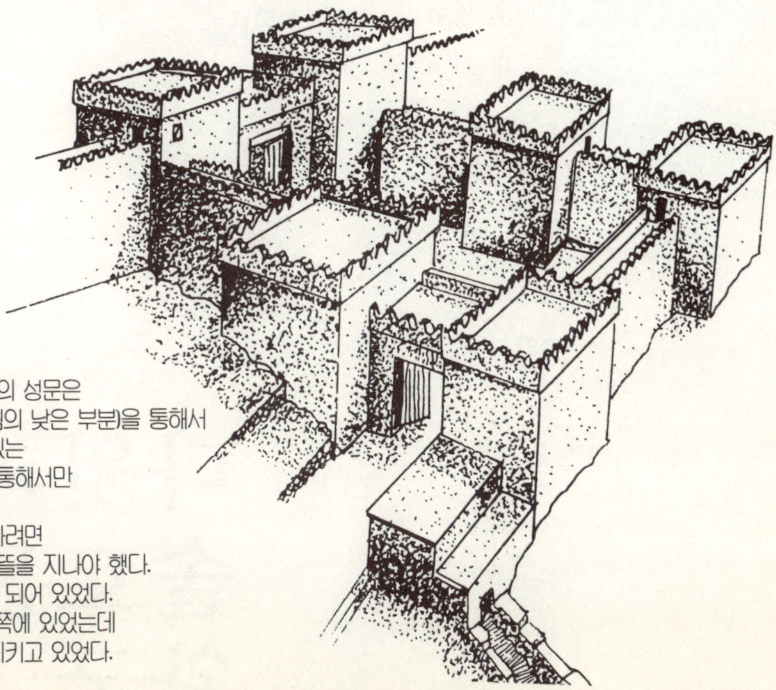

므깃도에 있는 솔로몬의 성문은
한쪽 계단(오른쪽 그림의 낮은 부분)을 통해서
또는 탑에서 지키고 있는
꼬불꼬불한 경사로를 통해서만
들어갈 수 있었다.
성의 중앙 문에 도달하려면
성벽들로 둘러쳐진 안뜰을 지나야 했다.
중앙 성문은 이중으로 되어 있었다.
둘은 앞쪽에, 둘은 뒤쪽에 있었는데
군인들이 그 성문을 지키고 있었다.

아마도 솔로몬 왕국은
여기까지 확대되었을 것이다
구브로
지중해
시돈
아람
시돈
다메섹
두로
단
요단강
라못 길르앗
므깃도
샤론 평야
이스라엘
세겜
얍복강
예루살렘
암몬
아스돗
아스글론
라기스
헤브론
사해
가자
브엘세바
모압
유다
가데스 바네아
에돔
에시온 게벨
다윗과
솔로몬의
왕국

다(열왕기상 10:14-22). 솔로몬은 이러한 사업으로 한 해에 2천 8백만 그램이나 되는 금을 벌어 들였습니다! 그 금을 한 돈(3.75g)에 45,000원씩 판다면 3천 3백억 원이나 됩니다! 그 시대의 경제 규모를 고려하면 이것은 상상할 수 없는 엄청난 액수입니다.

그러나 솔로몬이 계획한 성의 건축 비용이 굉장히 많이 들었습니다. 그래서 모든 것이 풍부했음에도 불구하고 백성들에게 무거운 세금을 부과해야 했습니다. 그리고 솔로몬은 수천 명의 백성들을 나라의 건설 사업에 일꾼으로 썼습니다.

솔로몬의 가장 큰 건축물

열왕기상 7장

다윗은 예루살렘에 아름다운 성전을 지어 하나님께 드리고 싶었습니다. 그러나 하나님께서는 다윗이 성전 짓는 것을 허락하지 않으셨습니다. 그래서 솔로몬은 다윗이 꿈꾸었던 성전을 7년 반 동안에 걸쳐 짓게 되었습니다.

솔로몬은 성전을 금과 은으로 장식하고 하나님의 법궤를 성전으로 옮겨 왔습니다. 그런 다음 온 이스라엘 백성들을 불러 모은 후 아름다운 성전을 여호와께 드렸습니다. 열왕기상 8장에 보면 이때 솔로몬이 한 기도를 읽어 볼 수 있습니다.

솔로몬이 성전을 다 지었을 때, 하나님께서 그에게 말씀하셨습니다. 하나님께서는 솔로몬이 다윗만큼 자신을 사랑해야 한다고 말씀하셨습니다. 솔로몬이 그렇게 한다면, 하나님께서는 계속해서 솔로몬과 그의 백성들을 도와줄 것이라고 하셨습니다.

솔로몬의 지혜와 어리석음

열왕기상 4, 11장

솔로몬은 어떤 점에서는 매우 지혜로웠습니다. 그는 3,000개의 잠언과 1,005편의 노래를 지었습니다. 그는 또한 식물과 동물에 대해 연구를 많이 했습니다. 그래서 솔로몬에게 배우려고 세계 각지에서 사람들이 찾아오기도 했습니다. 시바의 여왕은 현재 '예멘'이라고 알려진 곳으로부터 1,500km가 넘는 거리를 달려왔다고 합니다.

그러나 솔로몬은 평생 하나님의 말씀을 순종할 만큼 지혜롭지는 못했습니다. 그는 우상을 섬기는 외국 여자들과 결혼했습니다. 시간이 지나자 솔로몬은 심지어 우상들을 섬기기까지 했습니다!

솔로몬이 죄를 지었기 때문에, 하나님께서는 이스라엘의 원수들이 강해지도록 하셨습니다. 그리하여 솔로몬이 죽자 이스라엘의 대부분은 그의 아들이 아닌 다른 사람에 의해 다스림을 받았습니다.

생각하고 실천합시다

1. 다윗은 자주 자신이 경험한 것을 시(노래)로 썼습니다. 그리고 하나님을 찬양하는 시도 지었습니다. 당신도 하나님께 드리는 시를 하나 지어 보지 않겠습니까?

하나님을 섬기고 지혜롭게 살라

성경에서 욥기, 시편, 잠언, 전도서, 아가서, 이 다섯 권의 책들은 '지혜서'에 속합니다. 이 중 많은 부분들이 다윗왕과 솔로몬왕 때에 기록되었습니다. 지혜서는 선한 일을 통해 하나님을 어떻게 섬겨야 하는지를 우리에게 가르쳐 줍니다. 특히 '예배 문학'이라고 불리는 시편은 하나님께 어떻게 기도하고 예배드려야 하는지를 가르쳐 줍니다.

좋은 소식

★ 시편은 우리가 하나님의 권능과 선하심을 기억할 때 그분을 어떻게 찬양해야 하는지를 잘 보여 줍니다.

☆ 잠언은 우리가 지혜롭고 선한 선택을 할 수 있도록 도와줍니다.

★ 욥기는 하나님의 백성이 고통을 당하더라도 결국에는 하나님께서 그들을 축복하신다는 사실을 보여 줍니다.

찬양이란?

찬양은 하나님을 향한 사랑을 나타내는 매우 특별한 방법입니다. 우리는 찬양 속에서 하나님과 직접 이야기할 수 있습니다. 우리는

고대 이스라엘 가정의 유적

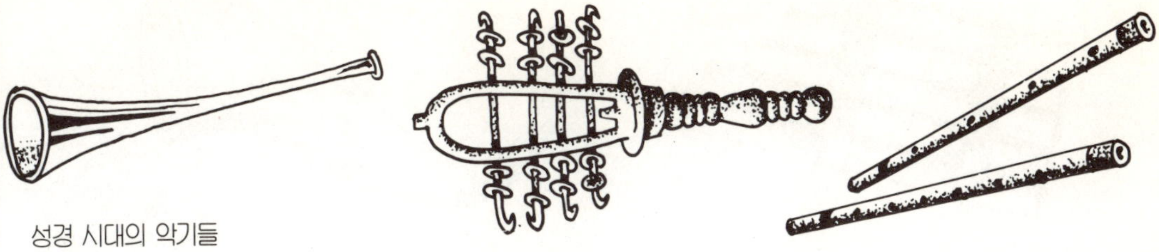

성경 시대의 악기들

그분의 성품과 그분이 하신 일에 대해 감사드립니다. 그리고 하나님께서 얼마나 놀랍고 선하신지를 알고 있다고 말씀드립니다. 찬양은 하나님께서 아주 기쁘게 받으시는 것입니다. 또한 하나님께 드리는 찬양은 우리에게도 기쁨과 행복을 가져다 줍니다.

우리는 구약과 신약 모두에서 찬양에 관한 구절들을 발견할 수 있습니다. 그중에서도 시편은 찬양으로 가득 차 있습니다. 그것은 우리가 어떻게 모든 염려와, 마음속에 있는 생각들을 하나님께 아뢸 수 있는지를 가르쳐 줍니다. 우리는 우리 마음속에 있는 슬픔과 두려움을 하나님과 함께 나눌 수 있습니다. 그러면 우리는 하나님께서 얼마나 위대하고 선하신지를 기억하게 될 것입니다. 우리는 하나님을 찬양함으로써 하나님께서 우리의 어려운 문제를 해결할 수 있도록 도와주실 것이라고 확신할 수 있습니다.

시편은 '시'일까요?

시편은 일반적인 시처럼 특별한 운율이 있는 것은 아닙니다. 하지만 시편도 시에 속합니다. 히브리 사람들은 특별한 종류의 시를 썼습니다. 이런 시는 소리보다는 사상을 중요시하기 때문에 운을 맞추는 단어들이 사용되지는 않습니다.

이러한 시들에서 어떤 규칙을 발견할 수 있습니까? 먼저, 시편 126:2에서처럼 그 사상을 첫번째 줄에서 반복법을 쓰는 경우가 많습니다.

"그때에 우리 입에는 웃음이 가득하고,
우리 혀에는 찬양이 찼었도다."

혹은 잠언 11:17처럼 대조법을 써서 첫번째 구절을 강조하기도 합니다.

"인자한 자는 자기의 영혼을 이롭게 하고,
잔인한 자는 자기의 몸을 해롭게 하느니라."

그리고 시편 4:8처럼, 점층법을 사용하기도 합니다.

"내가 평안히 눕고 자기도 하리니,
나를 안전히 거하게 하시는 이는
오직 여호와시니이다."

그래서 시편이나 잠언은 하나의 시집이라고 할 수 있겠지요. 어떤 나라의 시는, 시의 의미보다는 그것이 발음되는 것에 더 중점을 두기도 합니다. 이러한 시는 다른 언어로 번역하기가 매우 힘듭니다. 그러나 성경의 시는 운율있는 단어가 아니라 사상이 어떻게 모아졌느냐에 달려 있습니다. 그래서 성경의 시들은 세계의 모든 언어로 번역될 수 있습니다.

시편에는 어떤 내용이 담겨 있을까?

시편에는 다양한 종류의 시가 있습니다. 다음은 당신이 시편에서 읽을 수 있는 여러 종류의 시입니다.

(1) **찬양 시편**은 우리로 하여금 하나님을 생각하고 그분의 성품에 대해 감사할 수 있도록 해 줍니다. 시편 33편과 103편, 그리고 139편 등이 찬양 시편에 해당합니다.

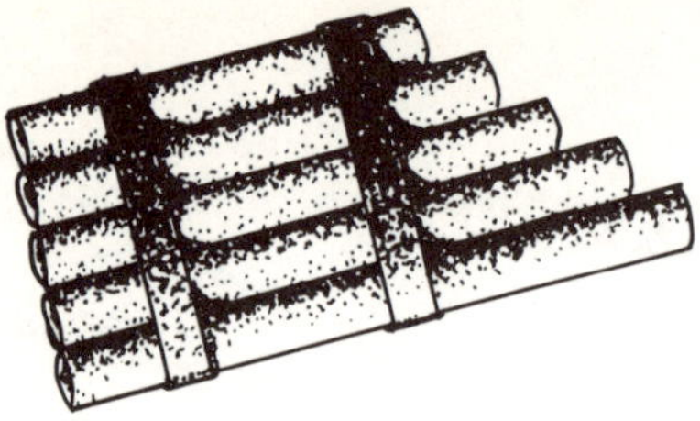

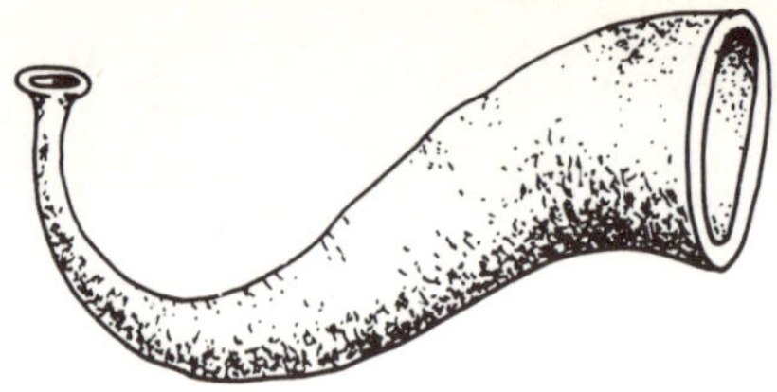

(2) **역사 시편**은 하나님께서 자기 백성들을 위해 행하신 일들을 말해 줍니다. 시편 68편, 78편, 105편, 그리고 106편 등이 역사 시편에 해당합니다.

(3) **교제 시편**은 하나님과 믿는 자들의 사랑의 관계에 관한 시편입니다. 시편 8편, 16편, 20편, 그리고 23편 등이 교제 시편에 해당합니다.

(4) **분노 시편**은 하나님께 악한 자들을 벌해 달라는 내용의 시편입니다. 시편 35편, 69편, 109편, 그리고 137편 등이 이 시편에 속합니다.

(5) **고백 시편**은 하나님께 우리가 실패와 죄 때문에 얼마나 슬퍼하는지를 아뢰는 시편입니다. 시편 6편, 32편, 51편, 102편, 130편, 그리고 143편 등이 고백 시편에 해당합니다.

(6) **메시아 시편**은 약속된 메시아로 오실 예수

시편들과 잠언들은 애굽의 나일 강변에서 자라는 파피루스로 만들어진 종이에 기록되는 경우가 많았다.

님에 관한 시편입니다. 우리에게 예수님에 관해 말해 주는 시편은 시편 2편, 8편, 22편, 40편, 45편, 72편, 89편, 110편, 그리고 132편 등입니다.

(7) **예배(제사) 시편**은 이스라엘 백성들이 하나님을 경배하기 위해 예루살렘 성전에 오는 거룩한 시간에 사용되었습니다. 시편 30편, 92편, 그리고 120－134편이 예배 시편에 해당합니다.

시편을 읽을 때, 우리는 하나님께서 기꺼이 우리의 생각과 느낌을 하나님과 나눌 수 있게 해 주셨음을 깨닫습니다. 하나님께서는 우리가 두려움과 염려에 짓눌려 힘겨워할 때나 또는 기쁨에 차 있을 때에도 우리의 소리에 귀 기울여 주십니다. 우리는 우리의 모든 느낌을 하나님과 나누며 그분께 경배합니다. 그러면 하나님께서는 우리를 도와 하나님을 믿고 평안을 누릴 수 있도록 해 주십니다.

지혜

구약에서 쓰인 '지혜'라는 말은 보통 우리가 생각하는 의미와 다릅니다. 많은 것을 알고 있는 사람이라 하더라도 지혜롭지 못할 수 있습니다. 왜냐하면 지혜는 하나님으로부터 오는 것이기 때문입니다. 지혜는 우리가 '공의와 공평과 정직과 곧 모든 선한 길을 깨닫도록' 도와줍니다(잠언 2:9).

지혜 문학은 지혜로운 선택과 어리석은 선택의 차이점을 보여 줍니다. 구약에서 지혜의 책에는 욥기, 잠언, 전도서가 있습니다. 또 여러 시편들도 지혜 문학으로 간주됩니다(19, 37, 104, 107, 147, 148편).

잠언에는 어떤 내용이 있을까?

잠언에는 여러 주제에 관한 지혜로운 말들로 가득 차 있습니다.

성경에서 잠언은 사람들이 선택에 관해 생각하도록 도와줍니다. 또한 사람들로 하여금 인생에서 정말 중요한 것이 무엇인지를 생각하도록 도와줍니다. 잠언을 기록한 사람들은 자녀를 하나님을 섬기는 경건한 사람으로 만드는 것을 중요하게 생각했습니다.

가정에 관한 잠언	돈에 관한 잠언
내 아들아 네 아비의 훈계를 들으며 네 어미의 법을 떠나지 말라(잠언 1:8)	여호와께서 복을 주시므로 사람으로 부하게 하시고 근심을 겸하여 주지 아니하시느니라(잠언 10:22)
초달을 차마 못하는 자는 그 자식을 미워함이라. 자식을 사랑하는 자는 근실히 징계하느니라(잠언 13:24)	적은 소득이 의를 겸하면 많은 소득이 불의를 겸한 것보다 나으니라(잠언 16:8)
지혜로운 아들은 아비로 기쁘게 하거니와 미련한 아들은 어미의 근심이니라(잠언 10:1)	지혜를 얻는 것이 금을 얻는 것보다 얼마나 나은고. 명철을 얻는 것이 은을 얻는 것보다 더욱 나으니라(잠언 16:16)
완전히 행하는 자가 의인이라. 그 후손에게 복이 있느니라(잠언 20:7)	많은 재물보다 명예를 택할 것이요 은이나 금보다 은총을 더욱 택할 것이니라(잠언 22:1)
의인의 아비는 크게 즐거울 것이요 지혜로운 자식을 낳은 자는 그를 인하여 즐거울 것이니라(잠언 23:24)	빈부가 섞여 살거니와 무릇 그들을 지으신 이는 여호와시니라(잠언 22:2)

부를 얻는 것은 하나님께서 주시는 축복 가운데 하나입니다. 그러나 부유하게 되는 것보다 선하고 지혜로운 사람이 되는 것이 훨씬 더 중요합니다.

선한 사람들도 고난을 당할까?
욥기

하나님께서는 선한 사람들이 고난당하는 것을 허락하실까요? 많은 사람들은 옳은 일을 행하는 사람은 인생에서 어려움을 겪지 않을 것이라고 생각합니다. 사람들이 고난을 겪는 것은 하나님께서 그들의 죄를 벌하시고 있기 때문이라고 생각합니다.

욥기는 '순전하고 정직하여… 악에서 떠난' 욥이라는 사람에 관한 책입니다(욥기 1:1). 그런데 무서운 일들이 욥에게 일어났습니다. 그는 모든 것을 잃어버렸습니다. 자녀들이 모두 죽임을 당했고, 그 자신은 무섭고 고통스러운 병에 걸렸습니다(욥기 1, 2장).

욥기의 대부분은 욥과 그의 세 친구들이 이 모든 일들이 왜 일어났는지를 알아내기 위해 나누는 이야기들로 구성되어 있습니다. 욥의 친구들은 하나님께서 욥에게 벌을 내리고 계시는 것이 분명하다고 말했습니다. 욥은 자신이 잘못된 범하지 않았다는 것을 알고 있었습니다. 그러나 그는 하나님께서 어떻게 그렇게 불공정해 보이는 일을 자기에게 행하실 수 있는지 이해할 수 없었습니다(욥기 3-31장).

하나님께서는 욥과 이야기를 나누셨습니다. 그러나 하나님께서는 자신이 왜 욥의 고난을 허락하셨는지 설명해 주지는 않으셨습니다. 단지 하나님께서 어떤 일들을 일으키시는 모든 이유를 그 누구도 이해할 수 없음을 욥이 깨닫도록 도와주셨을 뿐입니다(욥기 38-40장).

솔로몬은 매우 지혜로웠다. 두 여인이 한 아이를 데려와 서로 자기 아이라고 주장했을 때 솔로몬은 그 아이를 둘로 나누어 두 여인에게 나누어 주라고 했다. 왜냐하면 진짜 어머니라면 그것을 말릴 것이기 때문이었다. 그렇게 하여 솔로몬은 그 아이가 누구의 아이인지를 알아낼 수 있었다.

결국에 가서는 하나님께서 다시금 욥을 축복하셨습니다. 하나님께서는 욥의 건강을 다시 회복시켜 주셨습니다. 그리고 그를 다시 부자로 만들어 주셨고, 가족도 주셨습니다(욥기 42장).

선한 사람들에게도 때때로 비극이 찾아옵니다. 선한 사람들도 병들거나 사랑하는 사람들의 죽음을 맞게 됩니다. 그러나 그러한 고통은 하나님께서 벌하시기 때문에 생기는 것이 아닙니다. 하나님께서 자기 백성들의 고난을 허락하시는 데에는 우리가 이해할 수 없는 이유가 있습니다. 욥과 같이, 우리는 고통 가운데에서도 하나님을 신뢰하는 법을 배워야 합니다. 그러면 하나님께서는 욥을 축복하셨듯이 우리를 축복해 주실 것입니다.

솔로몬은 늘 지혜로웠나?

전도서

솔로몬은 늙어 가면서, 아내로 맞이한 외국 여자들의 거짓 신들을 섬기기 시작했습니다. 그는 하나님을 잊었습니다. 그러자 그는 더 이상 지혜롭지 못하게 되었습니다.

솔로몬이 매우 슬픈 내용의 성경을 쓴 것을 보면 그가 마음속에 공허감을 느끼고 불행했음이 틀림없습니다. 전도서는 솔로몬이 하나님 없이 살려고 했던 시절에 생각하고 느낀 것들을 우리에게 들려줍니다.

솔로몬은 하나님의 말씀에서 해답을 찾는 대신 자신이 본 것에 관하여 생각함으로써 모든 것을 설명하려 했다고 말합니다(전도서 1:12-18). 우리는 솔로몬이 슬픔을 느꼈다는 사실을 알고 있습니다. 그는 이러한 사실도 고백합니다. 그의 모든 지식은 그에게 슬픔을 안겨다 주었을 뿐이었습니다. 그는 '인생은 헛되다'고 했습니다(전도서 12:8).

그런데 왜 전도서가 성경에 포함되어 있을까요? 그것은 지금까지 살았던 사람들 중 가장 부유하고 지혜로웠던 사람조차도 하나님 없이는 행복을 찾지 못했다는 사실을 모든 사람들에게 보여 주기 위해서입니다. 솔로몬이 진정으로 지혜로웠다면, 계속 하나님을 섬기고 사랑했을 것입니다. 만일 그렇게 했다면 그의 생애는 슬픔과 공허가 아니라 행복으로 가득 찼을 것입니다.

지혜롭게 되는 방법

'지혜롭다'는 것은 올바른 선택을 한다는 것을 의미합니다. 이것은 선한 것은 행하고 악한 것은 행하지 않는다는 것을 의미합니다.

하나님께서는 우리에게 말씀을 주셔서 무엇이 옳은지를 깨달을 수 있게 하셨습니다. 또한 우리에게 옳은 것을 행할 힘을 주기 위해 예수님을 보내셨습니다. 하나님께서는 우리가 나쁜 선택을 하더라도 우리를 용서해 주십니다. 우리가 지혜로워지려면, 예수님을 믿고 하나님께서 우리에게 말씀하신 것을 행해야 합니다.

생각하고 실천합시다

1. 시편은 곡이 붙여져서 예배 때 불려진 것이 많습니다. 성경의 찬양 시편들 중 하나에 곡을 붙여 보십시오. 그런 다음 그 노래를 예배 시간에 불러 보십시오.

이스라엘의 왕들과 선지자들

솔로몬이 죽은 후 그가 다스리던 강한 나라는 둘로 갈라졌습니다. 솔로몬의 아들 르호보암은 예루살렘에서 유다를 다스렸습니다. 그러나 북쪽 열 지파는 여로보암을 따랐습니다. 이 열 지파는 '이스라엘'이라는 이름을 계속 사용했습니다.

이스라엘의 왕들은 모두 악했습니다. 이들은 백성들을 하나님으로부터 멀어지게 만들었습니다. 이때 하나님께서는 '선지자'들을 보내 백성들에게 자신에게 다시 돌아오라고 경고하셨습니다. 그러나 이스라엘 백성들은 하나님께 돌아가기를 거절했습니다. 이스라엘은 마침내 앗수르에 의해 멸망당했습니다. 그리고 그 백성들은 포로로 잡혀갔습니다.

좋은 소식

★ 하나님께서는 선지자들을 보내셔서 이스라엘 왕들과 백성들에게 죄를 짓지 말라고 경고하셨습니다. 하나님의 말씀은 우리가 죄 지을 때 안 좋은 일이 일어날 것이라는 경고를 해 줍니다.

☆ 하나님은 인내하십니다. 하나님께서는 이스라엘을 벌하시기 전에 그들에게 마음과 생활을 바꿀 기회를 많이 주셨습니다.

라기스를 공격하는 앗수르군의 모습이 담긴 고대 돌조각

이스라엘은 악한 나라였나?

열왕기상 12장

북쪽 이스라엘의 첫번째 왕은 여로보암이었습니다. 그는 백성들이 예루살렘에 가서 하나님께 제사지내는 것을 원하지 않았습니다. 백성들이 언젠가는 자기를 버리고 다시 한 나라가 되기를 원하게 될까봐 두려워 이스라엘에 자신의 종교를 만들었습니다.

그는 금송아지들을 만들어 백성에게 섬기도록 명했습니다. 사람들은 보이지 않는 신이 이 우상들 위에 임재해 있다고 생각했습니다. 여로보암은 금송아지를 벧엘(Bethel)과 단(Dan)에 세웠습니다. 그러나 하나님께 드리는 제사는 오직 예루살렘에서만 드려져야 했습니다(신명기 12:1-7).

여로보암은 레위 지파가 아닌 사람들을 제사장으로 세웠습니다. 심지어 하나님께서 정하신 특별한 제사 축제일 대신 자기 마음대로 제사 축제일을 정하기까지 했습니다. 여로보암이 한 모든 일들은 하나님의 말씀을 거스르는 것이었습니다. 여로보암을 뒤이은 이스라엘의 왕들도 계속해서 여로보암과 같은 길을 걸었습니다. 이들은 온 이스라엘을 죄로 이끌었습니다.

하나님께서 여로보암에게 경고하심

열왕기상 13, 14장

여로보암이 잘못된 제사를 드리기 시작하자 하나님께서는 선지자를 보내어 그에게 경고하셨습니다. 그 선지자는 하나님께서 이스라엘을 심판하실 것이라고 외쳤습니다. 이스라엘에는 금지된 희생제사를 드리는 악한 제사장들이 있었는데, 그 선지자는 제사장들이 여로보암이 세운 제단에서 타 죽게 될 것이라고 말했습니다!

화가 난 왕은 군사들에게 그 선지자를 잡아오라고 명령했습니다. 그러나 여로보암은 손이 말라 움직일 수도 없게 되었습니다. 그리고 선지자가 저주했던 제단은 갈라졌습니다!

'선지자'는 하나님께서 보내신 특별한 사자였습니다. 선지자는 그가 보냄을 받은 왕이나 백성들에게 하나님의 메시지를 전했습니다. 그런데 때때로 거짓 선지자들이 나와서 하나님의 사자인 척했습니다. 이스라엘 백성들은 거짓 선지자와 참 선지자를 어떻게 구별할 수 있었을까요? 참 선지자는 여호와의 이름으로 말했습니다. 그리고 그가 말한 것은 언제나 그대로 이루어졌습니다(신명기 18:21, 22).

여로보암에게 말한 선지자는 자신이 하나님의 참 사자라는 증거로 악한 제단이 깨어질 것이라고 말했습니다. 그 제단은 정말 깨어졌습니다(열왕기상 13:5). 선지자가 말한 것이 그대로 이루어졌을 때, 모든 사람들은 그의 메시지가 정말로 하나님으로부터 온 것임을 알게 되었습니다.

여로보암은 자신의 종교를 만든 것이 잘못임을 알고 있었고, 그 선지자가 하나님으로부터 왔다는 것도 알고 있었습니다. 그러나 그는 하나님께서 보내신 선지자의 말을 들으려 하지 않았습니다.

후에 또 다른 선지자가 여로보암에게 나타났습니다. 그는 하나님께 순종하기를 거부했기 때문에 여로보암의 가족이 살아 남지 못하게 되리라고 경고하였습니다. 그리고 여로보암의 악한 종교를 따랐던 이스라엘 백성들은 언젠가는 패배하게 될 것이고, 어떤 강한 원수가 그들의 땅에서 그들을 멀리 데려갈 것이라고 했습니다.

이스라엘에서 가장 강했던 왕들

이스라엘에게는 적들이 많고, 그 적들에게 자주 영토를 빼앗겼습니다. 그러나 이스라엘에도 강한 왕들이 있었습니다. 오므리는 사마리아를 새로운 수도로 삼고 그곳에 성을 세운 강한 통치자였습니다(103페이지 지도). 그는 모압 족속들을 정복했으며, 페니키아인들과 협정을 맺었습니다.

그의 아들 아합은 20년간 나라를 다스렸습니다. 아합은 많은 전투를 승리로 이끈 강한 통치자였습니다. 그러나 아합과 그의 아내 이세벨은 거짓 신 바알을 이스라엘에 들여왔습니다. 선지자 엘리야와 엘리사는 이 거짓 종교와의 싸움을 이끌었습니다.

여로보암 2세는 이스라엘의 유능한 통치자들 중 한 사람이었습니다. 그의 통치 아래 이스라엘은 지중해 연안에서 지도적 위치를 차지하는 나라로 성장했습니다. 여로보암 2세는 다윗과 솔로몬이 통치했던 북쪽 지역을 거의 모두 회복했습니다! 그의 통치 기간 중 이스라엘은 크게 번영하였습니다. 그러나 사치스럽게 사는 부유한 사람들이 가난한 사람들을 학대하고 속였습니다.

그 당시에 하나님께서는 아모스와 호세아와 같은 선지자들을 보내셔서 이스라엘의 죄를 깨닫게 하셨습니다. 이들은 이스라엘 백성들이 하나님께 돌아오게 하려고 노력했습니다.

이스라엘의 적들

이스라엘이 북쪽의 왕국으로 있었던 200년 동안, 이스라엘에 쳐들어오는 적들이 많았습니다. 어떤 때는 그들의 동족인 유다 사람들과 싸우기도 했습니다! 초기에는 애굽이 이스라엘의 적이었습니다. 애굽 왕 시삭이 여로보암으로부터 이스라엘 영토의 일부를 빼앗았습니다.

다메섹을 수도로 하는 아람 사람들도 이스라엘을 적대시하였습니다. 그들의 왕 벤하닷 1세와 2세, 그리고 하사엘은 오므리와 아합, 그리고 예후 시대에 이스라엘과 싸웠습니다.

니느웨가 수도인 앗수르는 이스라엘의 가장 강력한 적이었습니다. 앗수르는 여로보암 2세 시대에는 그렇게 강하지 않았습니다. 그러나 여로보암 2세가 죽은 지 30년 후에 앗수르는 이스라엘을 침략했습니다. 그들은 이스라엘의 요새들을 부수어 버리고 사마리아를 점령했습니다. 그리고는 이스라엘 백성들을 포로로 잡아갔습니다.

이스라엘의 왕들과 선지자들

왕들	선지자들	통치 기간
여로보암 1세	무명의 예언자 아히야	B. C. 930-909
나답		B. C. 909-908
바사	하나님의 아들 예후	B. C. 908-886
엘라		B. C. 886-885
시므리		B. C. 885
디브니		B. C. 885-880
오므리		B. C. 880-874
아합	엘리야 엘리사 익명의 선지자 미가 오바댜(?)	B. C. 874-853
아하시야		B. C. 853-852
여호람	엘리사	B. C. 852-841
예후	엘리사	B. C. 841-814
여호아하스		B. C. 814-798
요아스	엘리사	B. C. 798-782
여로보암2세	요나 아모스 호세아	B. C. 793-753
스가랴		B. C. 753
살룸		B. C. 752
므나헴	호세아	B. C. 752-742
베가		B. C. 752-732
브가히야		B. C. 742-740
호세아		B. C. 732-723

다메섹
단
지중해
시돈
아람
갈릴리 호수
므깃도
이스르엘
라못 길르앗
요단강
사마리아
이스라엘 왕국
숙곳
암몬
여리고
예루
살렘
페르시아
헤브론
라기스
브엘세바
모압
애굽 시내
유다 왕국
에돔
가데스 바네아

유다와 이스라엘 왕국

정말로 열 지파를 잃었나?

많은 사람들은 이스라엘 백성들에게 무슨 일이 일어났는지 아주 궁금해 합니다. 그들은 이스라엘의 열 지파를 '잃지나' 않았을까 하고 걱정했습니다! 그러나 그렇지는 않았습니다!

여로보암 1세는 이스라엘에 자기의 거짓 종교를 세웠습니다. 그러나 하나님을 올바르게 섬기기 원하는 많은 이스라엘 백성들이 이스라엘을 떠나 유다에 정착했습니다(역대하 11:13-17). 처음에 나라가 둘로 갈라졌을 때, 유다에는 군사가 18만 명밖에 없었습니다(열왕기상 12:21). 그러나 약 20년 후에 유다의 군사는 40만 명으로 늘어났습니다(역대하 13:3). 열 지파 각각으로부터 수천 명이 유다로 이주해 온 것입니다. 그래서 앗수르가 이스라엘을 침략하여 사마리아를 점령하고 백성들을 포로로 잡아갔을 때에도 북쪽 열 지파를 잃지 않을 수 있었던 것입니다.

오바댜의 메시지

오바댜는 이스라엘 근처에 사는 사람들에게 경고하였습니다. 오바댜는 이들이 하나님의 백성의 원수들을 도와주었기 때문에 하나님께서 벌하실 것이라고 말했습니다.

그는 하나님께서는 자신의 백성을 축복하는 자들을 축복하시고, 해치는 자들을 벌하실 것이라는 약속을 지키실 것이라고 했습니다.

요나의 메시지

요나

여로보암 2세 때, 하나님께서는 요나를 앗수르의 수도 니느웨에 보내려고 하셨습니다.

요나가 달아나려고 하자 하나님께서는 큰 물고기를 보내셔서 요나를 삼키게 하셨는데, 그 물고기가 요나를 삼 일 후에 해안가에 뱉아 놓았다. 그 후 요나는 하나님께서 명령하신 대로 행했다.

요나는 앗수르 사람들에게 하나님께서 곧 니느웨를 멸하실 것이라고 경고할 사명을 받았습니다. 그러나 그는 니느웨에 가고 싶지 않았습니다. 그래서 다른 곳으로 가는 배를 탔습니다. 그러나 하나님께서는 매우 큰 물고기를 보내 요나를 삼키고 그를 해안가에 토해 놓게 하셨습니다.

그리하여 요나는 니느웨로 가서 하나님의 경고를 소리 높여 외쳤습니다. 그의 말을 듣고 왕과 니느웨 사람들은 회개하고 죄에서 떠났습니다. 그래서 하나님께서는 니느웨를 멸하지 않으셨습니다.

요나는 매우 당황했습니다. 그는 하나님께서 언젠가 이스라엘을 침략할 이 원수 나라를 멸하지 않고 용서해 주실까봐 걱정이 되었습니다. 그러나 니느웨에서의 요나의 경험은 이스라엘에게 주는 메시지이기도 했습니다.

곧 하나님께서는 아모스와 호세아와 같은 선지자들을 이스라엘에 보내실 것이었습니다. 하나님께서는 니느웨에 자비를 베푸셨습니다. 이것은 이스라엘에게 그들도 선지자의 경고를 들을 수 있음을 상기시켜 주었습니다. 그리고 그들이 마음과 생활을 바꾼다면 하나님께서 그들에게도 자비를 베푸시리라는 것입니다.

요나서는 하나님께서 모든 사람들을 사랑하신다는 것을 보여 줍니다. 이스라엘 백성이 아닌 앗수르 사람들일지라도 말입니다.

아모스의 메시지

아모스

아모스는 유다에서 양과 시카모어 나무를 기르며 살았습니다. 그 당시 시카모어 나무 열매는 너무 가난해서 무화과 열매를 살 수 없는 사람들이 먹었습니다. 하나님께서는 아모스에게 이스라엘에 가서 이스라엘과 가난한 백성들을 위해 말하라고 하셨습니다.

아모스는 이스라엘의 부유한 도시들로 가서 하나님의 경고를 소리 높여 외쳤습니다. 그는 이스라엘 백성들이 거짓 제사를 드리기 때문에 하나님께서 그들을 벌하실 것이라고 말했습니다(아모스 4장).

또한 이스라엘 백성들이 가난한 자들을 전혀 돌보지 않았기 때문에 하나님께서 그들을 벌하실 것이라고 했습니다. 백성들은 자신들밖에 몰랐고 사치스럽게 살았습니다. 그들은 굶주리는 자들을 돌보지 않았습니다(아모스 5, 8장).

그러나 이스라엘에게는 아직도 희망이 있었습니다. 만일 백성들이 선한 일만을 행하고 악을 행하지 않는다면, 하나님께서는 그들에게 자비를 베푸실 것이었습니다. 그렇게 되면 그들은 벌을 받지 않고 살 수 있게 될 것이었습니다(아모스 5:14).

니느웨 사람들은 요나의 말을 들었습니다. 그러나 이스라엘 백성들은 아모스의 말을 듣지 않았습니다. 곧 앗수르 군대가 쳐들어왔습니다. 거만한 이스라엘은 무너졌습니다. 그리고 이스라엘의 죄 많은 부자들은 포로로 잡혀가 노예가 되고 말았습니다.

호세아의 메시지

호세아

하나님께서는 호세아 선지자도 이스라엘에 보내셨습니다. 호세아는 '슬픔의 선지자'였습니다. 그의 아내는 그에게 충실하지 않았습니다. 호세아는 이스라엘 백성들에게 그들이 하나님께 충실하지 않았기 때문에 하나님께서 아주 슬퍼하신다고 말했습니다. 그는 하나님께서 이스라엘 백성들을 얼마나 사랑하시는지 말해 주었습니다.

또한 하나님께서는 이스라엘 백성들에게 매우 화가 나셨고 반드시 그들을 벌하실 것이라는 경고도 하였습니다. 벌을 받게 되면, 이스라엘은 다시 하나님께 돌아올 것입니다. 그러면 하나님께서는 그들을 용서해 주실 것이고 그들을 영원히 사랑해 주실 것입니다. 이 예언을 통하여 우리는 잘못을 그치고 하나님께로 즉시 돌아와야 함을 배울 수 있습니다.

잃어버린 기회들

이스라엘은 200년 만에 망하고 말았습니다. 이스라엘에는 스무 명의 왕들이 있었는데, 이들 중 열아홉 명이 살해되거나 자살을 했습니다. 어느 왕도 하나님께 선하다는 평가를 받지 못했습니다.

하나님께서는 선지자들을 보내어 이스라엘 백성들과 그 왕들에게 경고하셨습니다. 그러나 이스라엘 백성들은 선지자들의 말을 듣지 않았습니다. 그러자 마침내 앗수르 군대가 이스라엘을 쳐들어왔고 수도 사마리아를 폐허로 만들었습니다. 그리고 이스라엘 백성들을 포로로 끌고 갔습니다.

이스라엘에게는 마음과 생활을 바꾸고 하나님께로 돌아갈 기회가 주어졌었습니다. 그러나 기회가 있을 때 그들은 돌이키지 않았습니다. 그래서 하나님께서는 마침내 악한 나라 이스라엘을 벌하셨습니다.

생각하고 실천합시다

1. 앗수르에 관해 다음 사항을 확인해 보십시오.
   - 어떤 종류의 사람들이었나?
   - 어떤 종교를 가졌나?
   - 어떻게 전쟁을 했나?

2. 아모스가 일기를 썼다면, 어떤 내용으로 썼을까요? 아모스 4장과 5장을 읽어 보고 아모스가 일기에 썼을 것이라고 생각되는 것 세 가지를 말해 보십시오.

엘리야와 엘리사

엘리야와 엘리사는 북쪽 이스라엘 왕국에 살았습니다. 엘리야는 백성들에게 바알 신을 섬기도록 한 아합왕 시대의 선지자였습니다. 엘리사는 엘리야를 이어 악과의 싸움을 계속한 선지자였습니다. 성경에는 엘리야와 엘리사, 그리고 이스라엘의 악한 왕들에 관한 이야기들이 많이 나옵니다.

좋은 소식

★ 하나님께서는 선지자들과 하나님을 믿는 사람들을 악한 원수들로부터 보호해 주셨습니다. 하나님께서는 우리들도 보호해 주십니다.

이스라엘에서 가장 악한 왕

아합은 이스라엘에서 가장 악한 왕이었습니다. 아합은 이스라엘을 강력한 나라로 만든 '오므리'의 아들이었습니다. 그러나 그는 '이세벨'이라는 여자와 결혼했고 그녀가 숭배하는 바알을 섬기기 시작했습니다. 심지어 그는 수도 사마리아에 바알 신전을 짓기까지 했습니다. 성경은 그가 "그 전의 모든 이스라엘 왕보다 심히 이스라엘 하나님 여호와의 노를 격발하였더라"(열왕기상 16:33)고 말합니다.

엘리야 선지자는 이 악한 왕 아합이 다스리는 22년 동안 살았습니다. 그는 아합과 왕의 아내가 이스라엘에 들여온 바알 종교에 맞서 싸워야 했습니다.

엘리야의 기적들

하나님께서는 엘리야에게 특별한 능력을 주셨습니다. 그래서 엘리야는 바알을 섬기는 거짓 종교와 싸워 아합과 이스라엘 백성들에게 벌을 내릴 수 있었습니다.

구약성경에는 엘리야가 행한 일곱 가지 기적이 기록되어 있습니다. 그는 삼 년 반 동안 비가 오지 않게 했습니다(열왕기상 17:1). 그리고 과부의 식량이 떨어지지 않게 했고(17:7-16), 그 과부의 죽은 아들을 살렸습니다(17:17-24). 또한 하늘에서 불을 내려 제물을 태우게 했습니다(18:16-40). 여러 해의 가뭄 끝에 다시 비를 오게 하였으며(18:41-45), 군사들에게 불을 내리기도 하고(열왕기하 1장), 요단강이 갈라지게 하는 기적도 행하였습니다(2:1-9).

엘리야는 자신을 보내신 하나님이 참 하나님이시며, 바알은 거짓 신임을 증명해 보였습니다. 그러나 아합과 이세벨의 태도는 바뀌지 않았습니다.

엘리야와 아합에 대해 읽어 봅시다

1. 까마귀가 엘리야를 먹임(열왕기상 17:1-6).
2. 엘리야가 과부와 그의 아들을 구해 줌(열왕기상 17:7-24).
3. 엘리야가 갈멜산에서 바알의 선지자들과 싸움(열왕기상 18:16-40).
4. 엘리야가 비를 오게 함(열왕기상18:41-46).
5. 엘리야가 도망침(열왕기상 19:1-18).
6. 엘리야가 엘리사를 후계자로 지명함(열왕기상 19:19-21).

갈멜산. 이곳에서 엘리야는 하나님으로부터 불을 내려 거짓 신 바알의 450명의 선지자들을 이겼다.

7. 아합이 벤하닷을 물리침(열왕기상 20장).
8. 아합이 나봇의 포도원을 빼앗음(열왕기상 21장).
9. 아합이 죽임을 당함(열왕기상 22:29-40).
10. 엘리야가 하늘로 올라감(열왕기하 2장).

갈멜산의 물

열왕기상 18장

엘리야는 아합의 거짓 종교, 바알에 도전했습니다. 백성들이 지켜보는 가운데 먼저 450명의 바알 선지자들이 그들의 신에게 제물을 올려 놓은 장작에 불을 내려달라고 빌었습니다. 그들은 온종일 자기들의 신을 불렀지만 불은 내려오지 않았습니다.

그때 엘리야가 하나님께 드릴 희생제물을 준비했습니다. 그는 장작더미 위에 물을 세 번 흠뻑 부었습니다. 그리고는 앞으로 나아가 기도했습니다. 그러자 하늘에서 불이 내려와 희생제물과 제단의 돌들을 태우고 도랑의 물까지도 바싹 마르게 했습니다.

사람들은 엘리야가 어디에서 물을 가져왔는지 궁금해 했습니다. 이스라엘에 삼 년 반 동안 비가 내리지 않았기 때문이었습니다. 그때는 물이 고갈되어 심지어 시내까지 다 말라 붙어 있는 상황이었습니다.

여기에는 두 가지 추측이 가능합니다. 첫째, 고고학자들은 갈멜산 아래에 샘이 있는 것을 발견했습니다. 이 샘들은 비가 오지 않는 시기에도 마르지 않습니다. 둘째, 엘리야가 지중해에서 소금물을 가져와 사용했을 수도 있습니다.

어쨌든 엘리야는 그의 희생제물을 물로 적셨습니다. 백성들은 하나님께서 기도에 응답하실 수 있고, 바알은 할 수 없다는 것을 눈으로 직접 보았습니다. 그 후 바알의 선지자 450명은 죽임을 당하였습니다.

엘리야가 도망감
열왕기상 19장

엘리야가 갈멜산에서 바알의 선지자들을 이긴 후, 이세벨은 그를 죽이겠다고 위협했습니다. 엘리야는 두려워졌습니다. 그래서 도망쳤습니다!

엘리야가 왜 두려워했을까요? 하나님께서 자기와 함께 계신다는 것을 알고 있는 엘리야가 왜 도망쳤을까요?

누구나 두려움을 느끼거나 용기를 잃을 때가 있습니다. 하나님을 믿고 능력을 행한 엘리야와 같은 사람들일지라도 말입니다. 그러나 하나님께서는 엘리야에게 화를 내지 않으셨습니다. 하나님께서는 엘리야에게 음식을 공급해 주셔서 힘을 얻게 하셨습니다(19:7-9). 그리고는 부드러운 음성으로 말씀하셨습니다(19:10-13).

엘리야가 혼자라고 느낄 때, 하나님께서는 엘리야에게 이스라엘에는 엘리야 외에도 하나님을 섬기는 사람들이 있다고 말씀해 주셨습니다. 그는 혼자가 아니었습니다(19:14, 18).

하나님께서는 엘리야에게 친구까지 주셨습니다. 그 친구가 바로 엘리사입니다(19:19-21). 엘리야는 두려워서 도망쳤지만 하나님께서는 여전히 그를 사랑하고 도와주셨습니다.

벤하닷
열왕기상 20장

벤하닷은 오늘날 '시리아'라고 부르는 아람의 왕이었습니다. 아람의 수도는 다메섹이었습니다. 그 나라는 강했고, 이스라엘과 자주 전쟁을 했습니다.

아합 시대에 아람은 이스라엘보다 훨씬 강했습니다. 그러나 하나님께서는 이스라엘이 벤하닷을 이기게 하셨습니다. 아합에게 승리를 약속했던 선지자는 그 이유를 설명해 주었습니다. 그것은 전력이 약한 이스라엘이 승리하는 것을 보고 하나님께서 도우셨음을 깨닫게 해 주려는 것이었습니다(열왕기상 20:13).

아합은 하나님께로 돌아올 기회가 많았습니다. 하나님께서는 갈멜산에서 자신이 참 하나님이심을 보여 주셨습니다. 또한 아합을 도와 훨씬 강한 시리아(아람) 군대를 물리치게 해 주심으로써 자신이 참 하나님이심을 보여 주셨습니다. 그러나 아합은 마음을 고쳐 먹으려 하지 않고 여전히 하나님 섬기기를 거부했습니다.

나봇이 포도원을 팔려고 하지 않음
열왕기상 21장

아합은 '나봇'이라는 사람의 포도원을 원했습니다. 이 포도원은 궁전 가까이에 있었는데 아합은 그 포도원을 자기 정원으로 만들고 싶었습니다. 그는 나봇에게 다른 곳에 더 좋은 포도원을 주거나 돈을 지불하겠다고 제의했습니다.

나봇은 거절했습니다. 그래서 이세벨은 악한 사람을 돈으로 매수하여 나봇에 관해 거짓말을 하게 했고, 결국 나봇을 죽이고 말았습니다! 아합은 간단하게 나봇의 포도원을 빼앗은 것입니다.

왜 나봇은 왕에게 땅을 팔지 않으려고 했을까요? 그것은 율법에 하나님께서 백성들에게 주신 땅을 팔지 말라고 명하고 있기 때문이었습니다! 땅은 그 가족에게 영원히 간직하고 있어야 했습니다(레위기 25:14-28).

나봇은 하나님의 말씀에 순종하는 선한 사람이었습니다. 그래서 그는 악한 왕에게 땅을 팔기를 거절했던 것입니다. 아합과 이세벨은 나봇의 땅에 대해 아무런 권리도 없었습니다. 그런데도 그들은 그 땅을 뺏기 위해 나봇을 죽이는 끔찍한 일을 저질렀던 것입니다.

아합과 이세벨

열왕기상 22장, 열왕기하 9장

나봇이 죽은 후, 엘리야는 그의 새로운 포도원을 둘러보고 있는 아합을 발견했습니다. 화가 난 선지자는 악한 왕과 왕비에게 하나님의 심판을 선포했습니다.

"나봇이 살해당한 곳에서 미친 개들이 왕의 피를 핥을 것이며 개들이 궁전 밖에서 이세벨의 시체를 뜯어 먹을 것이다."

엘리야 선지자의 말은 그대로 이루어졌습니다. 열왕기상 22장과 열왕기하 9장을 읽어보면 이스라엘의 가장 악한 왕과 왕비의 죽음에 관한 이야기를 찾아볼 수 있습니다.

엘리야가 가진 영감의 갑절

열왕기하 2장

엘리야는 죽지 않았습니다. 그는 살아서 회오리바람을 타고 하늘로 올라갔습니다. 이 일이 있기 바로 전에, 엘리사는 엘리야가 가졌던 능력의 두 배를 달라고 했습니다. 이게 무슨 뜻일까요?

성경 시대에 장자는 그 집안의 상속자였습니다. 장자는 아버지의 재산에서 두 몫을 물려받았습니다. 엘리사는 스승이 가진 권능을 물려받기를 원했던 것입니다.

하나님께서는 엘리사의 요구를 들어주셨습니다. 평생 동안 엘리사는 이스라엘에 하나님의 말씀을 전하는 일을 했습니다. 성경에는 엘리야가 행한 기적(7가지)의 두 배에 해당하는 엘리사의 기적(14가지)이 기록되어 있습니다!

엘리사의 기적들

열왕기하

1. 엘리사가 요단강을 가름(2:1-8).
2. 물의 독을 제거함(2:19-22).
3. 42명의 젊은 남자들을 저주함(2:23-25).
4. 물을 공급하여 전투를 승리로 이끎 (3:1-25).
5. 과부의 기름이 많아지게 함(4:1-7).
6. 죽은 아이를 살림(4:8-37).
7. 독이 든 음식을 깨끗하게 함(4:38-41).
8. 음식이 많아지게 함(4:42-44).
9. 나아만의 문둥병을 고침(5:1-19).
10. 게하시를 저주하여 문둥병이 들게 함 (5:19-27).
11. 도끼날을 떠오르게 함(6:1-7).
12. 그의 종이 천사의 군대를 보게 함 (6:8-17).
13. 아람 군대의 눈을 멀게 함(6:18-23).
14. 여호아하스에게 승리를 약속함 (13:10-20).

하나님께서는 엘리사가 보는 곳에서 엘리야를 회오리바람에 태워 데려가셨다. 회오리바람은 지금도 빈번하게 일어나며 그 대단한 힘 때문에 많은 것들이 파괴되기도 한다.

문둥병은 여러 가지 해로운 피부병들을 가리키는 말이다. 어떤 문둥병은 오늘날에도 존재한다.

젊은 남자들을 저주한 엘리사

열왕기하 2:23–25장

어떤 성경 번역본에는 마치 엘리사가 어린이들을 저주한 것처럼 '소년들'(lads)이라고 옮겨져 있습니다. 그러나 이들은 어린이들이 아니라 젊은 남자들이었습니다. 그들은 하나님을 비웃었으며, 하나님께서 엘리야를 하늘로 데리고 가셨다는 엘리사의 말을 비웃었습니다. 이들은 하나님을 조롱했습니다. 그래서 엘리사가 그들을 저주했던 것입니다. 엘리사가 그들을 저주한 것은 그들이 엘리사를 대머리라고 놀렸기 때문이 아니었습니다.

문둥병이란?

열왕기하 5장

'문둥병'으로 번역되는 히브리어는 많은 종류의 피부병들을 가리키는 말로 사용되었습니다. 이스라엘에서 문둥병에 걸린 사람들은 모든 사람들로부터 격리되어 살아야 했습니다. 이들은 성전에 가서 하나님을 섬길 수도 없었습니다.

우리가 오늘날 문둥병이라고 부르는 것은 피부에 하얀 반점이 생기는 것으로부터 시작됩니다. 이 반점이 퍼지면서 몸에는 부스럼 같은 것이 돋아나고, 시간이 지나면 손가락이나 발가락이 떨어져 나갑니다. 지금은 약품들을 사용하여 문둥병을 치료할 수 있습니다. 그러나 성경 시대에는 오직 하나님만이 문둥병을 고치실 수 있었습니다.

나아만은 이스라엘의 원수 아람의 장군이었습니다. 그는 자기의 문둥병을 고칠 수 있는 선지자가 있다는 말을 들었습니다. 그래서 급히 이스라엘로 왔습니다. 엘리사는 나

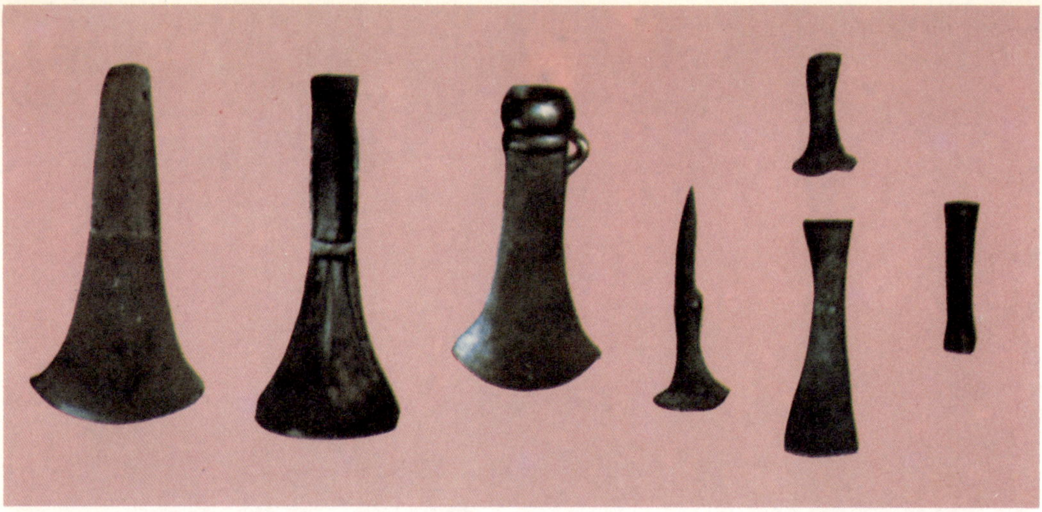

위의 도끼날들은 청동기시대에 만들어진 것이다. 엘리사가 물 위에 떠오르게 한 도끼날도 이런 것일 듯하다.

아만을 치료해 주었습니다. 나아만은 그때부터 오직 하나님만을 섬기겠다고 약속했습니다. 그는 자기 나라 백성들의 우상들을 섬기지 않았습니다. 오직 참 하나님만이 이 무서운 병을 고칠 수 있었기 때문입니다.

이스라엘에서의 바알 숭배

열왕기하 9－19장

엘리야는 바알을 숭배하는 온 이스라엘 백성들과 맞서 싸웠습니다. 그는 450명의 바알 선지자들을 죽이기까지 했습니다. 그러나 아합과 이세벨이 살아 있는 동안 우상 숭배는 점점 더 심해져 갔습니다.

하나님께서는 군대 장관 예후를 택하셔서 이스라엘의 다음 왕이 되게 하셨습니다. 예후는 이세벨과 아합의 모든 가족을 죽였습니다. 그때 예후는 자신도 바알을 섬기는 척하며 바알의 모든 제사장들을 한데 불러 모아 그들 모두를 죽여 버렸습니다!

예후는 이스라엘에서 바알 숭배를 몰아냈습니다. 그러나 그는 여로보암이 세운 거짓 종교를 계속 섬겼습니다. 그는 하나님의 율법을 지키려고 애쓰지 않았습니다. 물론 그는 아합의 가족과 바알의 제사장들을 죽였지만 그것은 하나님을 사랑해서가 아니라 자신의 위치를 더욱 견고히 하기 위한 것이었습니다.

생각하고 실천합시다

1. 예후는 옳은 일을 행했습니다. 그러나 그의 목적은 옳지 못했습니다(열왕기하 9,10장). 당신은 어떤 것이 더 중요하다고 생각합니까? 옳은 일을 행하는 것입니까, 아니면 올바른 목적을 위해 행하는 것입니까? 당신이 옳은 일을 행했지만 목적이 옳지 못했던 경험이 있다면 그 이야기를 다른 사람에게 말해 보십시오.

유다의 왕들과 선지자들

솔로몬의 나라가 분열된 후, 남쪽은 '유다'라고 불리웠습니다. 유다에는 열아홉 명의 왕이 있었습니다. 그들 모두는 다윗의 후손들이었습니다. 그 왕들 중에 여덟 명은 선한 왕이었습니다.

그러나 유다 백성들은 하나님께 충실하지 않았습니다. 많은 선지자들이 경고했는데도 그들은 하나님을 멀리했습니다. 마침내 하나님께서는 바벨론 군대를 보내 이들을 벌하셨습니다. 바벨론 군대는 예루살렘과 솔로몬이 지은 아름다운 성전을 폐허로 만들었습니다. 그리고 유다 백성들을 바벨론에 포로로 잡아갔습니다.

좋은 소식

★ 유다 왕들이 백성들을 인도하여 하나님께 순종할 때는 나라가 축복을 받았습니다. 우리도 하나님께 순종하면 축복을 받을 것입니다.

유다 나라는 얼마나 오래 지속되었나?

유다 지파는 계속해서 다윗 가문에 충실하게 남아 있었습니다. 하지만 다른 지파들은 솔로몬 시대에 다윗 가문을 떠나 자신들의 나라를 세웠습니다. 유다는 그들의 수도인 예루살렘에서 다윗 후손들의 다스림을 받았습니다다(103페이지 지도).

유다는 기원전 930년부터 586년까지 약 344년 동안 나라로 존재했습니다. 그리고 북쪽의 이스라엘은 겨우 208년간 계속되다가 기원전 722년에 멸망했습니다.

왜 유다는 이스라엘보다 더 오랫동안 존재할 수 있었을까요? 유다에는 하나님을 잘 섬기는 왕들이 여럿 있었기 때문이었습니다. 그들은 하나님의 선지자들의 말에 귀를 기울이고 하나님의 율법을 지켰습니다. 그래서 하나님께서 이스라엘을 멸망시킨 원수들로부터 유다를 보호해 주셨던 것입니다.

그런데 왜 유다가 결국 멸망했을까요? 백성들이 계속해서 믿음을 지키지 않았기 때문이었습니다. 그들은 우상을 섬기며 악한 길을 따랐습니다.

유다의 어린 왕들

요아스는 겨우 일곱 살에 왕이 되었습니다. 그가 아기였을 때 그의 할머니는 그의 형제들과 누이들을 죽였습니다. 그런데 요아스는 제사장 여호야다가 숨겨 주어서 안전할 수 있었습니다. 이 어린 왕에 관한 이야기는 열왕기하 11, 12장에 자세히 나와 있습니다.

요시야는 겨우 여덟 살 때에 유다의 왕이 되었습니다. 그는 하나님의 성전을 수리했습니다. 요시야가 하나님의 성전을 수리하는 도중 사람들이 율법서 사본을 발견했습니다. 그들은 이것이 이전에 잃어버린 것이라고 생각했습니다. 요시야는 하나님의 이 율법에 완전히 순종하기로 결심했습니다. 그는 유다에서 하나님을 가장 잘 섬기는 왕들 중 하나가 되

유다의 왕들과 선지자들		
왕들	선지자들	통치기간
르호보암		B. C. 930-913
아비야		B. C. 913-910
아사(선)		B. C. 910-872
여호사밧(선)		B. C. 872-848
여호람		B. C. 853-841
아하시야		B. C. 841
아달랴		B. C. 841-835
요아스(선)	요엘	B. C. 835-796
아마샤(선)		B. C. 796-767
아사랴 웃시야(선)	이사야	B. C. 792-740
요담(선)	이사야 미가	B. C. 750-732
아하스	미가 이사야	B. C. 750-715
히스기야(선)	이사야 미가	B. C. 715-686
므낫세		B. C. 697-642
아몬		B. C. 642-640
요시야(선)	훌다 나훔 하박국 예레미야	B. C. 640-609
여호아하스(선)	스바냐 예레미야	B. C. 609
여호야김(선)	예레미야	B. C. 609-598
여호야긴(선)	예레미야	B. C. 598-597
시드기야(선)	예레미야	B. C. 597-586

때때로 아버지와 아들이 동시에 왕인 경우도 있었습니다. (선)이라는 표시는 선한 왕들을 가리킵니다.

었습니다.

요시야가 한 일들 중에는 유다 전 지역에서 거짓 신들의 제단과 우상을 부수어 버린 일도 있습니다. 요시야는 또한 300년이나 된 예언을 성취했습니다! 그는 거짓 제사장들의 뼈를 여로보암이 단(Dan)에 세운 악한 제단 위에 태웠습니다(열왕기상 13장). 이 어린 왕의 이야기를 더 자세히 알고 싶으면 열왕기하 22, 23장을 찾아보십시오.

하나님께서 예루살렘을 구하심

열왕기하 18, 19장

북쪽 이스라엘 왕국을 멸망시킨 앗수르 군대는 유다도 공격했습니다. 산헤립왕은 유다의 많은 성읍들을 파괴했습니다. 그리고 그는 군대 장관을 예루살렘에 보내 히스기야 왕을 위협했습니다. 그는 히스기야가 하나님을 의지한다고 비웃었습니다.

히스기야는 모든 백성들에게 하나님께 기도하라는 명령을 내렸습니다. 그때 이사야 선지자가 왕에게 앗수르 왕이 "이 성에 이르지 못하며 이리로 살을 쏘지 못하리라"는 메시지를 주었습니다(열왕기하 19:32).

하나님께서는 약속을 지키셔서 앗수르 군대 중 18만 5천 명을 죽이셨습니다. 그리고 산헤립이 고향으로 돌아갔을 때 그의 아들들에게

바벨론은 기원전 586년경에 예루살렘과 아름다운 성전을 불태웠다. 히스기야왕은 적이 쳐들어왔을 때 이스라엘 백성들이 물을 길러 성 밖에 나가지 않아도 되도록 지하 수로를 뚫었다. 이 수로를 통해 들어온 물은 성 안의 실로암 연못에 고였다.

돌에 새겨진 바벨론의 신. 기원전 약 2000년경의 것으로 추정된다.

살해당했습니다!

산헤립은 자신이 다른 나라를 침략한 것을 기록해 놓았습니다. 이 기록은 '테일러 프리즘'(Taylor Prism)이라 불리는 돌에 새겨졌습니다. 산헤립은 유다의 46개 성읍들을 점령하고 많은 포로들을 끌고왔다고 자랑했습니다. 그러나 그가 예루살렘에 관해 말한 것은 히스기야를 '새장의 새처럼' 예루살렘성 안에 가두어 두었다는 것이 전부였습니다.

산헤립은 자기 나라의 군대가 입은 피해에 대해서는 말하지 않았습니다. 그러나 헤로도투스라는 그리스 역사가는 이에 대해 언급했는데, 들쥐들이 앗수르 진지를 휩쓸었다고 말했습니다. 그 들쥐들은 활줄과 방패 손잡이들을 먹어 치웠습니다. 어떤 사람들은 들쥐들이 흑사병과 같은 무서운 전염병을 퍼뜨려 앗수르 군사들을 죽였다고 생각합니다.

요엘의 메시지

요엘

이스라엘 땅에는 로커스트 메뚜기떼가 나타나 농작물들을 먹어치우는 일이 많았습니다. 1899년의 기록에도 사막에서 메뚜기떼가 발견되었는데, 이 메뚜기떼는 홍해 가까이에 있었으며 그 넓이가 약 5,100㎢나 되었다고 합니다!

요엘 시대에도 메뚜기떼가 하늘을 뒤덮었습니다. 그것들은 유다 땅에 있는 모든 녹색 식물들을 다 먹어 치워 버렸습니다. 선지자 요엘은 이것이 하나님의 심판임을 깨달았습니다.

앗수르의 전사들

큰 떼를 지어 다니며 농작물을 완전히 다 먹어치워 버리는 로커스트 메뚜기

요엘서는 요엘 선지자 시대에 메뚜기떼로 인한 무서운 재난이 있었음을 말해 줍니다(요엘 1:1-2:27). 또한 장차 하나님의 무서운 징벌이 임할 것을 경고합니다(요엘 2:28-3:8).

그러면서도 동시에, 어느 날 하나님께서 자기 백성에게 오실 것인데 그때에는 평화가 깃들 것이라고 약속합니다.

미가의 메시지

미가

미가는 이스라엘과 유다 백성들이 하나님의 율법을 순종하지 않자 매우 걱정했습니다. 그는 우상 숭배에 대해, 그리고 가난한 사람들을 학대하는 것에 대해서 경고했습니다. 당시에 이스라엘과 유다의 지도자들은 죄 없는 자들을 보호해 주지 않고 있었습니다!

미가서의 한 유명한 구절은 하나님께서 그를 사랑하는 사람들에게서 무엇을 원하는지를 말해 줍니다. "사람아, 주께서 선한 것이 무엇임을 네게 보이셨나니 여호와께서 네게 구하시는 것이 오직 공의를 행하며 인자를 사랑하며 겸손히 네 하나님과 함께 행하는 것이 아니냐"(미가 6:8).

이스라엘 백성들은 미가 선지자의 말을 듣지 않았습니다. 또한 그들의 선지자들의 말도 듣지 않았습니다. 결국 그들은 멸망했습니다. 그러나 유다의 히스기야왕은 미가 선지자의 말을 들었습니다. 그래서 하나님께서는 미가가 말한 징벌을 미루셨습니다(예레미야 26:17-19).

이사야의 메시지

이사야

이사야는 가장 위대한 선지자들 중 한 사람이었습니다. 그는 제사장이었다고도 말할 수 있을 것입니다. 그는 히스기야왕의 친구였습니다. 이사야의 설교를 통해 우리는 히스기야가 선한 왕이었음을 알 수 있습니다. 그러나 히스기야 시대도 여전히 죄와 불의가 있었습니다.

이사야서에는 어떤 특별한 내용들이 있습니까? 무엇보다도, 이사야서는 우리에게 하나님에 관한 많은 놀라운 이야기들을 들려줍니다. 하나님은 거룩한 분이시며(5:16), 만군의 여호와시며(8:13), 우리의 구원이시며(12:2), 영원하신 분이시며(44:6), 살아 계신 분이시며(40:11, 41:10), 영광의 주이십니다(60:1-3).

둘째, 이사야는 예수님이 태어나시기 오래 전에 이미 예수님에 관해 여러 차례 기록했습니다(요한복음 12:37-40). 예수님에 관한 구절들로는 이사야 7:14, 9:1-8, 11:1-12, 53:1-12 등이 있습니다.

다른 선지자들과 마찬가지로, 이사야도 하나님께서 죄 때문에 유다 백성들을 벌하실 것이라고 경고합니다. 그러나 그는 또한 놀라운 평화와 축복의 시대도 말하고 있습니다.

하나님께서는 징벌의 시대가 끝난 후 평화의 시대를 주실 것입니다. 만일 하나님께서 그분의 백성들에게 어떤 좋은 것들을 가져다 주시는지 알고 싶다면 다음 구절들에서 찾아볼 수 있습니다. 이사야 35:1-10, 49:10-12, 54:6-10, 60:1-12, 62:1-7, 65:21-25.

나훔의 메시지

나훔

나훔은 유다 백성들을 위로하기 위해 나훔서를 썼습니다. 그는 하나님께서 그들의 무서운 원수 앗수르를 멸하실 것이라고 했습니다. 하나님께서 앗수르의 수도 니느웨를 멸하실 것이라는 예언을 한 것입니다.

하박국의 메시지

하박국

하박국은 하나님을 잘 섬긴 요시야 왕 시대의 선지자였습니다. 요시야는 예루살렘에 있는 하나님의 성전을 수리했습니다. 또한 그는 거짓 신들에 대한 숭배를 금했으며, 백성들과 함께 하나님의 율법을 지키겠다는 약속을 했습니다.

그러나 하박국에게는 여전히 어려운 일이 있었습니다. 왕이 하나님을 잘 섬겼음에도 불구하고, 유다 백성들은 하나님의 율법을 지키지 않았습니다! 유다에는 악한 사람들이 너무나 많았습니다. 그래서 항상 무서운 나쁜 짓들이 행해졌습니다(하박국 1:3, 4).

그래서 하박국은 하나님께 왜 죄악을 행하

바벨론은 강대국이었다. 위의 사진은 이스타르 문(Ishtar Gate)의 가상적인 모습을 복원한 것이다.

는 그들을 가만두시느냐고 질문했습니다. 하나님께서는 그에게 유다 백성들을 바벨론으로 잡혀가게 할 것이라고 대답하셨습니다. 바벨론이 예루살렘을 파괴하고 유대인들을 멸할 것이라는 말씀이었습니다.

하박국은 하나님의 대답을 듣고 마음이 답답하고 안타까웠습니다. 그러나 그는 유다 백성들이 징벌을 받아야 한다는 데 동의했습니다. 하박국은 바벨론 군대가 쳐들어오면 자신도 고통을 당할 것을 알고 있었습니다(하박국 3:16, 17).

그러나 하박국은 하나님께서 자기에게 어려운 시대를 이길 힘을 주셔서 구원자이신 하나님 안에서 기뻐할 것이라는 사실도 확신했습니다(하박국 3:18, 19).

바벨론 사람들

바벨론 성읍은 기원전 627년까지는 앗수르 제국의 일부였습니다. 그러다가 기원전 627년에 독립했습니다. 그 후 기원전 605년이 되었을 때, 그 나라의 가장 위대한 왕 느부갓네살이 이끄는 바벨론은 앗수르를 패배시킴으로써 앗수르 제국을 넘겨받았습니다!

이때 팔레스틴의 모든 나라들은 바벨론에 항복했습니다. 그러나 유다는 곧 바벨론에게 반기를 들었습니다! 그래서 느부갓네살은 군대를 다시 유다에 보냈습니다.

느부갓네살은 기원전 597년에 예루살렘을 점령했습니다. 그러나 유다의 지도자들과 백성들은 여전히 그들에게 대항했습니다! 그러다가 결국 기원전 586년에 마지막 사람들이 바벨론에 포로로 잡혀갔습니다.

바벨론이 적국의 성읍들을 점령함

하박국은 무서운 바벨론 군대에 관해 이렇게 묘사했습니다.

"그들은 다 강포를 행하러 오는데 앞을 향하여 나아가며 사람을 사로잡아 모으기를 모래같이 많이 할 것이요"(하박국 1:9).

"열왕을 멸시하며 방백을 치소하며 모든 견고한 성을 비웃고 흉벽을 쌓아 그것을 취할 것이라"(하박국 1:10).

고대 군대들은 성을 점령하는 데 여러 방법을 사용하였습니다. 때때로 그들은 성벽 아래

성경 시대의 군사들은 여러 종류의 무기들을 사용하여 강한 성들을 공격했다. 이 그림에 나오는 시이저 엔진(siege engine) 외에도, 그들은 때때로 파성추나 석궁을 사용하거나 성 옆에 작은 흙언덕을 쌓기도 했다.

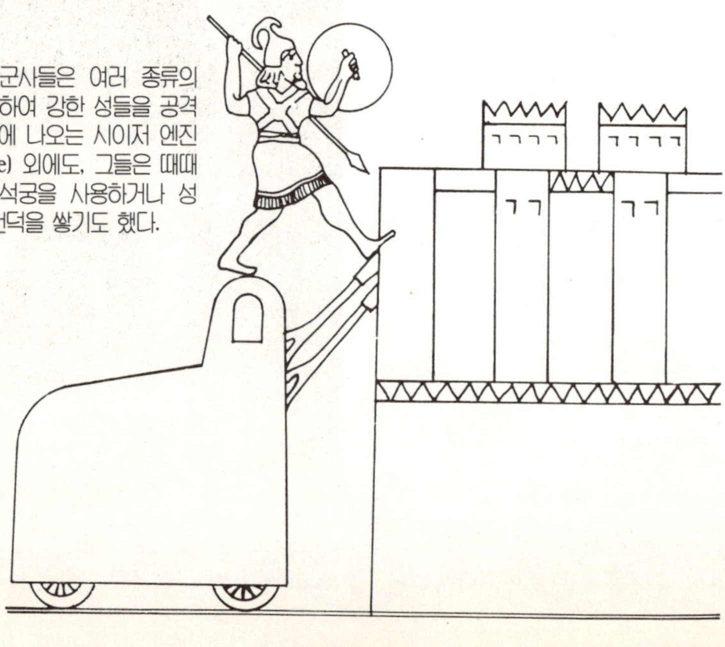

많은 유다 백성들이 바벨론에 노예로 끌려갔다.

에 불을 놓았습니다. 그러면 그 열기로 성벽의 벽돌들이 갈라져서 점차적으로 무너져 내렸습니다. 또는 그들은 석궁(돌을 쏘는 무기)을 사용해서 죽은 시체들을 성 내에 쏘아 넣어 질병을 일으키게 했습니다. 그리고 성벽 아래로 터널을 뚫을 수도 있었습니다. 또는 '파성추'라고 불리우는 무거운 무기들을 가지고 성문을 부술 수도 있었습니다.

바벨론 군대는 수천 명의 군사들과 죄수들에게 일을 시켰습니다. 이들은 간단하게 성벽 옆에 흉벽(흙언덕)을 성벽 높이만큼 쌓았습니다. 그런 다음 바벨론 군사들은 이 흙언덕을 통해 성 안으로 들어가 성을 점령했습니다.

물론 성 안의 사람들도 맞서 싸웠습니다. 그들은 활을 쏘고 돌을 던지고 뜨거운 기름을 성 아래의 적군들에게 부었습니다. 그러나 어떤 성읍도 강력한 바벨론 군대의 공격을 이겨내지는 못했습니다.

스바냐와 예레미야의 메시지

스바냐, 예레미야

스바냐와 예레미야는 요시야 시대에 선지자로서의 활동을 시작했습니다. 두 사람은 모두 하나님을 잘 섬긴 요시야 왕을 뒤이은 여러 명의 악한 왕들의 시대를 살았습니다.

스바냐는 짧은 세 장에 걸쳐 간단히 메시지를 전했습니다. 유다의 죄가 너무나 커서 하나님께서는 반드시 그들을 심판하실 것이라는 내용이었습니다. 어느 날 하나님께서 모든 백성들을 심판하시고 곧 유다를 심판하실 것이라는 말입니다.

예레미야서는 52장으로 되어 있는데, 거기에는 예레미야 선지자의 설교가 많이 포함되어 있습니다. 예레미야서에는 또한 예레미야 선지자 자신의 슬픈 이야기도 담겨 있습니다.

유다 왕들과 백성들은 예레미야 선지자의 말을 듣지 않고 오히려 그에게 더욱 화를 냈습니다! 예레미야 선지자는 감옥에 갇혔으며, 생명의 위협도 받았습니다. 그러나 그는 끊임없이 그 백성들에게 바벨론에게 항복하여 생명을 건지라고 촉구했습니다.

40년이 넘게 예레미야는 하나님의 경고를 유다에게 전했습니다. 마침내 예레미야는 그가 경고한 모든 것들이 이루어지는 것을 보았습니다. 바벨론 군대가 예루살렘과 솔로몬 왕이 지은 여호와의 아름다운 성전을 불태워 버린 것입니다.

예레미야 52장에는 마지막 전투와 예루살렘의 멸망에 대한 내용이 나타나 있습니다. 하나님께서는 바벨론 군사들에게 유다를 멸망시키고 당신의 백성들을 약속의 땅에서 데려가도록 허락하셨으나 그들을 약속의 땅으로 다시 돌아오게 하고 하나님의 성이 다시 세워질 것임을 약속하셨습니다(예레미야 31:6).

예레미야서에 나오는 가장 좋은 소식은 예수님에 관한 것입니다. 예레미야는 먼 미래에 하나님께서 자기의 백성들과 새로운 언약을 맺으실 것을 예언했습니다. 그때가 되면 하나님께서는 자기 백성들의 죄를 용서하실 것이며 율법을 백성들의 마음에 두실 것이라고 말했습니다(예레미야 31:33, 34).

예수께서는 우리를 용서해 주십니다. 또한 그의 성령께서 우리의 마음속에 계셔서 우리가 하나님의 법을 알게 하고, 또 그것을 지키게 하십니다(히브리서 8장).

유다에 어떤 일이 일어났나?

바벨론 군대가 유다를 침략했을 때 많은 유다 백성들이 죽었습니다. 그리고 전쟁에서 살아 남은 사람들은 바벨론에서 정착하여 살게 되었습니다. 그들은 하나님께서 그들을 다시 고향으로 돌아가게 하겠다는 약속을 지키실 때까지 기다려야 했습니다.

생각하고 실천합시다

1. 하나님께 순종하는 선한 왕들에게서 무엇을 배울 수 있습니까?
   - 아사(열왕기상 15:9-24)
   - 아사랴(열왕기하 15:1-7)
   - 여호사밧(열왕기상 22:41-50)
   - 요담(열왕기하 15:8-32)
   - 요아스(열왕기하 11, 12장)
   - 요시야(열왕기하 22, 23장)
   - 아마샤(열왕기하 14:1-22)

2. 이사야는 하나님과 예수님에 관해 무슨 말을 했습니까? 제시된 구절을 찾아서 읽어 보십시오(117페이지). 당신이 여기서 깨닫게 된 것을 세 가지만 말해 보십시오.

3. 예레미야는 어떤 사람이었습니까? 그에 관한 다음 구절들을 읽어 보십시오.
   예레미야 1:6-19 　 예레미야 28:1-7
   예레미야 20:1-6 　 예레미야 36:1-32
   예레미야 26:1-15 　 예레미야 37:1-21

낯선 땅에서

유다 백성들은 바벨론에 포로로 잡혀갔습니다. 이들의 생활은 그다지 힘들지 않았습니다. 그리고 학대를 당하지도 않았습니다. 그러나 그들은 약속의 땅을 생각하면서 슬픔에 잠기기 시작했습니다. 그들 중 많은 사람들이 하나님께로 돌아왔습니다.

좋은 소식

★ 하나님께서는 원수들 가운데서 우리들을 지켜 주십니다.

☆ 하나님께서는 우리가 겪는 시련까지도 유익하게 사용하십니다.

바벨론에 관하여

바벨론성은 바벨론 제국의 수도로 유프라테스 강변에 세워졌습니다. 고고학자들은 약 백 년 전에 이곳의 유적들을 발굴하기 시작했습니다. 그곳에서는 바벨론 사람들이 남긴 자세한 기록들이 많이 발견되었습니다. 이 기록들에는 건물의 건축 계획과 축제에 관한 묘사, 공공 건물 신축에 지출된 돈에 관한 기록, 그리고 문학 작품들도 많이 포함되어 있습니다.

바벨론성은 그 넓이가 12,000㎢가 넘고, 철

이시타르 성문(Ishtar Gate)은 바벨론에 있는 느부갓네살 2세의 궁전으로 통하는 행진의 거리(Processional Street)로 들어가는 출입문이었다. 이 그림은 그 성문의 가상적인 모습을 그린 것이다.

병거들이 다닐 수 있을 만큼 폭이 넓은 성벽들로 둘러싸여 있었습니다. 이 성의 성문들 중 하나가 이시타르 성문(Ishtar gate)입니다. 이 성문은 청색 타일들로 덮여 있고 색색의 동물 그림들로 장식되어 있었습니다.

느부갓네살왕은 '공중정원'(Hanging Garden)이라고 불리는 유명한 건축물을 지었습니다. 이것은 고대의 일곱 가지 불가사의 중 하나입니다. 그 정원에는 서로 다른 높이의 훌륭한 인공 언덕들에 식물들이 심겨져 있었고 물은 아래에서 끌어올려져 나무와 풀들을 푸르게 했습니다.

바벨론성은 수마일의 들판과 관개수로, 집들과 시장들로 둘러싸여 있었습니다. 이스라엘 사람들은 그발 강가에 정착하고 살았습니다. 이 강에서 느부갓네살의 수도까지 96km의 수로가 이어져 있었습니다.

느부갓네살은 자신이 세운 성을 매우 자랑스럽게 생각했습니다. 바벨론에서 발견된 고대 기록들에는 느부갓네살이 자랑하는 말이 기록되어 있습니다. "큰 게달 나무를 레바논에서 가져와 잘랐다. 그것들을 반짝이는 황금으로 입혔고 보석으로 장식했다. 놋을 세공하여 큰 황소들을 만들고 하얀 대리석으로 입혔다."

느부갓네살은 놀라운 일들을 많이 이룩했습니다. 그러나 그의 교만은 하나님의 무서운 심판을 부르고 말았습니다. 다니엘은 이 위대한 왕이 미치게 될 것이라고 예언했습니다.

바벨론에서의 생활

유다 백성들은 세 차례에 걸쳐 바벨론에 잡혀왔습니다. 다니엘과 세 친구들은 기원전 597년에 잡혀왔습니다. 이때 잡혀온 사람들은 대개 수도에 살았습니다. 다니엘과 세 친구들이 느부갓네살 정부에서 일하도록 훈련받은 장소도 바로 이곳이었습니다.

마지막으로 기원전 586년에 잡혀온 사람들은 약 7만 명 정도였습니다. 유대인들은 그들만의 구역에 정착해 살았습니다. 그곳은 그발 수로 근처에 있는 곳으로 '텔아비브'(Telabib)라고 불렸습니다. 유다 백성들은 왕의 건축 사업에 동원되었습니다. 이들은 상인으로서 사업에도 뛰어들었는데, 바벨론의 사업 기록에서 유대인들의 이름이 발견되었습니다.

포로들은 곡식이 잘 자라는 지역에서 살았습니다. 이들은 정원에 농작물을 키웠습니다(예레미야 29:4, 7). 아마 자기 집들도 가졌을 것입니다. 유대인 공동체는 장로들과 지도자들까지 두었습니다. 그리고 자신들만의 법을 따르며 살았습니다. 에스겔 선지자는 그러한 공동체에서 살면서 포로들에게 하나님의 메시지를 전했습니다.

사실, 바벨론에서의 생활은 아주 좋았습니다. 그래서 70년 후에 '고레스'라는 바사 제국의 통치자가 그들에게 고향으로 돌아가도 좋다고 허락했는데도 많은 유대인들이 그대로 남아 있는 쪽을 택했습니다.

그러나 잃어버린 땅과 그들의 죄 때문에 아주 슬퍼한 사람들도 있습니다.

예레미야애가는 바벨론에서 기록되었습니다. 이 책은 하나님께서 아브라함에게 약속하신 땅에서 멀리 떨어져 있었던 유다 백성들의 슬픔을 보여 줍니다.

> 우리 머리에서 면류관이 떨어졌사오니
> 오호라 우리의 범죄함을 인함이니이다
> 이러므로 우리 마음이 피곤하고
> 이러므로 우리 눈이 어두우며
> 시온산이 황무하여
> 여우가 거기서 노나이다.
>
> 예레미야애가 5:16-18

하나님께서는 자기 백성들을 언젠가 약속의

하나님께서는 에스겔을 아골 골짜기에 보내셨다. 그곳에서 에스겔은 죽은 사람들의 뼈들이 다시 살아나는 것을 보았다. 이것은 하나님께서 당신의 백성들을 고국으로 돌이키실 것임을 의미한다.

땅으로 돌이키겠다고 약속하셨습니다. 그러나 지금은 낯선 땅 바벨론에서 포로로 붙잡혀 있어야 했습니다.

에스겔의 메시지

에스겔

에스겔은 아마도 첫번째로 끌려왔던 사람들과 함께 포로가 되었을 것입니다. 그는 예루살렘이 멸망하기 이미 10년 전에 바벨론에 살고 있었던 선지자였습니다. 그는 예레미야와 마찬가지로 유다 백성들에게 하나님께서 그들의 죄 때문에 벌하려고 바벨론을 택하셨다고 말했습니다.

에스겔은 자주 하나님으로부터 받은 메시지를 직접 실행했습니다. 에스겔은 장난감 군대와 무기들을 만들어 모형 예루살렘을 공격했습니다. 그는 그저 장난감 병정 놀이를 했던 것이 아니었습니다. 고국에서 무슨 일이 일어날 것인지를 보여 주고 있었던 것입니다(에스겔 4장).

에스겔은 매일 짐을 꾸려 집을 나섰습니다. 그리고는 밤에 담에 뚫어 둔 구멍을 통해 집으로 돌아오곤 했습니다. 에스겔은 걸을 때도 몸을 떨었습니다. 바벨론이 유다 백성들로 하여금 강제로 그들의 고향을 떠나도록 할 때 이런 일이 일어날 것을 미리 보여 준 것입니다(에스겔 12:17-25).

에스겔은 또한 많은 환상을 보았습니다. 한번은 환상 가운데서 그가 예루살렘의 모습을 보았는데, 백성들의 지도자들이 하나님의 성전 안에서 우상들을 섬기고 있었습니다!

하나님께서 성전과 예루살렘을 떠나시는 것을 에스겔은 보았습니다. 이것은 하나님께서는 바벨론 군대가 다시 쳐들어올 때 예루

바벨론 왕은 왕이 아닌 다른 어떤 사람에게도 기도드리지 못하도록 하는 법을 만들었다. 그러나 다니엘은 계속해서 하나님께 기도드렸다. 그래서 그는 사자굴에 던져지게 되었으나 하나님께서는 다니엘을 사자들로부터 구해 주셨다.

살렘을 지켜 주지 않으시리라는 의미였습니다(에스겔 8-11장).

그러나 에스겔은 희망의 메시지도 전했습니다. 예루살렘이 사실상 멸망한 후, 그는 포로들에게 놀라운 약속들을 주었는데, 이는 하나님께서 그들을 고국으로 돌아가게 하실 것이며(에스겔 34:25-31), 성전도 재건되리라는 것이었습니다(에스겔 40-48장).

바벨론에서의 다니엘

다니엘은 첫번째로 잡혀온 사람들 중의 하나였습니다. 그는 바벨론 제국에서 지도자가 되는 훈련을 받았습니다. 우리는 다니엘에 관한 이야기를 많이 알고 있습니다. 이러한 일들이 일어났을 때 다니엘은 과연 몇 살이나 되었을까요?

기원전 605년에 다니엘은 바벨론으로 잡혀와 왕립학교에 들어갔습니다. 아마도 12~13살 정도 되었을 것입니다. 그러나 어린 소년이었음에도 불구하고, 다니엘은 하나님께 대한 신앙을 잘 지켜 나갔습니다(다니엘 1:8-20).

다니엘은 18살이 되었을 때 느부갓네살의 꿈을 해석해 주었습니다. 그는 바벨론의 모든 박사들의 생명을 구해 준 셈이 되었습니다. 그리고서 다니엘은 정부의 높은 관리가 되었습니다(다니엘 2:24, 45).

여러 해가 지나고 바벨론의 다른 왕이 다니엘을 찾아왔습니다. 그는 벽에 나타난 이상한 글을 해석해 달라고 부탁했습니다(다니엘 5:22-30). 이때 다니엘은 77~78세 정도 되었을 것입니다! 그날 밤 다니엘의 해석대로 바사 나라(페르시아)의 고레스가 바벨론을 정복했습니다.

다니엘은 바사 제국의 가장 높은 세 관리들

중 한 사람이 되었습니다. 그런데 다니엘을 미워하는 자들이 그를 제거할 음모를 꾸몄습니다. 80이 넘은 노인이 된 다니엘은 사자굴에 던져졌습니다(다니엘 6장).

그러나 하나님께서는 그때에도 다니엘을 지켜주셨습니다. 다니엘은 외국 땅에서 하나님을 사랑하고 섬겼습니다. 그는 하나님을 경외했고 끝까지 정직하게 살았습니다. 그는 포로로 잡혀온 사람들 중 하나였으나 바벨론과 바사 제국의 정부를 대표하는 지도자가 되었습니다.

다니엘의 메시지

하나님께서는 다니엘에게 큰 나라들의 미래에 일어날 일을 환상을 통해 보여 주셨습니다. 그 환상이 어떻게 이루어졌는지는 19장을 보면 알 수 있습니다.

이스라엘 백성들을 구한 에스더

에스더

바벨론 제국은 바사 제국을 세운 고레스에게 멸망당했습니다. 그때 대부분의 유다 백성들은 바벨론과 같은 큰 성읍에서 살고 있었습니다.

에스더는 고아 소녀로, 사촌 모르드개와 함께 살았습니다. 그들이 살고 있었던 곳은 현재 이란에 있는 페르시아의 수도 수산이었습니다.

당시의 왕은 크세르크스였고, 에스더서에 기록된 일은 기원전 483년에서 471년 사이에 일어났습니다. 크세르크스는 그리스를 침략하려고 했으나 육지와 해양의 큰 전투에서 패배했습니다.

그리스의 역사가 헤로도투스는 에스더 1:1-4에 언급된 것과 같은 잔치에 대해서도 기록했습니다. 그는 이 잔치가 그리스 도시 국가들을 공격할 계획을 세우기 위해 마련된 것이라고 했습니다.

에스더의 이야기는 성경에서 가장 재미있는 이야기들 중 하나입니다. 이 이야기는 하나님께서 젊은 왕비를 사용하셔서 악당들의 음모를 어떻게 분쇄하셨는지를 보여 줍니다.

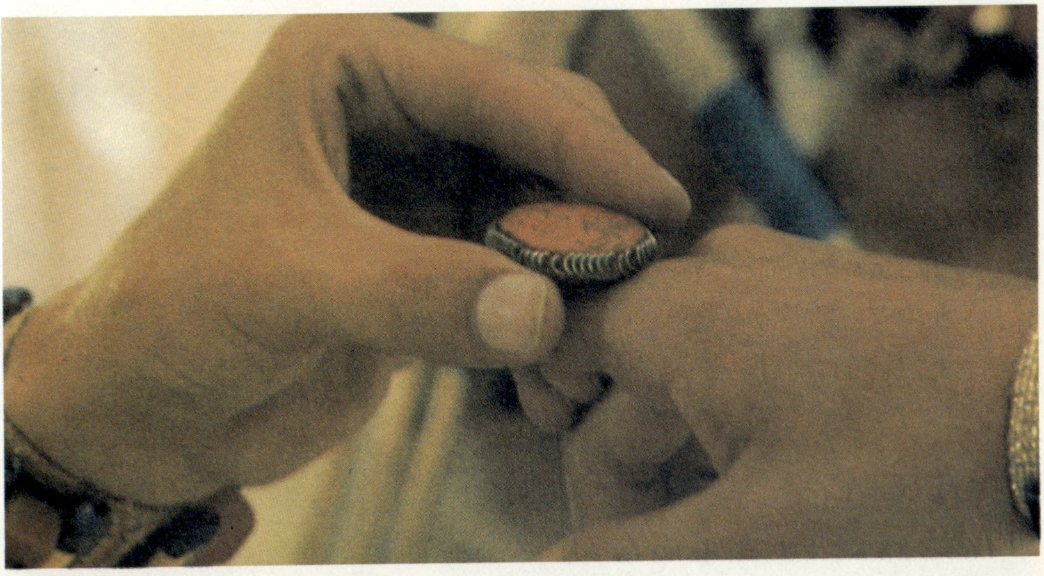

성경 시대에 사람들은 중요한 문서나 편지를 뜨거운 왁스로 봉하면서 자기만의 표시를 해 두었다. 어떤 사람은 반지의 문장을 찍었고, 또 어떤 사람은 목걸이 문장을 찍기도 했다. 그래서 편지를 받는 사람들은 그것이 누구에게서 온 것인지 금방 알 수 있었다.

이 음모는 모든 유다 백성들을 죽이기 위한 것이었습니다. 오늘날에도 유대인들은 에스더를 기념하는 특별한 날이 있습니다. 이 날을 '부림절'이라고 합니다.

오랫동안 어떤 사람들은 에스더서는 단순한 이야기에 불과하다고 생각했습니다. 이들은 에스더서는 그 일이 일어났다고 생각되는 때부터 수백 년이 지난 후에 꾸며졌다고 말했습니다. 그러나 고고학자들은 바사 제국에 관해 많은 것들을 찾아냈습니다.

에스더서에는 바사 제국의 풍습들에 관하여 자세하게 묘사되어 있습니다. 그리고 그 가운데는 정부 관리들의 이름도 기록되어 있습니다. 그래서 오늘날에는 모든 사람들이 에스더서가 실제로 바사의 궁정에 살았던 어느 사람에 의해 기록되었음이 틀림없다는 데 동의합니다. 그리고 그 사람은 에스더가 왕비로 있던 시절 그곳에 있었습니다.

다시 하나님께로 돌아온 유다 백성

유다 백성들이 바벨론의 포로로 잡혀간 것은 하나님의 징벌이었습니다. 그러나 하나님께서는 이 징벌을 사용하셔서 자기 백성을 도우셨습니다. 바벨론에 오기 이전에 유대인들은 자주 우상을 섬겼는데, 포로로 잡혀온 후에 그들은 우상 섬기기를 거부했습니다.

바벨론에서 포로들은 모임을 갖기 시작했습니다. 그들은 율법을 연구하고 함께 예배를 드렸는데, 그들이 모이는 곳을 '회당'(유대인 교회의 이름)이라고 불렀습니다.

또한 어떤 사람들은 왜 자신들이 포로로 잡혀왔는지를 깨달았습니다. 그것은 백성들이 하나님을 사랑하지 않고 하나님의 율법에 순종하지 않았기 때문이었습니다. 이 사람들은 하나님의 말씀을 연구하기로 결심했습니다. 이들은 스스로 하나님의 말씀에 순종하고 다른 사람들에게 가르쳤습니다(에스라 7:10). 이러한 학자들은 '서기관'이라고 불렸습니다. 서기관들 중 한 사람이었던 에스라는 유다 백성들이 유다로 다시 돌아올 때 그들의 지도자 역할을 했습니다.

생각하고 실천합시다

1. 바벨론에서 왜 그렇게 많은 포로들이 불행을 느꼈습니까? 예레미야애가 1:16-22에서 세 가지 이유를 찾아보십시오.

2. 에스겔은 하나님이 주신 어떤 메시지들을 직접 실행에 옮겼습니까?
   - 에스겔 4:1-3
   - 에스겔 4:4-8
   - 에스겔 4:9-17
   - 에스겔 5:1-17
   - 에스겔 12:1-16
   - 에스겔 12:17-20
   - 에스겔 24:15-27

3. 다니엘은 매우 유명하고 중요한 사람이 되었습니다. 다니엘의 행동으로부터 성공을 위한 다섯 가지 원칙을 찾아보십시오(다니엘 1-6장).

예루살렘의 재건, 그리고 기다림

고레스는 바벨론을 무너뜨리고 바사(페르시아) 제국을 세웠습니다. 그런 다음 그는 포로로 잡혀온 민족들의 귀환을 허락했습니다. 그래서 수천 명의 유대인들이 약속의 땅으로 돌아오게 되었습니다. 이들은 유대 땅에서 돌아와서 하나님의 성전과 예루살렘 성벽을 힘써 재건했습니다.

좋은 소식

★ 학개 선지자는 유대인들에게 하나님을 제일로 생각하라고 가르쳤습니다. 우리도 우리의 삶에서 하나님을 제일로 생각하면 그들처럼 복을 받을 것입니다.

고국으로 돌아가는 유대인들

예루살렘이 멸망하기 전 유대인들의 포로 생활이 70년이 되리라고 했던 예레미야의 예언대로(예레미야 25:11,12, 29:10), 마침내 기원전 538년 고레스는 바벨론을 무너뜨리고 바사 제국을 세웠습니다. 그는 곧이어 유대인들의 귀환과 예루살렘 성전의 재건을 명했습니다. 여기에 드는 비용 또한 고레스의 명령으로 바벨론 백성들이 지불해야 했습니다. 바벨론 군대는 솔로몬의 성전으로부터 빼앗아

예루살렘 성벽을 재건하는 사람들

온 금은 제품들도 돌려주어야 했습니다!

에스라 1-6장은 1차 그룹의 흥분된 귀환에 대해 말하고 있습니다. 하지만 유다 주변에 살고 있던 민족들은 귀환한 유대인들의 성공을 원하지 않았습니다. 그들은 유대인들을 겁주어 쫓아 버리려 했습니다. 그러나 하나님께서는 유대인들을 도와 주변 국가들을 이기게 하셨습니다.

기원전 537년에 1차 귀환자 42,360명이 유다로 돌아왔습니다. 2차 그룹은 80년 후인 기원전 458년에 돌아왔습니다. 그리고 그들보다 좀더 적은 수의 3차 그룹이 기원전 444년에 돌아왔습니다.

학개의 메시지

학개

유다로 돌아온 유대인들은 예루살렘 성전을 재건해야 했습니다. 그러나 그들은 기초를 놓았을 뿐 성전 건축을 마무리짓지는 못했습니다.

유대인들은 바벨론에 포로로 있을 때 많은 식물들이 자라는 땅에 대한 이야기들을 들었었습니다. 그러나 유다는 느부갓네살 군대에 의해 폐허가 되어 있었고, 땅은 잡초로 가득했습니다. 백성들은 그 땅을 다시 일구고, 농작물을 심고, 집을 새로 짓는 일에 힘을 다했습니다.

그래서 그들은 하나님의 성전을 지을 시간이 없다고 생각했습니다. 그들은 열심히 일했지만 참된 기쁨을 갖지 못하였습니다.

학개 선지자는 백성들에게 어서 성전을 완공시키라는 설교를 했습니다. 그의 1차 설교는 학개 1:1-15에 나와 있습니다. 학개는 유대인들에게 그들이 하나님께 관심을 가지지 않았다고 책망하였습니다. 그리고 성전 재건 공사를 끝까지 마치도록 격려했습니다. 지도자들과 백성들은 학개 선지자의 말을 듣고 곧 바로 일을 시작했습니다.

학개는 또 다른 설교에서(학개 2:1-9, 10-19, 20-23) 백성들에게 하나님의 특별한 약속을 전했습니다. 백성들은 하나님께 순종했고, 이제부터 하나님께서 그들을 축복하실 것이라는 격려를 받게 되었습니다.

성전이 완공된 후, 에스라는 2차 그룹을 이끌고 유다로 돌아왔습니다(에스라 7-10장). 그는 바사 제국으로부터 특별한 권한을 부여받고 유다를 다스릴 재판관들을 지명했습니다.

본국으로 돌아온 유대인들은 자신들의 왕이나 나라를 갖지 못했으므로 여전히 바사 나라에 세금을 바쳐야 했습니다. 그러나 하나님의 백성들은 하나님의 법에 따라 다스려지게 되었습니다.

느헤미야는 어떤 사람이었나?

느헤미야

느헤미야는 바사 제국 궁정의 고위 관리였습니다. 그는 예루살렘 성벽이 아직도 무너진 상태로 있다는 소식을 듣자 당혹해 했습니다. 이때가 기원전 444년이었습니다. 그는 적은 수의 사람들을 이끌고 예루살렘으로 돌아와 성벽 재건을 시작하였습니다.

느헤미야서는 느헤미야 자신의 이야기입니다. 느헤미야는 주변 민족들로부터 많은 방해를 받았습니다. 그는 또한 가난한 사람들을 착취하는 유다의 부자들과 싸워야 했고, 많은 백성들이 하나님의 율법을 어기고 있는 모습을 발견했습니다. 심지어 제사장들까지도 우상을 섬기는 여자들과 결혼하는 상황이었습니다.

모든 적들의 방해에도 불구하고, 느헤미야는 예루살렘 성벽을 재건했습니다. 그는 유다에서 통치자로 두 임기를 채웠습니다. 그는 일생 동안 백성들로 하여금 하나님의 율법을

기다림의 세기들 / 다니엘 2, 7, 8장

하나님께서는 다니엘에게 세계를 통치하게 될 제국들에 관한 특별한 정보를 주셨습니다. 이 제국들은 하나님께서 활동하시기까지 다니엘의 고국을 다스리게 되어 있었습니다. 하나님께서는 때가 되면 구원자 예수께서 태어나실 것에 대해서도 말씀해 주셨습니다. 미래에 펼쳐질 일은 느부갓네살의 꿈과 다니엘에게 주어진 환상을 통해 알려졌습니다.

머리는 금

첫번째 대제국은 바벨론이었습니다. 바벨론은 기원전 605년부터 538년까지 통치했습니다(다니엘 2:32, 37－38; 7:4).

가슴과 팔은 은

두 번째 대제국은 바사였습니다. 바사는 기원전 538년부터 331년까지 통치했습니다(다니엘 2:32, 39, 7:5, 8:3, 4, 20).

배와 넓적다리는 놋

세 번째 대제국은 그리스(헬라)였습니다. 그리스는 네 나라로 분열되었습니다. 이 나라들은 알렉산더 대왕의 장군들에 의해 다스려졌습니다. 이 제국들은 기원전 331년에서 146년까지 존재했습니다(다니엘 2:32, 39, 7:6, 8:5－8, 21, 22).

종아리는 철, 발은 철과 진흙

네 번째 대제국은 로마였습니다. 로마 제국은 기원전 146년부터 서기 476년까지 유다를 통치했습니다(다니엘 2:33, 40, 41, 7:7, 11, 19, 23).

순종하도록 만들었습니다. 그러나 그가 죽은 후, 유다 백성들은 다시 하나님께 불순종했습니다.

스가랴의 메시지

스가랴

스가랴는 학개와 같은 시대에 살았습니다. 그는 학개가 2차 설교를 하던 날에 1차 설교를 했습니다(스가랴 1:1-6).

스가랴서의 첫 부분은 하나님께서 스가랴 선지자에게 주신 환상들(특별한 메시지들)에 대해 말하고 있습니다. 그리고 스가랴서의 마지막 부분은 하나님께서 자기 백성들을 구원하실 때에 일어날 일들에 관해 말하고 있습니다. 그때에는 큰 전쟁들이 있을 것이라고 했습니다. 그러나 "나의 하나님 여호와께서 임하실 것이요 모든 거룩한 자가 주와 함께 하리라(스가랴 14:5)"고 했습니다.

스가랴의 메시지는 매우 중요했습니다. 왜냐하면 유다 백성들은 하나님께서 다시 행동하시기까지 수백 년을 기다려야 했기 때문이었습니다. 스가랴와 다니엘은 유다 백성들에게 오랫동안 기다리라고 경고했습니다. 이들은 다가오는 수세기 동안에 이루어질 일들에 관해 예언했습니다. 앞 페이지의 표는 다니엘이 그 일들이 일어나기 전에 본 환상의 내용입니다.

말라기의 메시지

말라기

말라기는 구약의 마지막 책입니다. 말라기는 예수님께서 오시기 400년 전에 쓰여졌습니다.

다니엘과 스가랴는 유대인들에게 하나님께서 그들을 잊지 않으실 것이라고 말했습니다. 이것은 하나님께서 다시 행동하시기까지 수세기가 지날 때까지도 계속되었습니다. 하나님께서는 잊지 않으십니다. 그러나 하나님의 백성들이 하나님을 기억할까요? 그리고 그들이 하나님께 충실할까요?

말라기는 하나님의 백성들이 너무나 빨리 여호와를 잊고 그분으로부터 등을 돌리고 있다고 말합니다. 느헤미야가 죽은 지 몇 년 후, 그들은 하나님을 더 이상 섬기지 않았습니다(말라기 1:6-2:9). 그리고 약속을 깨뜨렸습니다(말라기 2:10-16). 하나님을 불신하였으며(말라기 2:17－3:5), 더 이상 그분을 중요한 분으로 여기지도 않았습니다(말라기 3:6-4:3).

말라기서는 경고로 끝을 맺고 있습니다. 악한 사람들은 하나님께서 행동하실 때에 벌을 받을 것입니다. 그러나 하나님을 사랑하고 경외하는 사람들은 하나님의 특별한 소유가 될

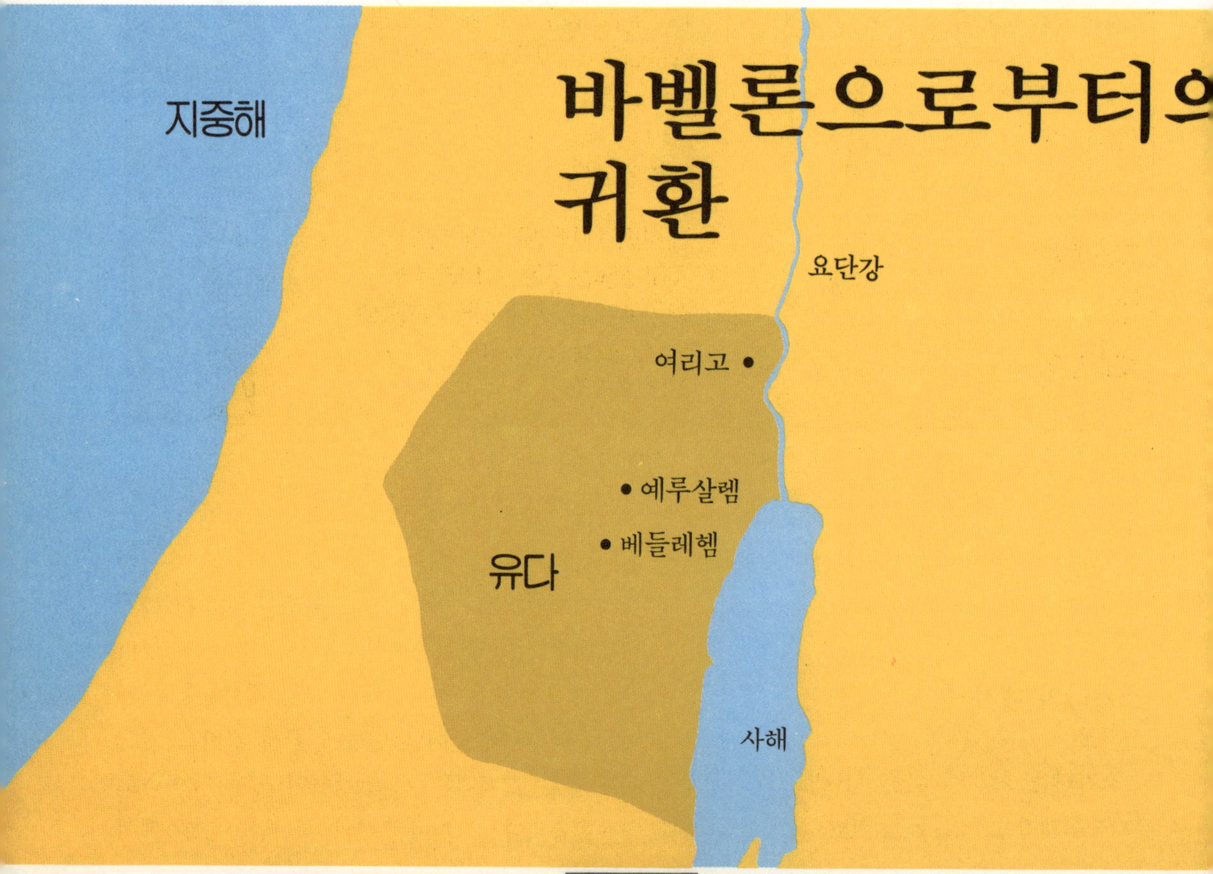

것입니다. 하나님께서는 그분이 오실 때 하나님을 사랑하는 사람들을 아끼실 것입니다(말라기 3:16-18).

다니엘의 예언

다니엘

다니엘은 뒤이어 차례로 나타날 세계 제국들에 관해 예언했습니다. 이 제국들은 다니엘의 시대부터 그리스도가 오시기까지 통치할 나라였습니다(129페이지의 표를 보십시오). 그는 모든 세세한 부분까지 정확하게 예언했습니다. 다니엘은 또한 그리스(헬라)의 위대한 정복자 알렉산더의 죽음에 대해서까지 썼습니다. 그는 심지어 알렉산더의 네 장군들이 그가 세운 제국을 넷으로 나눌 것이라고까지 말했습니다(다니엘 8:5-8, 21, 22).

한때 사람들은 이처럼 정확한 기사는 틀림없이 각 제국이 나타난 후에 기록되었다고 말했습니다. 그들은 그와 같은 기사가 수백 년 전에 쓰여졌을 리가 없다고 말했습니다. 그들은 다니엘서의 저자가 실수를 했다고 주장했습니다. 그들은 벨사살이 아니라 나보니두스(Nabonidus)가 바벨론이 멸망할 때의 통치자였다고 말했습니다.

그러나 고고학자들은 다니엘이 옳았다는 사실을 밝혀 주었습니다! 벨사살은 그의 아버지 나보니두스와 함께 왕으로서 다스렸습니다. 바벨론이 망할 때 나보니두스는 아라비아에 있었던 것입니다!

다니엘서의 다른 부분들도 이 책이 다니엘 시대의 어떤 사람에 의해 쓰여졌음을 보여 줍니다. 이 사람은 바벨론과 바사의 궁정에 대해 알고 있었습니다. 정부의 고위 관리라면 이런 것들을 당연히 알고 있었을 것입니다.

그러면 다니엘은 어떻게 수백 년 후에나 일어날 일들을 예언할 수 있었을까요? 그것은 미래를 아시는 하나님께서 이러한 것들을 다니엘에게 알려 주셨기 때문이었습니다.

하나님께서는 유대인들이 수세기에 걸쳐 기다리는 동안에 그들에게 일어나고 있는 일들이 하나님의 계획 안에 들어 있는 것이라는 사실을 깨닫기 원하셨습니다. 하나님께서는 여전히 역사를 주관하고 계셨습니다. 그때가 오면 하나님께서는 다시 행동하실 것이었습니다.

하나님께서는 마침내 행동하셨습니다. 그때가 되자, 하나님께서는 예수님을 세상에 보내어 우리의 구원자가 되게 하셨습니다.

생각하고 실천합시다

1. 유대인들은 학개의 설교를 듣고 실천했습니다. 그들은 성전 재건을 끝내는 일에 착수했습니다. 그들이 순종할 때 하나님께서는 축복해 주셨습니다. 당신도 교회에서 설교를 듣고 실천하십시오. 어떻게 하면 하나님께 순종할 수 있습니까?

2. 느헤미야는 예루살렘 성벽을 재건하는 사람들에게 각각의 일을 주었습니다(느헤미야 3장). 당신도 교회나 공동체 내에서 도움이 필요한 사람에게 어떻게 해 주어야 할지 계획을 세워 보십시오.

신약성경
(THE NEW TESTAMENT)

예수의 세계

예수님은 예루살렘에서 약 8km 떨어진 베들레헴이라는 곳에서 태어나셨습니다. 베들레헴은 하나님께서 아브라함의 자손에게 약속하신 땅에 속해 있었습니다. 그 당시 유대인의 땅은 대로마 제국의 아주 작은 부분에 불과하였습니다. 그래서 그곳에서 어떤 중요한 일이 일어나리라고는 그 누구도 생각하지 못했습니다. 그러나 하나님께서는 수백 년 동안 그 땅과 전세계를 준비시키고 계셨습니다. 이제 모든 것이 하나님의 아들, 예수 그리스도의 탄생을 위해서 준비되었습니다.

좋은 소식

★ 하나님께서는 세상의 모든 것을 그의 아들 예수 그리스도의 탄생을 위해서 준비시키셨습니다.

시대적 상황

예수께서 탄생하신 약속된 땅

예수께서 탄생하셨을 때, 약속된 땅은 대로마 제국에 속한 아주 조그마한 지역에 지나지 않았습니다. 그 당시 전세계에 살고 있는 유대인들은 약 4백만 명이었는데, 자기 나라에 살고 있는 유대인들은 약 7십만 명에 불과하였습니다.

나머지 유대인들은 갈릴리나 혹은 유대, 그

리고 베레아에서 살았습니다(148페이지 지도). 유대인들은 사마리아에서는 살고 싶어하지 않았습니다.

로마 제국은 얼마나 광대하였나?

예수님 시대에 로마의 황제였던 아우구스투스는 광대한 지역을 통치하고 있었습니다. 그는 지중해 지역에 있는 모든 섬들과 브리타니아까지도 다스리고 있었습니다.

잘 무장된 군단들로 조직된 로마 군대는 세계에서 가장 강력하였습니다. 그리고 로마 시민들은 제국의 전 지역의 길을 돌로 포장했습니다. 그래서 로마의 군대는 필요하다면 언제든지 신속히 출정할 수 있었습니다. 로마 시민들은 또한 예전에 항해를 위험하게 했던 해적들을 소탕하였습니다. 그래서 로마의 군대는 육로와 해로를 안전하게 여행할 수 있었습니다. 이는 예수님에 관한 말씀을 전파하는 선교사들의 선교 여행에도 큰 도움이 되었습니다.

로마 사람들은 종종 피정복민들을 피정복민들의 법으로 통치하였습니다. 유대인들은 지방 법정들과 산헤드린에 의해서 통치되었는데, 산헤드린은 예루살렘의 최고 평의회 겸 최고 재판소였습니다. 산헤드린은 하나님의 백성들을 하나님의 율법으로 다스렸습니다.

예수님의 시대에 유대를 다스리던 로마인 통치자는 산헤드린보다 높은 지위에 있었습니다. 그리고 '헤롯대왕'이라 불리우는 로마인이 갈릴리와 베레아를 통치하고 있었습니다. 그는 예수께서 탄생하셨을 때에도 그 지역을 통치하고 있었는데, 자신의 왕위를 빼앗길까 봐 아기 예수를 죽이려고 했습니다.

헤롯은 잔인하고 사악한 사람이었습니다. 그는 자신의 왕국을 탐낸다고 하여 자기 아내와 아들까지 죽였습니다. 그런 헤롯이 '대왕'으로 불린 것은 그가 많은 도시와 궁전을 건축했기 때문이었습니다. 헤롯은 예루살렘에 크고 화려한 하나님의 성전도 건축하였습니다.

헤롯대왕이 죽자, 유대와 갈릴리에서는 처참한 전쟁이 일어났습니다. 이때 수천 명이 사망했습니다. 그 뒤로 세 명의 통치자가 다스린 약 20년간, 이스라엘은 평화를 되찾았습니다.

그 후 폰티우스 필라테(Pontius Pilate)가 유대의 통치자가 되었는데, 이때에는 매우 많은 폭동과 박해가 있었습니다.

유대인과 로마 통치

외국인이 자기 나라 사람들을 지배하는 것을 좋아하는 민족은 아마 없을 것입니다. 기원전 167년에 유대인들은 외국 통치자에 대해 극심한 반발을 일으켰습니다. 외국인 통치자는 유대인들에게 우상들을 섬길 것을 명령하였습니다. 그러자 유대인들은 '망치'(Hammer)라는 별명을 가진 마카비우스(Maccabeus)의 지휘하에 자기들만의 왕국을 세웠습니다.

그러나 이 작은 유대인의 왕국은 로마인들에 의해 붕괴되었고, 헤롯대왕의 아버지의 손에 넘겨졌습니다. 이 사건은 예수께서 태어나시기 약 60년 전에 일어났습니다.

유대인들은 다시금 자유로워질 날을 꿈꾸고 있었습니다. 유대의 정치인들은 어떻게 자유를 되찾을 것인가에 대해 논쟁하였습니다. 셀롯당원들은 로마에 맞서서 싸워야 한다고 하였고, 사두개인들은 로마 사람들을 따라 사는 것이 가장 좋은 것이라고 생각하였습니다. 바리새인들은 약 6천 명으로 이루어진 소규모 그룹이었는데, 그들은 단지 하나님의 율법만을 조심스럽게 지키려고 하였습니다. 그들은 하나님께서 약속하신 메시아가 자유를 가져다 줄 것이라고 믿고 있었습니다.

'메시아'라는 말은 '기름 부음을 받은 자'란 의미입니다. 성경에서는 종종 어떤 사람에게

오늘날의 팔레스틴 집들은 예수님 시대의 집들과 유사하다.

기름을 부어 특별한 일을 부여하는 이야기가 나옵니다.

구약성경에서는 하나님께서 어느 날인가 한 구속자를 자기 백성들에게 보내실 것을 약속하고 있습니다. 그 구속자는 특별한 임무를 띠고서 이 땅에 오실 것이었습니다. 그래서 그는 '메시아'라고 불리웠습니다. 예수님 시대에 대부분의 유대인들은 자신들을 로마의 압제로부터 구원하여 유대를 다시금 강한 나라로 만들어 줄 하나님의 메시아를 고대하고 있었습니다.

이 시대의 사람들은 메시아에 대한 구약의 다른 약속들에 대하여는 생각하지 못했습니다. 구약성경이 말하는 메시아는 그들을 죄로부터 구속해 주시는 분이지 단지, 외국인 통치자들로부터 그들을 벗어나게 해 주는 분을 의미하는 것은 아니었습니다. 유대인들은 강력한 통치자를 갈망하였습니다. 그래서 나사렛 출신의 한 하찮은 목수가 하나님이 그들에게 약속하신 구속자일 것이라고는 믿으려 하지 않았습니다.

생활 양식

언어

로마 제국의 지중해 동쪽에 살았던 사람들은 대부분 그리스어를 사용하였습니다. 유대인들은 그들의 제1 언어인 히브리어와 아람어를 사용하였습니다. 예수님과 그의 제자들은 세 가지 언어를 모두 사용했을 것으로 추측됩니다.

예수님 시대의 집들. 지붕은 평평하게 되어 있고 집 바깥쪽으로 난 계단을 통하여 지붕 위로 올라갈 수 있게 되어 있었다. 사람들은 그곳에서 음식을 먹기도 하고 잠도 잤다.

의생활

유대 남자들은 긴 셔츠와 같은 것으로 무릎까지 내려오는 튜닉을 입었습니다. 그 위에 성경에서 종종 '띠'(girdle)라고 부르는 혁띠를 매었습니다. 그리고 신발은 주로 샌들을 신었습니다. 유대 남자들은 다른 민족의 남자들보다 머리를 짧게 깎았으며 턱수염을 길렀습니다. 여자들은 짧은 튜닉을 입고 그 위에 좀더 밝은 색상의 발 끝까지 내려오는 긴 겉옷을 입었습니다. 그리고 머리를 다 가리고 얼굴만 내놓는 베일을 쓰고 다녔습니다.

식생활

유대인들은 하루에 두 번, 정오와 저녁에 정규적인 식사를 하였는데, 보통 과일과 야채에 물고기와 치즈를 곁들여 먹곤 하였습니다. 고기는 축제 때에만 먹을 수 있었으며, 편편하게 구운 둥근 빵이 주된 음식이었습니다.

가옥

예수님 시대의 집들은 대체로 태양에 말린 벽돌로 지어졌습니다. 도시에서는 가난한 사람들과 중간 계층의 사람들이 큰 아파트식 건물의 방 한 칸을 빌려서 살곤 하였습니다.

부유한 사람들의 집은 매우 안락하였습니다. 방이 많았고, 탁 트인 정원도 있었습니다. 어떤 집에는 난방 시설도 갖추어져 있었는데, 파이프를 통해 온 집안에 따뜻한 공기가 채워졌습니다. 또 어떤 집에는 수도 시설까지 있었습니다.

갈릴리와 유대에 있는 대부분의 집들은 지붕이 평평한 단층집이었습니다. 그 지붕은 기와나 나뭇가지, 혹은 진흙을 쌓아서 만들었습니다. 그리고 집 바깥쪽에 지붕으로 올라가는 계단을 만들어 놓았습니다. 사람들은 종종 그곳에서 먹기도 하고, 자기도 하였습니다.

직업

당시 로마 제국에는 자유인보다 노예가 더 많았던 것으로 보입니다. 그러나 작은 유대 땅에는 종들이 거의 없었습니다. 사람들은 먹고 살기 위하여 여러 가지 일을 하였습니다. 조그만 농장에서 일하거나 양떼를 돌보는 일을 하는 사람들이 많았고, 어떤 사람들은 가게를 하거나 작은 사업을 하기도 하였습니다. 또 그물로 물고기를 잡는 어부와 천막 제조업자, 목수 등이 있었습니다. 이러한 직업들은 신약 성경에 언급되어 있기도 합니다.

또한 세금을 징수하는 직업도 있었습니다. 로마 사람들은 자기들이 통치하는 각 지역에서 많은 세금을 징수하였는데, 유대인들은 세금을 징수하여 로마로 보내는 일을 하는 이 세관원들을 매우 싫어하였습니다. 왜냐하면 세관원들은 종종 세금 이외의 돈을 더 징수하여 그 돈을 착복하였기 때문에 같은 유대인이었지만 그들과 가깝게 지내려 하지 않았습니다.

교육

예수님 시대에 유대인들은 교육을 매우 중요하게 생각하였습니다. 특히 남자 아이는 꼭 배워야 한다고 생각했습니다. 그래서 6살이 되면 지역 회당(예배 장소)에 있는 학교에 다니기 시작하였습니다. 유대인들은 그곳에서 간단한 산수와 종교 예식(풍습)을 배웠습니다. 또한 기술을 한 가지씩 배워야 했는데, 그래야만 일을 하여 가족을 부양할 수 있었기 때문입니다. 성장할 때까지 공부를 계속할 수 있는 소년들은 소수에 불과하였습니다. 이 소년들은 랍비(유대인의 선생님)에게 배우려는 희망을 가지고 그들과 같이 공부하였습니다. 고등 교육의 목표는 학생들로 하여금 구약성경의 전문가가 되도록 하는 데 있었습니다.

예배

로마 제국 내의 도시와 마을에 회당이나 유대교 성전이 없는 곳은 없었습니다. 안식일에 유대인들은 회당이나 성전에 모여 구약성경을 읽고 기도를 드렸습니다. 예루살렘에서는 제사장들이 동물을 가지고 희생 제사를 드렸습니다. 사람들은 이 제물을 아름답고 거룩한 성전에 계신 주님께 가져왔습니다.

또한 전세계에 퍼져 있던 유대인들은 특별한 종교적 절기를 지내려고 예루살렘으로 모여들었습니다. 유대인들은 '유월절'에 하나님께서 애굽으로부터 이스라엘 민족을 구원하여 주신 때를 기념하였습니다. '오순절'은 추수를 기념하는 절기이며, '로쉬 하샤나'는 새해를 기념하는 절기입니다. '속죄의 날'에는 죄를 고백하고 용서받기 위하여 특별한 희생 제물을 드렸습니다. '장막절'은 매우 기쁜 축제 기간이었습니다. 이때는 온 가족이 집 밖에 천막을 치고 거기에 거주하였는데, 이 천막은 나뭇가지로 만든 피난처와 유사하게 만들었습니다. 이 기간 동안 그들은 애굽에서 나와서 하나님의 약속하신 땅으로 가는 이스라엘의 여정을 다시 한 번 회상하였습니다.

예수님의 탄생과 유년 시절

마태, 마가, 누가, 요한복음은 '복음서'라고 불립니다. 복음서는 예수님의 탄생과 삶에 대하여 이야기하고 있습니다.

좋은 소식

★ 예수님은 하나님의 외아들입니다. 그는 우리의 구세주가 되시기 위하여 인간의 몸을 입고 이 땅에 태어나셨습니다.

예수님에 대하여 기록되어 있는 책

네 권의 복음서는 예수님의 생애와 죽음, 그리고 부활을 세상에 알리기 위하여 기록되었습니다. 마태복음과 요한복음은 예수님의 두 제자, 마태와 요한에 의하여 기록되었는데, 이들 두 사람은 자신들이 직접 본 것을 기록했습니다. 그리고 마가복음은 한 젊은이가 예수님의 제자인 베드로에게 배운 것을 기록한 것으로 알려져 있습니다. 누가는 생전에 예수님을 만나 보지 못하였습니다. 그러나 누가가 말하기를 자신은 '처음부터 이 모든 일의 목격자된'(누가복음 1:2) 사람들로부터 배운 말씀을 기록하였다고 밝히고 있습니다. 복음서에서 말하고 있는 것은 예수님의 이야기입니다. 이는 예수 당대에 살았던 사람들에 의해 전해져 기록되었습니다. 그들은 자신들이 직접 보고 들었던 것들을 이야기했습니다.

예수님은 언제 탄생하셨을까?

누가복음 2:1－5

학자들은 누가가 언급하고 있는 인구 조사가 언제 있었는지를 정확히 알아내기 위하여 옛 기록들을 연구하고 있습니다(누가복음 2:1, 2). 또 헤롯대왕이 언제 죽었는지에 대해서도 연구하고 있습니다(마태복음 2:19). 대부분의 학자들은 예수께서 기원전 5년에 태어났으리라 믿고 있습니다. 어떻게 그런 결론을 내렸을까요? 오늘날 우리가 사용하는 달력은 서기 525년에 만들어진 것입니다. 이 달력을 작성한 사람은 '디오니시우스'라는 사람인데, 그는 예수께서 실제로 태어난 해를 5년 빠뜨린 채 달력을 만들었습니다. 그러므로 예수께서 탄생하신 지 얼마나 되었는지를 알고 싶다면, 현재의 달력에 5년을 더하면 됩니다.

예수님의 탄생은 특별했다

예수님은 보통 아이들과 같은 모양으로 세상에 태어나셨습니다. 그러나 예수님의 탄생은 특별했습니다. 인간의 탄생은 잉태에서부터 시작됩니다. 그러나 예수님은 잉태되기 전부터 하나님과 함께 이미 존재해 계셨습니다. 예수께서 '태초부터 하나님과 함께 계셨으며', 예수께서 바로 '하나님이심'(요한복음 1:1-13)을 성경은 말하고 있습니다. 이것을 '예수님의 선재'(pre-existence)라고 말합니다.

예수님은 육신의 아버지가 없었습니다. 예수님의 어머니 마리아는 '요셉'이라는 청년과 약혼하였고, 예수께서 태어나시기 전에 그와

예수님의 고향 나사렛은 지금도 갈릴리 남쪽에 있다.

결혼하였지만, 예수님의 아버지는 하나님이셨습니다(마태복음 1:18). 예수님의 탄생은 천사에 의해 예언되었습니다. 하나님으로부터 온 한 천사는 예수께서 태어나시기도 전에 마리아와 요셉에게 아이에 관하여 이야기해 주었습니다. 하나님은 이삭이나 삼손과 같은 다른 아이들의 출생에 관해서 미리 알려 주시기도 하셨습니다. 그러나 천사는 유독 예수님만이 '하나님의 아들'이라고 말하고 있습니다. 그리고 오직 예수님만이 자기 백성들을 저들의 죄에서 구해낼 것이라고(마태복음 1:21) 예언하였습니다. 또한 뭇 천사들의 합창으로 양치는 목동들에게 예수님의 탄생을 알렸습니다(누가복음 2:8-20).

하늘에 큰 별이 나타나 예수님의 탄생을 표시한 것도 큰 특징입니다. 유럽의 천문 학자들은 기원전 6년에 목성과 화성, 토성, 이 세 개의 행성들이 한 줄로 나란히 서서 하나의 밝은 별을 만들었다는 것을 알아냈습니다. 중국 천문 학자들의 기록에서도 혜성에 관한 이야기를 찾아볼 수 있는데, 아마도 예수께서 탄생하셨던 시각에 나타났던 것으로 보입니다.

위와 같은 모든 것들은 예수님의 탄생이 매우 특별했음을 알려 줍니다. 하나님의 아들은 이 땅에 친히 오셨고, 인간의 아기로 태어나셨습니다. 이 아기는 점차 성장하여 제자들을 가르치고, 결국 우리의 죄를 대속하기 위하여 돌아가시게 되었습니다.

마리아와 요셉

마태복음 1장, 누가복음 1, 3장

마리아와 요셉은 평범한 유대인이었습니다. 요셉은 가난한 목수였습니다. 그는 제사에 쓸 어린양을 살 여유조차 없었습니다. 당시에 가난한 사람은 비둘기 두 마리나 어린 집비둘기 두 마리를 바쳤습니다(누가복음 2:24, 레위기 12:8).

요셉과 마리아는 가난했지만, 두 가지 면에 있어서 특별했습니다. 첫째, 둘 다 다윗 왕의 후손이기 때문에 그들의 아이는 이스라엘의 왕이 될 수 있었습니다. 이들의 족보는 마태복음 1장과 누가복음 3장에 기록되어 있습니다. 둘째, 마리아와 요셉은 하나님을 사랑하였고 하나님께 순종하였습니다. 마리아는 하나님께 대한 사랑을 순종과 찬양으로 나타내었습니다(누가복음 1:26-38, 46-56). 요셉은 천사에게 순종함으로 하나님께 대한 사랑을 나타냈습니다. 천사는 요셉에게 잉태한 약혼녀 마리아와 결혼할 것을 명령하였습니다. 마리아와 요셉은 하나님을 사랑하는 선한 사람들이었음이 분명합니다.

요셉과 마리아가 인구 조사에 등록하기 위해 베들레헴에 갔을 때, 많은 사람들이 그곳에 모였기 때문에 여관에는 빈 방이 없었다. 그래서 그들은 마굿간에서 하룻밤을 지내게 되었다. 그때 아기 예수가 태어났다.

예수님은 어디에서 탄생하셨나?

누가복음 2:1-7

요셉은 갈릴리에 있는 '나사렛'이라는 동네에서 살고 있었습니다. 마리아가 잉태중이었지만 요셉과 마리아는 유대 땅 베들레헴으로 가야 했습니다. 왜냐하면 로마 정부가 실시한 인구 조사에 등록을 해야 하기 때문이었습니다(148페이지 지도). 그리고 그 당시 로마법에 "다른 도시에 소유지가 있는 사람은 누구나 해당 도시에 가서 세금 고지서를 제출해야 한다"는 규정 때문에 이 두 사람은 베들레헴에 가야만 했습니다. 요셉과 마리아는 모두 다윗 가문에 속하였으며 가족의 소유지도 베들레헴에 있었습니다.

수많은 사람들이 인구 조사를 위하여 베들레헴으로 갔습니다. 이 때문에 요셉과 마리아가 그곳에 도착하였을 때는 이미 여관에 빈 방이 없었습니다. 그래서 예수님은 여관 뒤쪽에 있는 마굿간에서 태어나셨습니다.

목동들

누가복음 2:8-21

목동들이 양떼를 베들레헴 근처 언덕으로 몰고 올 즈음에 예수께서 탄생하셨습니다. 천사들은 그 언덕에 있던 목동들에게 나타나 하나님을 찬양하였습니다. 목동들은 하나님의 아들이 막 태어났다는 것을 알고는 아기 예수를 보기 위하여 서둘러 동네로 달려갔습니다.

동방박사들

마태복음 2:1-12

'동방박사'라는 명칭은 수백 년 전 페르시아에서 사용되었습니다. 박사들은 많은 학식을 지닌 왕의 조언자였습니다. 동방박사들은 하늘에서 빛나는 비상한 별을 보았습니다. 그 별을 보고 그들은 다니엘의 가르침과 민수기 24:17의 별에 관한 예언을 기억해 낼 수 있었습니다. 동방박사들은 이 세상을 전쟁과 고통으로부터 구해낼 유대인의 새 왕에게 경배하기 위해 급히 유대 땅으로 떠났습니다.

동방박사들은 예루살렘으로 와서 헤롯 왕에게 예수님에 관하여 물어 보았습니다. 헤롯은 어린 왕을 찾도록 동방박사들을 보냈습니다. 그가 동방박사들을 보낸 것은 어린 왕을 찾아 죽이고자 함이었습니다. 하나님께서는 동방박사들을 베들레헴으로 인도하셨습니다. 그곳에서 그들은 예수님을 발견하고 아기 예수께 경배를 드렸습니다.

헤롯은 왜 아기들을 죽였나?

마태복음 2:1－12

동방박사들이 예루살렘에 왔을 때, 헤롯대왕은 고통스런 병으로 죽어 가고 있었습니다. 그리고 예수님이 태어난 지 두세 달 후에 헤롯은 죽었습니다(기원전 4년). 그러나 이 잔인하고 시샘 많은 왕은 그의 아내와 아들들이 자신의 왕위를 넘보는 것으로 생각하고 그들을 살해하였습니다(로마 황제는 헤롯의 아들이 되는 것보다 그의 돼지가 되는 것이 더 안전하다며 조롱하였습니다).

하나님께서는 박사들이 예수님을 만난 후 예루살렘으로 돌아가지 않도록 경고하셨습니다. 그러나 이미 박사들이 그 별을 처음 보았던 때를 헤롯에게 말해 버린 후였습니다. 박사들은 예루살렘으로 돌아가지 않았으나 헤롯은 약속된 메시아가 베들레헴에서 태어날 것(미가 5:2)을 구약성경을 통해 알아차렸습니다. 헤롯은 곧 베들레헴에 있는 두 살 아래의 모든 남자 아이들을 죽이라고 명령하였습니다. 그는 자신의 왕위를 빼앗을 가능성이 있는 자는 어느 누구도 살려 두지 않았습니다.

요셉의 여행 경비

마태복음 2:13－18

헤롯의 군사들이 베들레헴에 도착하였습니니

헤롯 왕의 궁전 모델

다. 그러나 군사들이 도착하기 전에 천사가 요셉에게 나타나 마리아와 아기 예수를 데리고 애굽으로 피신하라고 하였습니다. 그런데 그 당시는 여행 경비가 많이 들었습니다. 더구나 요셉과 마리아는 굉장히 가난했습니다. 가난한 그들이 어떻게 여행을 할 수 있었을까요? 아마 동방박사들이 가져온 황금과 유향과 몰약을 팔아서 여행 경비를 마련했을 것입니다. 그리하여 요셉과 마리아 그리고 아기 예수는 안전하게 애굽으로 피신할 수 있었습니다.

나사렛은 어떤 곳인가?

헤롯이 죽은 후, 하나님의 천사가 요셉에게 나타나 이제 안전하므로 고향으로 돌아갈 것을 알려 주었습니다. 그러나 그의 가족은 베들레헴이 아닌 나사렛으로 돌아갔습니다. 나사렛은 갈릴리에 있는 아름다운 구릉 지대입니다. 예수님은 이곳 나사렛에서 평범한 아이로 자라났습니다(148페이지 지도). 그리고 아버지 요셉과 같은 목수가 되었습니다.

예수님의 유년 시절

누가복음 2:41－52

성경은 예수님의 유년 시절에 관하여는 거의 언급하고 있지 않습니다. 그런데 예수님이 12살 때 있었던 매우 특별한 사건에 관해서는 자세히 소개하고 있습니다. 예수님이 12살이 되자, 당시의 유대 소년들과 마찬가지로 '율법의 아들'이 되었습니다. 즉, 스스로 하나님의 법을 지킬 책임을 지는 나이가 된 것입니다. 그 해에 예수님은 부모님과 함께 예루살렘에 가게 되었습니다. 유월절과 이어서 7일 동안 열리는 축제(무교절)에 참가하기 위해서였습니다. 축제 기간 동안 성전에서는 종교계의 스승들과 일반인들이 모여 서로 토론을 하였습니다. 소년 예수는 이때 성전에 머물러 묻기도 하고 질문에 대답도 하며 그들과 이야기를 나누셨습니다.

우리는 여기에서 두 가지 중요한 점을 보게 됩니다. 첫째, 예수님의 이해력에 대한 스승들의 경탄입니다. 둘째, 부모님이 예수님을 찾았을 때 예수님이 그 부모에게 대답하신 말입니다. "내가 내 아버지 집에 있어야 될 줄을 알지 못하셨나이까?"(누가복음 2:49). 예수님은 비록 어렸지만 자신이 하나님의 아들임을 잘 알고 있었습니다. 그리고 성경이 말하는 것을 이해하고 있었습니다.

그리고 나서 예수님은 나사렛에 있는 집으로 돌아왔습니다. 예수님은 계속해서 배웠고 성장하였습니다. 사람들은 예수님을 매우 좋아하였습니다. 그러나 가장 중요한 것은 예수님이 행하셨던 모든 일이 언제나 하나님을 기쁘시게 하는 것이었다는 사실입니다.

생각하고 실천합시다

1. 예수님의 특별한 점들에 관하여 성경은 본문에서 말한 것 외에 어떤 것들을 이야기하고 있습니까? 다음의 성경 구절을 찾아봅시다.
   빌립보서 2:5-8　　　골로새서 1:5-19
   히브리서 1:1-13

세례와 사탄의 시험

예수께서 약 삼십 세가 되었을 때, 세례 요한이 유대에서 말씀을 전파하기 시작하였습니다. 요한은 유대인들에게 "회개하라"고 외쳤습니다. 그는 약속된 메시아가 곧 오실 것이라고 했습니다. 예수님은 요한에게 세례를 받으신 후 사탄으로부터 시험을 당하셨습니다. 그리고 사탄을 물리치고 사람들에게 직접 말씀을 전파하기 시작하셨습니다.

좋은 소식

★ 우리는 하나님이 주신 말씀의 힘으로 시험을 이겨낼 수 있습니다.

세례 요한

누가복음 1장, 마태복음 3장

요한은 예수님의 친척이었습니다. 하나님께서는 요한을 보내어 사람들에게 곧 오실 하나님의 아들을 증거하도록 하셨습니다. 그는 하나님의 아들이 오실 것에 대해 사람들의 마음을 미리 준비시키는 사명을 받은 것입니다.

요한은 광야에서 살았습니다. 그는 거친 옷

세례 요한은 광야에 살면서 약대 털옷을 입고 메뚜기와 석청을 먹고 살았다. 그는 예수께서 이 땅에 오시기 전에 사람들을 준비시키기 위한 사람이었다.

을 입었으며 간단한 음식만을 먹고 살았습니다. 이러한 점에서 요한은 선지자 엘리야(열왕기하 1:8)와 비슷했습니다. 약 400년 전에 말라기는 엘리야와 같은 사람이 올 것이라고 예언하였습니다. 그는 요한이 하나님께서 약속하신 구세주 메시아가 오기 바로 전에 올 것이라고 했습니다(말라기 4:5).

요한은 요단 강가의 광야에서 설교하기 시작하였습니다(148페이지 지도). 어떤 사람들은 요한이 그리스도라고 생각하였습니다. 요한은 이를 부인하면서 '나는 광야에서 외치는 자의 소리'(요한복음 1:23)일 뿐이라고 했습니다.

요한이 할 일은 유대인들이 예수님의 말씀에 귀를 기울이도록 준비시키는 것이었고, 이스라엘 백성들이 기다리던 분은 바로 예수 그리스도였습니다.

요한의 메시지

마태복음 1장, 누가복음 3장

요한은 나쁜 소식과 좋은 소식 두 가지를 전파하였습니다. 나쁜 소식은 하나님께서 그들의 죄를 보고 분노하셨다는 것입니다. 종교지도자들은 하나님을 사랑하는 척만 하였습니다. 그들이 실제로 관심을 둔 것은 재물과 권력이었습니다. 사람들은 이기적이었고, 가난한 사람들에게 자기의 것을 나누어 주려 하지 않았습니다. 세관원들은 사람들을 속여 돈을 모았으며, 병사들은 시민들에게서 강제로 돈을 빼앗았습니다.

좋은 소식은, 하나님께 회개할 수 있다는 것이었습니다. 요한은 하나님께서 약속하신 메시아가 올 것이며, 그들의 죄는 용서받을 것이라고 외쳤습니다.

이 얼마나 기쁜 소식입니까! 하나님께서 우리 인간들에게 보내 주겠다고 약속하신 구세주는 약속대로 곧 오셨습니다. 하나님을 향해 마음을 연 사람들은 구세주 예수님을 영접하였습니다. 그들은 죄를 용서받았습니다.

요한은 왜 세례를 주었나?

요한은 요단 강가에서 많은 사람들에게 세례를 주었습니다. 구약시대에 물로 씻는 것은 정결의 표시였습니다(레위기 14:7,8; 열왕기하 3:11, 5:14). 그러나 요한의 세례가 구약시대의 정결 예식과 같은 것은 아니었습니다. 세례를 받는다는 것은 자신들의 죄로부터 하나님에게로 방향을 옮겼음을 보여 주는 것이었습니다. 세례받는 이들은 하나님께 용서를 구하였습니다. 요한의 세례는 이와 같은 회개의 세례였습니다. 회개란 마음과 태도를 바꾸는 것을 의미하였습니다.

왜 요한은 예수께 세례를 주려 하지 않았나?

어느 날 예수께서 무리들 틈에 끼어 세례 요한의 설교를 들으셨습니다. 예수님은 세례받기 위하여 곧 물로 들어가셨습니다. 그러나 요한은 그분을 말렸습니다. 왜 세례 요한은 세례받으려는 예수님을 말렸을까요?

요한은 그때까지 예수님이 그리스도이심을 알지 못했습니다(요한복음 1:31). 그러나 예수께서 죄가 없으시다는 사실은 알 수 있었습니다. 예수님은 회개할 것이 없었으므로 세례받을 필요가 없었습니다(마태복음 3:14). 그렇지만 예수께서는 세례를 받으려 하면서 다음과 같이 말씀하셨습니다. "이와 같이 하여 모든 의를 이루는 것이 합당하니라"(마태복음 3:15).

왜 예수께서 세례받는 것이 합당한 일이었을까요? 그것은 예수께서 요한의 메시지에 동의하신다는 것을 나타내는 것이기 때문이었습니다. 또한 세례를 통하여 예수님은 하나

요단강. 이곳에서 예수께서 세례를 받았을 것이다.

님의 약속을 믿는다는 것과 하나님께 복종할 것을 보이신 것입니다.

세례받는 것은 예수께 있어서 합당한 일이었습니다. 이는 또한 우리에게도 합당한 일입니다. 만약 예수님을 구속자로 믿고, 그분께 복종할 준비가 되었다면 예수님과 마찬가지로 우리도 세례를 받을 수 있습니다.

예수께서 세례받으실 때 어떤 일이 일어났나?

마태복음 3:13-17, 요한복음 1:29-34

예수께서 세례받으실 때, 성령이 비둘기같이 내려왔습니다. 그리고 하나님의 음성이 하늘로부터 들려 왔습니다. "이는 내 사랑하는 아들이요 내 기뻐하는 자라"(마태복음 3:17). 그때 세례 요한은 예수께서 약속된 구속자이심을 알게 되었습니다. 이때부터 요한은 예수님에 대하여 "그는 하나님의 아들이다"(요한복음 1:34)라고 전파하였습니다.

예수께서는 정말 시험을 받으셨을까?

마태복음 4장, 누가복음 4장

시험이란 무엇입니까? 뭔가 끌어당기고 갖고 싶어지지만 거짓된 것입니다. 예수께서 세례받으신 후 성령이 그를 광야로 이끄셨습니다. 예수님이 40일 동안 그곳에서 금식하신 후 약하고 지쳐 있을 때, 사탄이 예수님을 시험하러 왔습니다.

사탄이 제시한 것은 좋고 가치가 있어 보였습니다. 그러나 그것을 받아들이는 일은 잘못된 것입니다. 예수님은 실제로 고통스러운 시험을 당하셨습니다. 예수님은 실제로 배가 고팠으므로 돌덩이로 떡을 만드는 것이 그리 나쁜 것으로 여겨지지 않았을지도 모릅니다. 또 하나님께서는 예수님을 사랑하고 계시므로 성전 꼭대기에서 뛰어내릴 때 하나님의 보호를 받는 것은 선한 것처럼 보였을지도 모릅니다. 그리고 언젠가는 예수께서 온 세계를 통치하실 것이므로 사탄이 온 세상 왕국들을 내어놓는 것도 선한 것 같아 보였을지 모릅니다. 그러나 이런 일들은 그릇된 것이었습니다.

예수께서는 세례 요한에게 세례를 받으신 후에 광야로 나가셨다. 그리고 그곳에서 사탄에게 시험을 받으셨다.

왜 이런 일들이 옳지 않을까요? 하나님께서 예수께, 이제 금식을 끝내고 먹어야 될 때라고 말씀하지 않으셨기 때문입니다. 그러므로 예수께서는 떡을 만들지 않으셨습니다. 또한 하나님께서는 사람들이 그의 사랑을 시험하기 보다는 믿기를 바라셨습니다. 그러므로 성전 꼭대기에서 뛰어내리는 것은 옳지 않은 일이었습니다. 그리고 예수님은 장래에 온 세상의 통치자가 될 것이지만, 그보다 먼저 그를 믿는 자들을 용서하기 위하여 친히 죽으셔야 했습니다. 예수님은 실제로 시험을 당하셨습니다. 사탄이 제시한 것은 매우 그럴듯해 보였지만 옳지 않은 것이었습니다. 예수께서는 사탄이 제시한 것들 속에 있는 그런 그릇된 것들을 보실 수 있었습니다.

예수님은 어떻게 시험을 이겨내셨나?

예수께서는 시험을 당할 때마다 구약성경의 말씀을 기억하셨습니다. 그리하여 시험에 빠지지 않고 하나님의 말씀을 잘 적용하셨습니다. 하나님의 말씀에 복종하는 쪽을 선택하는 것이 우리가 시험을 이겨낼 수 있는 유일한 방법입니다. 예수님은 시험을 이겨내셨습니다. 우리가 예수님을 믿고 그분께 순종할 때 시험을 이겨낼 수 있도록 우리를 도와주실 것입니다.

예수께서 세례받고 시험받으신 후

예수께서는 목수로 되돌아가지 않으셨습니다. 이때부터 예수님은 사람들을 가르치기 시작하셨습니다. 그분은 12명의 제자들을 택해 자기를 따르도록 하셨습니다. 그리고 하나님을 기쁘시게 하기 위하여 어떻게 살아야 하는

예수 시대의 도시들

두로
가이사랴 빌립보
지중해
수리아
고라신
가버나움
벳새다
갈릴리
갈릴리 바다
가다라
가나
나사렛
나인
가이사랴
요단강
데가볼리
수가
사마리아
아리마대?
베레아
엠마오
여리고
유대
예루살렘
베다니
베들레헴
사해
이두매

이 산은 예수께서 팔복을 설교하셨던 곳이라 추측되는 곳이다.

가에 대하여 귀를 기울이는 많은 사람들을 가르치시며, 병자들을 치료하여 주시고, 많은 이적을 행하셨습니다.

예수께서 첫번째로 행하신 기적

예수님 생존 당시에 결혼식은 이틀에서 일주일간 계속되었습니다. 하루는 예수께서 갈릴리 가나에서 벌어진 혼인 잔치에 가게 되었습니다. 그런데 잔치 도중에 포도주가 떨어져 버렸습니다. 이때 예수께서는 약 400ℓ 이상의 물을 포도주로 만들어 주셨습니다(요한복음 2:1-11).

예수님의 첫 설교

마태복음 5:1－12

예수님의 첫 가르침은 '팔복'(八福)이라고 불리우며, 마태복음 5장에 나와 있습니다. 그 구절들은 우리가 어떻게 해야 진실로 행복해질 수 있는가에 관하여 말하고 있습니다.

많은 재물을 갖는 것이나 즐거운 시간을 갖는 것은 사람들을 진정으로 행복하게 해 주는 것이 아닙니다. 진정한 행복은 의를 행하는 데서 옵니다. 행복한 사람은 이웃에게 자비를 베풀고, 심령이 가난하며, 평화를 위하여 일합니다. 이러한 일들을 하나님께서는 중요하게 여기시며 우리도 이와 같이 할 때 진정으로 행복을 느끼게 될 것입니다.

예수님이 오셨으니 이 얼마나 기쁜 일입니까! 예수님은 우리를 시험에서 이기도록 도우시며 행복한 삶을 위한 방법을 보여 주십니다.

생각하고 실천합시다

1. '회개한다'는 것은 어떻게 하는 것을 의미합니까(누가복음 3장)?

예수님의 사랑과 능력

예수님은 하나님의 아들이십니다. 예수께서는 이 땅에 오셔서 수많은 기적을 행하셨습니다. 그 기적은 항상 다른 사람을 돕는 것이었습니다. 예수님은 결코 남에게 상처를 주지 않으셨습니다.

좋은 소식

★ 예수님은 자연과 질병, 사탄, 심지어 죽음까지도 초월하는 능력을 가지고 계십니다.

예수님의 기적은 마술인가?

예수님 당시에 우상을 숭배하던 사람들은 마술을 믿었습니다. 마술사들은 주문과 마법을 사용하여 거짓 신들을 섬기며 다른 사람들을 조종하려 하였습니다. 그들은 마술로 다른 사람들이 자신들을 사랑하도록 만들 수도 있다고 생각하였습니다. 또한 마술로 대적을 물리치거나 벌을 줄 수 있다고 생각하였습니다. 그러나 구약성경은 모든 마술적 행위는 잘못된 것이라고 말합니다(신명기 18:9-12). 그래서 기독교인이 되면서 가지고 있던 마술책을 불태워 버리는 사람도 있었습니다(사도행전 19:19).

이 작은 못의 둘레에는 다섯 개의 입구가 있는데, 그곳에 병자들이 누워 물이 동할 때를 기다리고 있었다. 왜냐하면 못의 물이 동할 때 가장 먼저 물 속으로 들어가는 사람은 병이 낫는다고 생각했기 때문이다.

갈릴리 바다. 예수님의 많은 기적이 이 바다와 이곳 근처에서 이루어졌다.

그러나 비록 마술을 믿는 사람일지라도 예수님의 기적에는 놀라지 않을 수 없었습니다. 예수께서 행하신 기적들은 그 어떤 마술보다 강력하고 놀라웠기 때문이었습니다. 예수님은 기적을 행하심으로써 하나님의 능력을 명백히 보여 주셨습니다. 그분은 마술 주문이나 제식서(祭式書)를 전혀 사용하지 않으셨습니다. 단지 말씀만으로 기적을 행하셨습니다. 예수께서 말씀하시자 기적이 일어났습니다.

예수께서는 사람들에게 해를 입히거나 조종하기 위하여 능력을 사용하신 적이 없습니다. 예수님은 병든 자와 주린 자를 치료하고 먹이는 데 그 능력을 사용하셨습니다. 예수께서 행하신 기적은 그분이 하나님으로부터 오셨다는 것을 증명해 줄 뿐만 아니라, 하나님께서 이 세상 모든 사람들을 얼마나 사랑하고 계시는지를 보여 줍니다.

예수께서 행하신 기적의 종류

신약성경에는 예수께서 행하신 네 가지 종류의 기적이 소개되어 있습니다. 첫번째 종류의 기적은 예수께서 자연을 초월하는 능력을 가지고 계시다는 것을 보여 줍니다. 예수님은 폭풍을 멈추게 하셨습니다. 또한 물 위를 걸으셨습니다. 그리고 아주 적은 양의 음식으로 굶주린 수천 명을 먹이셨습니다.

두 번째의 기적은 예수님의 능력이 질병을 초월한다는 것을 보여 줍니다. 예수께서는 절름발이를 낫게 하시고 날 때부터 소경된 자의 눈도 뜨게 하셨습니다.

세 번째의 기적은 예수님의 능력이 악한 영들을 초월한다는 것을 보여 줍니다. 예수께서 사람들을 괴롭히는 귀신들에게 "떠나라"고 명령하시자 귀신들이 예수께 복종했습니다.

네 번째의 기적은 예수님의 능력이 죽음까지

도 초월한다는 것을 보여 줍니다. 예수님은 죽은 사람까지도 살리셨습니다. 예수님에게 있어서 어려워서 할 수 없는 일이란 없었습니다.

자연을 초월한 예수님의 능력

제자들은 왜 두려워하였나?

마태복음 8:23-27

사나운 바람이 갑자기 요단강 계곡에 불어닥치고 곧 갈릴리 호수에 무서운 폭풍이 일어났습니다. 예수님의 제자 중에 몇 명은 어부였습니다. 그들은 거친 바다와 폭풍에 익숙해 있었습니다. 그런데 왜 그들이 두려워했을까요? 성경에서는 폭풍이 지진의 의미로 사용되곤 하였습니다. 바다가 흔들리고 거품이 가득 찬 파도가 작은 배의 사방을 때렸습니다. 겁먹은 제자들이 곤히 잠든 예수님을 깨웠을 때, 그 배는 이미 물로 가득 차 있었습니다. 제자들은 배가 가라앉을 것이라고 생각하였습니다.

제자들이 그렇게 두려워할 필요가 있었을까요? 예수께서 폭풍에게 "멈추라"고 명령하시자 곧 말씀대로 되었습니다. 바다는 즉시 고요해졌습니다. 제자들은 그 배 안에 하나님의 아들인 예수님이 계시다는 것을 잠시 잊었던 것입니다.

제자들은 이 기적을 통하여 예수님을 더욱 믿게 되었습니다. 그들은 예수께서 위험한 상황 속에서도 무엇이든 마음대로 하실 수 있는 분이심을 알게 되었습니다.

인간의 질병을 초월한 예수님의 능력

치유의 기적

예수께서는 치유의 기적을 다른 기적보다 더 많이 행하셨습니다. 우리는 여기에서 무엇을 배울 수 있을까요?

첫째, 모든 치유 역사는 믿음의 반응으로써 이루어졌다는 것입니다. 사람들은 예수께서 도와주실 수 있을 것을 믿었기 때문에 그분에게로 모여들었습니다.

둘째, 예수님의 치유는 예수께서 사람들을 얼마나 사랑하셨는가를 보여 준다는 점입니다. 예수께서는 자신을 미워하는 사람들이나 대적들까지도 병들게 하지 않으셨습니다. 예수님은 자신의 능력을 결코 남을 해치는 데 사용하지 않으시고 항상 남을 돕는 데 사용하셨습니다.

예수님은 안식일에 세 번이나 선한 일을 행하셨습니다(마태복음 12:9-14; 누가복음 13:10-17, 14:1-6). 이를 보고 어떤 종교 지도자들은 화를 내었습니다. 그들은 사람의 병을 고쳐 주는 것도 '일'을 하는 것으로 생각했던 것입니다. 그 당시에는 안식일에 일을 할 수 없도록 규정되어 있었습니다. 그러나 예수님은 안식일에 선한 일을 행하는 것은 결코 하나님의 법에 위배되지 않는다고 말씀하셨습니다(마태복음 12:12).

왜 누구든지 다 병을 고쳐 주시지 않는가?

성경은 우리가 고난 중에 있거나 병에 걸렸을 때 약을 사용함과 동시에 기도하라고 말합니다(야고보서 5:13-18). 하나님은 우리가 믿고 간구하면 우리를 낫게 하실 수 있습니다.

그렇지만 때때로 우리가 병 낫기를 간구하여도 하나님께서 거절하실 때가 있습니다. 그래서 즉시 병이 낫지 않을 때도 있습니다. 디모데는 위장병을 가지고 있었으며 그 병 때문에 자주 고통당했습니다(디모데전서 5:23). 또 바울에게도 심각한 병이 있었습니다. 그가 기도할 때 하나님은 바울에게 낫게 해 주지 않겠다고 말씀하셨습니다(고린도후서 12:7-10). 그러나 바울은 오히려 기뻐하였습니다. 그는 비록 약했지만 하나님께서 자기에게 필요한 힘을 주실 것을 믿고 있었기 때문입니다.

하나님은 우리에게 좋은 것만 주려고 하십니다. 성경은 다음과 같이 약속합니다. "하나님을 사랑하는 자들에게는 모든 것이 합력하여 선을 이루느니라"(로마서 8:28). 일반적으로, 잘된다는 것은 우리를 위해 베푸신 하나님의 선하심입니다. 우리는 예수께 도움을 구할 때 응답을 받습니다. 그러나 비록 우리가 즉시 잘되지 않더라도 하나님을 믿어야 합니다. 왜냐하면 하나님은 우리를 사랑하시므로 더 좋은 것을 주기 위하여 질병까지도 사용하시기 때문입니다.

악한 영을 초월한 예수님의 능력

'귀신' 혹은 '악한 영'이란 무엇인가?

귀신은 영적인 존재입니다. 어떤 사람들은 귀신이 사탄을 따르는 악한 천사들이라고 믿습니다. 복음서에는 귀신에 관한 이야기가 많이 나옵니다. 예수께서 이 땅에 오셨을 때 사탄은 예수와 싸우기 위하여 온 힘을 기울였습니다. 그러므로 그 당시 귀신들은 매우 활동적이었습니다. 그러나 귀신들을 만났을 때 예수님은 언제나 그들을 쫓아 버리셨습니다.

사탄과 같은 귀신들은 하나님과 사람들의 적입니다. 예수님 당시에 귀신들은 사람들을 질병에 시달리게 하거나 정신병에 걸리게 만들었습니다. 예수님은 사람들을 도우셨으나 귀신들은 사람들을 해쳤습니다. 귀신들과 악한 영들은 사악하며 죄악에 물들었다고 성경은 말하고 있습니다.

오늘날에도 귀신이 우리를 해칠 수 있을까?

어떤 사람들은 귀신과 악한 영을 무서워합니다. 귀신들은 강합니다. 그러나 예수님은 그보다 훨씬 더 강력하십니다. 귀신들린 사람들과 만날 때마다 예수께서는 그 사람으로부터 귀신을 쫓아내셨습니다.

예수님은 지금도 어떤 악한 영보다 큰 능력을 가지고 계십니다. 예수님은 당신의 구세주이시니 당신은 그분을 신뢰하여야 합니다. 그리고 귀신을 두려워할 필요가 없습니다.

죽음을 초월한 예수님의 능력

예수께서 다시 살리신 사람들

신약성경에는 예수께서 다시 살리신 세 사람

죽은 나사로가 누워 있었던 것으로 추정되는 베다니의 한 무덤

예수께서 행하신 기적들

기 적	성경구절	행하신 곳	교 훈
자연을 초월하는 능력			
물로 포도주를 만드심	요한복음 2:1-11	가나	예수님은 하나님의 아들이시다
물고기를 많이 잡게 하심	누가복음 5:1-11	갈릴리 바다	베드로가 예수님을 '주'라고 고백함
폭풍을 잠잠케 하심	마태복음 8:23-27	갈릴리 바다	제자들에게 믿음을 가르치심
	마가복음 4:35-41		
	누가복음 8:22-25		
5,000명을 먹이심	마태복음 14:15-21	벳세다 근처	예수님은 궁핍한 자들을 도우신다
	마가복음 6:35-44		
	누가복음 9:12-17		
	요한복음 6:5-15		
바다 위를 걸으심	마태복음 14:22-33	갈릴리 바다	사도들에게 능력을 보이심
	마가복음 6:45-52		
	요한복음 6:16-21		
4,000명을 먹이심	마태복음 15:32-39	벳세다 근처	예수님은 배고픈 자를 먹이신다
	마가복음 8:1-9		
고기에서 얻은 돈	마태복음 17:24-27	가버나움	베드로의 성전세를 지불함
무화과나무가 말라 버림	마태복음 21:17-22	예루살렘	믿음을 가르침
	마가복음 11:12-25		
두 번째로 물고기를 많이 잡게 하심	요한복음 21:1-14	디베랴 바다	예수께서 제자들에게 다시 나타나심
질병을 초월하는 능력			
신하의 아들을 고치심	요한복음 4:46-54	가나	믿음
문둥병자를 고치심	마태복음 8:1-4	갈릴리 동네	믿음, 치유
	마가복음 1:40-45		
	누가복음 5:12-15		
백부장의 종을 고치심	마태복음 8:5-13	가버나움	믿음
	누가복음 7:1-10		
베드로의 장모를 고치심	마태복음 8:14-17	가버나움	우정
	마가복음 1:29-31		
	누가복음 4:38-39		
중풍병자를 고치심	마태복음 9:1-8	가버나움	예수의 능력과 죄의 용서
	마가복음 2:1-12		
	누가복음 5:17-26		
혈류증 앓는 여인을 고치심	마태복음 9:20-22	가버나움	믿음
	마가복음 5:25-34		
	누가복음 8:43-48		
소경에게 눈을 뜨게 하심	마태복음 9:27-31	가버나움	믿음
손마른 자를 고치심	마태복음 12:9-14	갈릴리	하나님은 율법보다는 사람을 더 중요하게 생각하신다
	마가복음 3:1-6		
	누가복음 6:6-11		
비유대 여인을 고치심	마태복음 15:21-28	두로	하나님은 모든 사람을 사랑하신다
	마가복음 7:24-30		

예수께서 행하신 기적들			
기 적	성경구절	행하신 곳	교 훈
귀먹고 어눌한 자를 고치심	마가복음 7:31-37	데가볼리	친구를 예수께로 인도함
연못가에 있는 병자를 고치심	요한복음 5:1-18	벳세다	믿음
소경을 보게 하심	마가복음 8:22-26	벳세다	친구를 예수께 인도함
나면서부터 눈먼 자를 고치심	요한복음 9:1-41	예루살렘	하나님의 능력
고창병 든 자를 고치심	누가복음 14:1-6	예루살렘	하나님은 율법보다 사람을 더 중요시하신다
열 문둥병자를 고치심	누가복음 17:11-19	갈릴리	감사의 필요
대제사장 종의 귀를 다시 붙이심	누가복음 22:49-51 요한복음 18:10-11	겟세마네 동산	원수에 대한 사랑
악한 영을 초월하는 능력			
귀신들려 말 못하는 사람을 고치심	마태복음 9:32-34	가버나움	예수님의 능력은 하나님으로부터 오는 것이다
귀신을 쫓아내심	마가복음 1:23-27 누가복음 4:33-36	가버나움	귀신을 능히 이기시는 예수님
눈멀고 말 못하는 사람을 고치심	마태복음 12:22 누가복음 11:14	갈릴리	예수님의 능력은 하나님으로부터 오는 것이다
귀신들린 아이를 고치심	마태복음 17:14-20 마가복음 9:14-29	다볼산	믿음은 사탄보다 강하다
18년 된 병자를 고치심	누가복음 13:10-17	예루살렘	하나님은 율법을 사랑하지 않고 사람을 사랑하신다
죽음을 초월하는 능력			
야이로의 딸을 살리심	마태복음 9:18-26 마가복음 5:35-43 누가복음 8:41-56	가버나움	믿음
과부의 아들을 살리심	누가복음 7:11-16	나인	돌보심
나사로를 살리심	요한복음 11:1-45	베다니	예수님의 능력은 죽음을 초월한다

에 대하여 쓰여 있습니다. 예수님 시대에는 시체가 썩지 않도록 할 방법이 아직 개발되지 않았습니다. 그래서 죽은 사람들은 거의 즉시 매장되었습니다. 예수께서 살리신 두 명은 죽은 지 얼마 안되는 사람들이었습니다(야이로의 딸, 마태복음 9:18-26; 과부의 아들, 누가복음 7:11-16). 그런데 예수께서 다시 살리신 나사로는 죽은 지 나흘이나 된 사람이었습니다(요한복음 11:1-45).

죽음도 초월하는 예수님의 능력

요한복음 11:1-45에는 나사로에 관한 이야기가 나옵니다. 예수님은 그의 친구 나사로가 묻힌 베다니로 가셨습니다. 그리고 나사로의

예수께서는 이 여자와 같이 앞을 보지 못하는 사람들을 고쳐 주셨다.

동생들에게 다음과 같은 말씀을 하셨습니다. "나는 부활이요 생명이니 나를 믿는 자는 죽어도 살겠고 무릇 살아서 나를 믿는 자는 영원히 죽지 아니하리니…"(요한복음 11:25). 그리고 예수께서는 나사로를 살려냄으로써 이를 증명하셨습니다.

그 밖의 다른 증거

예수께서는 3년 동안 사람들을 가르치며 병자를 치료하여 주셨습니다. 그리고 우리의 죄를 대신 지고 십자가에 달려 돌아가셨습니다. 그후 예수님은 아리마대 사람 요셉의 무덤에 안치되었습니다. 그러나 그분께서는 무덤 속에 머물러 있지 않으셨습니다. 하나님께서 예수님을 다시 살리신 것입니다.

성경은 예수께서 "죽은 가운데서 부활하여 능력으로 하나님의 아들로 인정되셨으니"(로마서 1:4)라고 말하고 있습니다.

생각하고 실천합시다

1. 예수께서 행하신 기적에 대해 다음 사람들은 어떻게 반응하였습니까?
   - 예수의 제자들(요한복음 2:11, 4:46-54)
   - 군중들(마태복음 8:28-34; 누가복음 7:11-16)
   - 예수의 대적들(요한복음 3:2; 누가복음 10:17; 요한복음 11:45-53)

예수님의 비유와 가르침

예수께서는 여행을 하시면서 사람들을 치유해 주시고 하나님에 관하여 가르치셨습니다. 예수님은 하나님의 사랑에 관한 중요한 진리를, 듣는 자들이 이해하기 쉬운 이야기로 말씀하셨습니다. 이러한 예수님의 이야기들과 가르침은 오늘날에도, 하나님은 누구시며 우리가 어떻게 하나님을 기쁘시게 할 수 있는지를 이해하는 데 도움을 줍니다.

좋은 소식

★ 하나님께서 우리를 사랑하셔서 우리로 하여금 영원한 생명을 얻게 하기 위해 자신의 독생자를 우리에게 보내 주셨습니다.

☆ 하나님은 우리를 돌보시고 우리의 기도에 응답하십니다.

★ 하나님의 말씀 속에는 우리가 어떻게 살아야 하는지에 대한 교훈이 담겨 있습니다.

☆ 하나님께서는 우리가 그의 말씀을 듣고 순종하도록 우리 가까이 계십니다.

예수께서 어디에서 가르치셨나?

예수께서는 교실에서 가르치신 것이 아니었습니다. 그분은 사람들이 모여 있는 곳이면 어디에서든지 가르치셨습니다. 예수님의 가장 유명한 교훈 중의 하나는 언덕에서 가르치신 것입니다. 이를 '산상 보훈'이라고 부릅니다. 어느 날은 군중이 너무 많아서 예수께서 작은 배에 올라 말씀하셨습니다.

예수님은 가르치실 때 종종 비유를 사용하셨습니다. 그 비유들은 말씀을 듣는 자들에게 하나님에 관한 메시지를 쉽게 이해하도록 도와주었습니다.

마태복음 13:1－8, 18－23

예수님 시대에 농부들은 밭에 곡식을 기르기 위해 씨를 한줌 가져다가 땅 위에 뿌렸습니다. 어떤 씨들은 농부가 잘 갈아놓은 밭에 떨어졌습니다. 그러나 어떤 씨들은 돌밭에 떨어졌습니다. 예수께서는 자신의 말을 듣는 모든 사람들에게 경고하기 위하여 이 비유를 사용하셨습니다. 하나님의 말씀을 들을 때 마음을 강퍅하게 하지 말아야 한다는 말씀이었습니다. 우리는 하나님의 말씀을 주의해서 들어야 합니다. 그래야만 하나님의 말씀이 우리 삶 속에서 자라날 수 있습니다.

누가복음 15:8－10

예수님 당시에는 여자가 결혼을 할 때 아버지가 여러 개의 동전을 끈으로 엮어 매단 돈 꾸러미를 지참금으로 딸에게 주었습니다. 그래서 이 동전들은 여자들에게 매우 중요한 것이었습니다.

예수께서 비유로 말씀하신 여자는 열 개의 동전을 가지고 있었습니다. 그것은 아마도 그녀의 지참금이었을 것입니다. 동전 열 개라면 지금 우리 돈으로 1,500원 정도의 가치도 안되는 것이었습니다. 더욱이 그 여자가 잃어버린 그 한 개의 동전은 단지 150원의 가치밖에 없습니다. 그러나 그 여자가 잃어버린 동전은 그녀에게 있어서 매우 중요하였으므로 그것을 열심히 찾습니다. 동전을 발견했을 때, 그녀는 너무나 기뻐서 달려나가 모든 이웃들에게 동전을 찾았다고 자랑하였습니다.

우리는 한 사람이 하나님께 뭐 그리 중요하겠느냐고 생각할 수도 있습니다. 그러나 하나님께서는 하잘것없는 한 사람까지도 사랑하십니다. 하나님은 어떤 사람이든지 예수님께 복종할 때 기뻐하십니다.

누가복음 10:30 – 37

"네 이웃을 사랑하라"는 말의 의미는 무엇입니까? 예수께서는 이 질문의 대답으로 선한 사마리아인에 관한 비유를 사용하셨습니다. 예수님 시대에 유대인들은 사마리아인들을 싫어하였습니다. 유대인들이 유대에서 갈릴리로 여행하려면 반드시 요단강을 건너야 했습니다. 그렇지만 그들은 사마리아로 여행하는 것을 피하려고 베레아(148페이지 지도) 쪽으로 나 있는 먼 길로 다녔습니다.

어느 날 한 유대인이 예루살렘에서 여리고로 내려가는 길에서 강도를 만났습니다. 마침 그곳을 지나치던 사람들은 자기들도 강도를 만날까 두려워서 상처 입은 유대인을 그냥 놔두고 서둘러 갔습니다. 그러나 한 사마리아인은 쓰러져 있는 유대인에게로 다가가 그를 도와주었습니다.

예수께서는 이 비유를 통해 "네 이웃을 사랑하라"는 하나님의 말씀에서 그 '이웃'이란 단지 우리와 가깝게 지내는 사람들만을 가리키는 것이 아님을 깨닫게 해 주셨습니다. 우리가 도와줄 수 있는 모든 사람이 바로 우리의 '이웃'입니다.

예수께서는 강도를 만나 거의 죽게 된 유대인을 도와준 선한 사마리아인에 관한 이야기를 비유로 말씀하셨다. 이 이야기는 도움이 필요한 사람은 누구라도 도와주어야 한다는 교훈을 준다.

위에 보이는 협착한 길은 여리고와 예루살렘 사이에 나 있다.

마태복음 7:24－28

예수께서 살던 지역은 바위가 많고 경사가 가파른 곳이었습니다. 그래서 비가 오면 물이 땅 속에 스며들지 않고 언덕 아래로 내려가 샛강과 계곡에 넘쳐 흘렀습니다. 따라서 지혜로운 사람이라면 그와 같은 곳에 집을 지을 리가 없었습니다.

예수께서는 모래 위에 집을 지은 어리석은 사람에 관한 이야기를 비유로 말씀하셨습니다. 또한 견고한 반석 위에 집을 지은 지혜로운 사람에 관한 이야기도 하셨습니다. 비가 오고 계곡이 넘쳐 흐를 때면, 모래 위에 지은 집은 무너져 내립니다. 그러나 반석 위에 지은 집은 안전합니다.

예수께서는 청중들에게 현명한 것을 선택할 것인가, 어리석은 것을 선택할 것인가를 물으셨습니다. 지혜로운 사람은 예수께서 말씀하신 것을 듣고 행할 것입니다. 그러나 어리석은 사람은 예수님의 말씀을 듣고도 행치 않을 것입니다. 그리하여 결국 큰 위험에 빠지게 될 것입니다.

예수께서 무엇을 가르치셨나?

예수께서는 세상에서 가장 중요한 일에 관하여 가르치셨습니다. 하나님의 사랑, 예수님 자신, 영생, 하나님의 말씀, 기도, 그리고 우리들에 관해서 말씀하셨습니다.

예수께서는 자주 비유를 들어 가르치셨습니다. '비유'란 어떤 것을 설명하기 위하여 곁들이는 삽화와 같은 것입니다. 예수께서 말씀해 주신 일상적인 비유들은 예수께서 전달하시고자 하는 의미가 무엇인지를 이해하는 데 큰 도움을 주었습니다. 그러나 어떤 이야기들은 이해하기 어려웠습니다. 162페이지에는 예수께서 말씀하신 모든 비유들이 정리되어 있습니다. 거기에는 예수님의 가르치심 하나하나가 상세히 설명되어 있습니다.

하나님의 사랑에 관한 예수님의 가르침

한번은 예수께서 들에서 가르치실 때에 언덕에 피어 있는 들꽃과 새들을 가리키며 말씀하셨습니다. 예수께서는 하나님은 새들에게도 먹을 것을 주시며 꽃에게도 아름다운 꽃잎으로 옷을 입혀 주신다는 것을 청중들에게 일깨워 주셨습니다. 하물며 사람이야 더 말할 것이 있겠습니까! 사람은 공중을 나는 새와 들의 꽃보다 더 귀한 존재이기 때문입니다(마태복음 6:25-34).

예수님 자신에 관한 가르침

예수께서는 자기 자신에 관하여도 여러 말씀을 하셨습니다. 그분은 스스로를 '생명의 떡'(요한복음 6:35-68)이라 하셨습니다. 성경이 기록된 시기에 떡은 식생활에 가장 중요한 음식이었습니다. 예수께서는 자신은 자기를 믿는 모든 사람에게 생명의 근원이라고 말씀하셨습니다.

예수께서는 또한 자신을 '선한 목자'(요한복음 10장)라고 말씀하셨습니다. 당시에 목자들은 양들과 함께 생활하며 양들을 지켜 주어야 했습니다. 그리고 밤에는 양들을 안전한 울타리가 쳐진 곳에 데려다 주었습니다. 목자들은 종종 문 옆에서 자곤 했습니다. 왜냐하면 야생 동물들이 양들을 습격하지 못하도록 하기 위해서였습니다. 목자들은 양들을 보호하다가 죽임을 당하더라도 양들을 위해 싸울 각오가 되어 있었습니다. 예수께서 자신을 '선한 목자'라 부른 것은 그분이 우리를 위하여 죽을 것임을 암시하는 것이었습니다. 예수께서는 항상 우리를 보호하실 것입니다.

예수께서는 "나는 포도나무요 너희는 가지니"라고 말씀하셨습니다(요한복음 15:1-11). 포도는 예수님이 살던 곳에서 가장 중요한 농작물 중의 하나로, 낮은 가지에서 자라났습니다. 예수께서는 자신이 우리에게 선한 일을 할 수 있는 힘을 줄 것임을 알리고자 하셨습니다. 마치 포도나무를 통해 수액이 흐르는 것처럼, 우리가 예수님을 사랑하고 그분에게 순종하는 한 그분은 우리에게 선을 행할 힘을 주실 것입니다.

예수께서 가르치실 때에 항상 비유를 사용하신 것은 아닙니다. 그냥 평범하게 말씀하실 때도 있었습니다. 예수께서는 자신이 하나님으로부터 왔고 오직 아버지의 말씀만을 전한다고 이야기하셨습니다(요한복음 8:42-59). 예수께서는 자신만이 하나님께로 갈 수 있는 유일한 길이라고 말씀하셨습니다(요한복음 14:1-6). 이는 예수께서 진정으로 하나님의 아들이시기 때문입니다(마태복음 26:63-68).

하나님의 말씀에 대한 가르침

예수께서는 하나님의 말씀에 순종하라고 가르치셨습니다. 말씀과 더불어 산다면 죄로부터 자유할 수 있습니다(요한복음 8:31-36). 예수께서 가르쳐 주시는 것은 우리 인생에 튼튼한 기초가 됩니다. 그리고 우리가 예수님의 말씀 위에 서 있다면 지혜롭게 살아갈 수 있습니다(마태복음 7:24-38).

또한 예수께서는 만약 우리가 하나님을 사랑한다면 그가 말씀하신 모든 것을 행하라고 가르치셨습니다. 우리가 하나님을 사랑하고 그의 말씀에 순종할 때 하나님은 우리를 가까이 하십니다(요한복음 14:15-24).

영생에 대한 가르침

예수께서는 하나님이 이 세상 사람들을 사랑하셔서 독생자인 자신을 보내 주셨다고 가르치셨습니다. "하나님이 세상을 이처럼 사랑하사 독생자를 주셨으니 이는 저를 믿는 자마다 멸망치 않고 영생을 얻게 하려 하심이라"(요한복음 3:16). 예수께서는 우리에게 영생을 주십니다(요한복음 5:24-29). 또한 장차 예수께서는 다시 오셔서 죽은 자들을 살리실 것입니다(요한복음 11:17-26).

기도에 관한 가르침

예수께서는 하나님께서 우리의 기도를 듣고 응답하신다는 약속을 하셨습니다. 마태복음 6:5-15과 요한복음 16:23, 24에 보면 기도에 대한 이러한 약속이 기록되어 있습니다.

예수께서는 또한 제자들에게 기도하는 법을 가르쳐 주셨습니다. 이 특별한 기도를 우리는 '주기도문'이라고 부릅니다(마태복음 6:9). 매일매일 기도할 때마다 우리는 하나님과 그분의 방법을 기억할 수 있도록 도움을 받을 것입니다. 하나님께서는 약속하신 대로 우리의 기도에 응답하여 주실 것입니다.

예수께서 가르쳐 주신 기도	의 미
하늘에 계신 우리 아버지	하나님은 선하시고 우리를 사랑하신다.
이름이 거룩히 여김을 받으시오며	하나님은 살아 계시며 그 무엇보다도 귀한 분이시다.
나라이 임하옵시며 뜻이 하늘에서 이루어진 것같이 땅에서도 이루어지이다	날마다 하나님께 순종하며 그분에게 도움을 요청함으로써 하나님 나라의 시민이 될 수 있다.
오늘날 우리에게 일용할 양식을 주옵시고	매일매일의 삶을 주께 의탁해야 한다.
우리가 우리에게 죄 지은 자를 사하여 준 것같이 우리 죄를 사하여 주옵시고	우리에게 죄를 지은 사람을 용서해야 하고, 우리의 죄도 하나님께 용서받아야 한다.
우리를 시험에 들게 하지 마옵시고 다만 악에서 구하옵소서	우리가 잘못을 행하거나 사탄의 죄악의 길에 빠지지 않도록 하나님께 아뢰야 한다.

당신과 나에 대한 가르침

예수께서는 사람들에게 여러 가지 말씀을 남기셨습니다. 그중 하나는 하나님께서 어린아이들을 매우 귀하게 여기신다는 가르침입니다(마태복음 19:13-15; 마가복음 10:13-16).

예수께서는 자신을 따르는 사람들에게 특별한 이름을 주셨습니다. 예수께서는 그들을 '빛'(마태복음 5:14-16; 누가복음 8:16-18)이라 하셨습니다. 당시에 사용되던 등잔은 납작한 컵처럼 생겼습니다. 그 등잔 안에는 아주 작은 아마 섬유로 된 심지가 있었는데, 그곳에 올리브 기름을 부었습니다. 그 작은 등불로도 캄캄한 온 집안을 다 볼 수 있었습니다. 예수님을 사랑하는 사람들도 이와 같습니다. 우리의 선한 삶의 빛은 다른 사람들이 우리 주위에서 악을 행할 때 빛을 발하게 됩니다.

등불이 되기 위해서 우리는 무엇을 해야 합니까? 예수님의 여러 교훈을 통해 알 수 있습니다. 우리는 하나님과 이웃을 사랑해야 합니다(마가복음 12:28-34). 더 나아가 우리의 원수도 사랑해야 합니다(마태복음 5:43-48). 남들을 판단하는 것보다는 사랑하는 것이 훨씬 낫습니다(마태복음 7:1-6; 누가복음 6:37-42).

예수께서 말씀해 주신 이야기들

비 유	성경구절	주제	교 훈
새 포도주는 새 부대에	마태복음 9:16, 17	예수님의 메시지	예수께서 주시는 새로운 메시지를 옛법에 맞추어서는 안된다
씨뿌리는 비유	마태복음 13:1-8 마가복음 4:3-8 누가복음 8:5-8	하나님의 말씀	하나님의 말씀을 잘 듣고 순종해야 한다
가라지 비유	마태복음 13:24-30	하나님의 백성	선한 자와 악한 자는 구별된다
겨자씨 비유	마태복음 13:31-32 마가복음 4:30-32 누가복음 13:18-19	하나님의 백성	작게 시작한 것이 크게 될 수 있다
누룩 비유	마태복음 13:33 누가복음 13:20-21	하나님의 백성	작게 시작한 것이 크게 될 수 있다
감추인 보화 비유	마태복음 13:44	하나님의 백성	진정으로 값진 것을 선택하라
값진 진주 비유	마태복음 13:45-46	하나님의 백성	진정으로 값진 것을 선택하라
그물의 비유	마태복음 13:47-50	하나님의 백성	선한 자와 악한 자는 구별된다
잃어버린 양 비유	마태복음 18:12-14 누가복음 15:3-7	하나님의 백성	하나님은 한 사람 한 사람을 깊이 사랑하신다
용서받지 못한 종	마태복음 18:23-25	하나님의 백성	하나님이 우리를 용서하셨기 때문에 우리도 다른 사람을 용서해야 한다
포도원 품꾼의 비유	마태복음 20:1-16	섬김	하나님은 우리에게 후히 보상해 주신다
두 아들의 비유	마태복음 21:28-32	하나님의 사랑	하나님은 죄인이 회개하고 돌아오면 기쁘게 맞이하신다
불의한 농부의 비유	마태복음 21:33-46 마가복음 12:1-12	심판	하나님의 아들을 미워하는 사람은 심판을 받는다
혼인 잔치의 비유	마태복음 22:1-14	심판	하나님의 초대에 응하지 않는 사람은 심판을 받는다
열 처녀의 비유	마태복음 25:1-13	예수님의 재림	예수님의 재림을 준비하라
달란트의 비유	마태복음 25:14-30	섬김	재능으로 하나님을 섬겨라
지혜로운 종의 비유	마태복음 24:45-51 누가복음 12:42-48	섬김	예수께서 다시 오시기를 기다리는 동안에 하나님과 다른 사람을 섬겨야 한다
빚진 자의 비유	누가복음 7:41-43	하나님의 백성	우리가 죄인임을 깨닫는다면 하나님을 더욱 사랑하게 될 것이다
선한 사마리아인 비유	누가복음 10:30-37	섬김	도움이 필요한 모든 사람에게 선을 베풀라
밤중에 찾아온 친구	누가복음 11:5-8	하나님의 사랑	하나님은 언제나 우리를 돕고자 하신다
잔치 자리에서…	누가복음 14:7-11	겸손	하나님은 자신을 낮추는 자를 높이신다
잃어버린 동전 비유	누가복음 15:8-10	하나님의 사랑	하나님은 각 사람을 귀히 여기신다
탕자의 비유	누가복음 15:11-32	하나님의 사랑	하나님께서는 회개하고 돌아오는 자를 용서해 주신다
지혜로운 청지기	누가복음 16:1-10	하나님의 백성	돈은 선한 일과 미래를 준비하는 일에 사용해야 한다
부자와 나사로	누가복음 16:19-31	심판	하나님보다 돈을 더 사랑하는 자는 어리석은 사람이다
종의 의무	누가복음 17:7-10	섬김	감사함으로 하나님을 섬겨라
불의한 재판관	누가복음 18:1-8	하나님의 사랑	하나님은 우리의 기도에 응답하신다
바리새인과 세리의 기도	누가복음 18:9-14	하나님의 사랑	회개하고 생활이 변화되는 자는 누구라도 용서해 주신다
므나의 비유	누가복음 19:11-27	섬김	자신의 달란트로 하나님을 섬겨라

예수님 시대에는 여러 종류의 등잔이 있었다. 예수께서는 그리스도인들에게 어두운 세상에 등잔과 같은 존재가 되라고 말씀하셨다.

생각하고 실천합시다

1. 누가복음 10:10-37에 있는 선한 사마리아인에 관하여 읽어 봅시다. 예수님을 오늘 당신의 학교나 교회에 초대하여 이 이야기를 해 달라고 부탁을 했다고 가정해 봅시다. 예수께서 그것을 어떻게 말씀하실 것인지 글로 써 보십시오.

2. 시편 23편을 찾아 암송해 보십시오. 그 말씀 속에는 우리가 하나님의 양이고, 하나님은 우리의 목자되신다고 나와 있습니다. 당신은 그의 양이 되고 싶습니까? 그 이유는 무엇입니까?

제자들과 예수님을 따르던 사람들

예수님의 기적을 보았거나 들었던 수많은 사람들 가운데 그분을 따르기로 결심한 사람들이 많았습니다. 이 사람들은 '제자' 또는 '추종자'라고 불리웠습니다. 예수께서는 특별히 12명을 뽑아 제자를 삼으셨습니다. 성경은 이 최초의 12제자에 대한 이야기를 들려주고, 우리도 어떻게 예수님의 제자가 될 수 있는지를 가르쳐 줍니다.

좋은 소식

★ 예수님은 믿는 자들을 제자로 초대하십니다.

☆ 예수님의 제자들은 예수님을 따르기로 약속한 사람들입니다.

★ 예수님의 제자들은 의미 있는 인생을 살았습니다.

제자란 무엇입니까?

예수님 당시에 지도자가 되고자 했던 사람은 먼저 제자가 되었습니다. 그런 사람은 '랍비'(하나님의 말씀을 가르치는 유대인 선생)와 함께 생활하였습니다. 그리고 스승이 말하는 모든 것을 청종하고 그의 스승의 삶을 지켜보았습니다. 그 제자는 스승이 가지고 있는 지식의 전수뿐만 아니라 무릇 온전케 된 자는 "그

갈릴리 바다의 고기잡이 배

예수께서는 시몬 베드로와 그의 동생 안드레를 부르면서 사람을 낚는 어부가 되게 해 주겠다고 하셨다.

선생과 같으리라"는 예수님의 말씀과 같이 스승처럼 되고자 했습니다(누가복음 6:40).

예수님의 제자들도 예수님의 말씀으로부터 배울 수 있는 모든 것을 배우고자 했을 뿐만 아니라 더 나아가 점점 예수님과 같이 되고자 하였습니다.

예수님의 제자들

마태복음 10:2－4,
마가복음 3:16－18, 누가복음 6:12－16

성경에서 '제자'는 단순히 예수님의 추종자를 가리키는 말로 사용되기도 합니다. 이들은 단순히 예수를 믿는 사람들을 말합니다(요한복음 8:31). 그러나 예수께서는 열두 제자를 뽑아 특별한 제자로 삼으셨습니다. 열두 제자는 예수님과 늘 함께 다녔습니다. 그들은 예수님의 기적을 보았고 그분의 가르침을 들었습니다. 나중에 예수께서는 그들을 세상으로 보내어 가르치고 설교하게 하셨습니다.

예수님의 열두 제자

그들의 이름은 시몬(베드로), 안드레, 세베대의 아들 야고보, 요한, 빌립, 바돌로매, 마태, 도마, 알패오의 아들 야고보, 다대오, 열심당원인 유대인 시몬이었습니다.

시몬 베드로의 고백

예수께서 "나를 따르라"고 하시며 부르셨을 때, 나는 거칠고 무식한 어부였습니다. 그래서 제자가 된다는 것이 나에게는 과분한 것이었습니다. 나는 예수님을 따라다니며 실수도 많이 하고 그분이 붙잡히셨을 때 주님을 모른다고 부인했지만 예수께서는 늘 나와 함께 계셨습니다. 나는 예수께서 부활하신 후에 복음을 전한 첫번째 제자였습니다. 또한 나는 기적을 행하고 이방인들에게 복음을 전파하며 죽은 자를 살려내기도 했습니다. 나는 복음서와 사도행전에서 다른 제자들보다 더 많이 등장하고 있습니다. 당신은 나에 관하여 누가복음 5:1-11; 마태복음 16:13-26, 26:31-35,69-75; 요한복음 21:15-19; 사도행전 1:15-26에서 읽을 수 있습니다.

안드레의 고백

나는 베드로의 동생입니다. 형과 마찬가지로 나도 어부였습니다. 나는 세례 요한이 "예수님은 하나님의 어린양이요 우리의 구속자이시다"라고 하는 것을 들었습니다. 그래서 나는 서둘러 예수님을 찾아가 동행해도 되는지 여쭤보았습니다. 첫날을 지내고서 나는 예수께서 그리스도이심을 알게 되었습니다. 나에 관해 읽어 보려면 마태복음 4:18; 마가복음 1:16-18,29, 13:3; 요한복음 1:40,44, 6:8, 12:22; 사도행전 1:13을 보십시오.

야고보의 고백

내 동생 요한과 내가 예수님을 만나기 전에는 아버지 세베대를 부양하기 위하여 고기잡이를 하였습니다. 그러나 예수님을 만난 후에는 모든 것을 버려 두고 그분을 따랐습니다. 요한과 나는 성질이 급한 사람입니다. 그래서 예수께서도 우리를 '우뢰의 아들들'이라고 부르셨습니다. 우리가 어떤 마을에 불이 내리도록 요청했었다는 이야기를 읽으면, 우리가 그렇게 불린 이유를 알게 될 것입니다. 그 마을 사람들은 우리가 그곳에서 하룻밤 지내는 것을 용납하지 않았습니다. 요한과 베드로와 나는 예수께서 가장 아끼시는 제자였습니다. 우리 세 사람은 예수께서 겟세마네 동산에서 간구하실 때에도 그곳에 함께 있었습니다. 그리고 예수께서 산에서 변화하셨을 때도 있었습니다. 그 때 예수님의 옷이 밝게 빛났습니다. 이러한 일과 나에 관하여 자세히 알아보고 싶으면 다음의 구절을 참고하십시오. 마태복음 4:21, 17:1; 마가복음 5:37, 9:2, 10:35,41, 13:3, 14:33; 누가복음 5:10, 8:51, 9:28; 사도행전 1:13, 12:2.

요한의 고백

나의 형 야고보와 마찬가지로 나도 성질이 급한 사람입니다. 그러나 나는 변화되었습니다. 나는 예수께서 사랑하시는 사도였습니다. 내가 기록한 신약성경의 서신서들(요한 1,2,3서)은 사랑에 관한 내용입니다. 예수께서 십자가에 매달려 돌아가실 때 그분은 자신의 육신의 어머니인 마리아를 내게 부탁하셨습니다. 나는 예수께서 승천하신 후에도 오랫동안 살았으며, 예수님의 교회가 지중해 지역으로 뻗어나가는 것을 목격했습니다. 그런데 로마 황제 중의 한 사람이 나를 외딴 섬으로 유배보냈습니다. 이 섬에서 나는 성경의 마지막 책인 요한계시록을 기록하였습니다. 예수님과 동료 제자들과 함께한 나의 행적에 관하여는 다음을 참조하십시오. 마태복음 4:21, 17:1; 마가복음 1:19,29, 5:37, 9:2,38, 10:35,41, 13:3, 14:33; 누가복음 5:10, 8:51, 9:28, 49,54, 22:8; 사도행전 1:13, 3:1,3,4,11, 4:13,19, 8:14, 12:2; 갈라디아서 2:9; 요한계시록 1:1,4,9

빌립의 고백

나의 가장 큰 장점은 사람들에게 예수님을 열심히 소개하는 것이라고 생각합니다. 나는 내 친구 나다나엘에게 예수님에 관하여 이야기해 주었습니다. 또한 그리스인 여행자들이 예수님를 만나고자 했을 때에도 이를 주선했습니다. 나는 요한복음 1:43-49, 6:5,7, 12:21-22, 14:8-9; 사도행전 1:13에 언급되어 있습니다.

나다나엘의 고백

나는 빌립에게서 예수님에 관한 이야기를 들었습니다. 나는 '바돌로매'라는 이름으로도 불려졌습니다. 예수님은 내가 무화과나무 아래 있을 때에 나를 보셨다고 말씀하셨습니다. 그 말씀을 듣고 나는 예수께서 하나님의 아들이심을 알게 되었습니다. 예수님은 내가 그를 그렇게 빨리 믿는 것에 대하여 놀라시는 것 같았습니다. 예수께서는 내가 예수님을 따를 때 여러 가지 기적을 보게 될 것이라고 약속하셨습니다. 당신은 요한복음 1:45-49, 21:2; 사도행전 1:13에서 나에 관하여 읽을 수 있습니다.

마태의 고백

나는 종종 성경에서 '레위'라고 불립니다. 내가 살던 시대에 나는 여러 가지 이름으로 불렸습니다. 나는 세금 징수원이었습니다. 나는 가끔씩 내 호주머니를 챙기기 위해 가외의 세금을 징수하였습니다. 그 당시 세관원들은 누구나 그렇게 했습니다. 그래서 대부분의 이스라엘 사람들은 우리 세관원들을 미워했습니다. 그들은 우리를 큰 죄인으로 여겼습니다. 그런데 어느 날 예수께서 내가 일하는 세

사람들은 세관원들을 매우 싫어하였는데, 이는 그들이 세금을 무리하게 거두어들여 로마 정부에 상납했기 때문이다.

무화과나무. 꽃이 없이 열매를 맺는 특이한 나무이다. 이 열매는 복숭아와 같이 가는 털이 있는 녹색의 타원형으로 생겼다.

관에 오셔서 "나를 따르라"고 말씀하셨습니다. 나는 그 말씀대로 따랐습니다. 당신은 내가 예수님을 위하여 베푼 잔치에 관하여 읽을 수 있을 것입니다. 나는 내가 직접 기록한 마태복음에도 등장하며 다른 복음서에서도 등장합니다. 마태복음 9:9, 10:3; 마가복음 2:14, 3:18; 누가복음 5:27,29, 6:15; 사도행전 1:13을 찾아 읽어 보십시오.

도마의 고백

나는 '의심 많은 도마'라고 불리고 있습니다. 당신도 알다시피, 예수께서 부활하신 후 제자들에게 처음으로 나타나셨을 때 나는 그 장소에 없었습니다. 나는 예수께서 부활하셨다는 친구들의 말을 믿을 수가 없었습니다. 나는 내 눈으로 보아야만 직성이 풀렸습니다. 후에 내가 예수님을 보았을 때 나는 무릎을 꿇고 그에게 경배하였습니다. 나에 관하여는 요한복음 11:16, 14:5, 20:23-28; 사도행전 1:13을 읽어 보십시오.

알패오의 아들 야고보, 다대오, 시몬

우리는 별로 알려져 있지 않습니다. 야고보는 신약성경에서 다른 야고보들과 섞여 사용되고 있습니다. 그런데 야고보는 키가 작았기 때문이 아니라 그보다 더 잘 알려진 야고보보다 나이가 어리기 때문에 '작은 자'라고 불리웠습니다.

나 다대오는 '유다'라고도 불렸습니다. 사람들이 예수님을 배반한 반역자 유다와 혼동하지 않게 하기 위하여 나는 계속 '가룟인이 아닌 유다'라고 말해야만 했습니다.

나 시몬은 '열심당원'이라고 불렸는데, 그 이유는 우리 나라를 통치하던 로마에 반대하였기 때문이었습니다. 아까 말한 대로 우리는 잘 알려져 있지 않습니다. 그러나 우리는 예수님을 충실히 따랐습니다. 그리고 예수께서 부활하신 후에는 복음을 전파하러 나갔습니다. 당신은 우리에 관하여 마태복음 27:56; 마가복음 15:40, 16:1; 누가복음 24:10; 요한복음 14:22에서 읽을 수 있습니다.

가룟 유다

나도 열두 제자 중의 한 사람입니다. 나는 돈 때문에 예수님을 배반했습니다. 나에게는 항상 돈이 중요했습니다. 나는 제자들 중에서 재정을 담당했었는데, 공금을 가지고 있다가 사적으로 그 돈을 쓰기도 하였습니다. 사람들은 내가 한 일에 대하여 변명을 해 주려고 합니다. 하지만 나는 변명하고 싶지 않습니다. 나는 스승인 예수님을 팔아 버렸습니다. 왜냐하면 그도 나와 같은 사람이라고 생각했기 때문이었습니다. 나는 몇 년간 예수님을 따라다녔지만 변화되지 않았습니다. 그 이유는 내가 변화되는 것을 원하지 않았기 때문이었던 것 같습니다. 당신은 마태복음 26:14,25,47, 27:3,5; 마가복음 14:10,43; 누가복음 22:3,47,48; 요한복음 6:71, 12:4, 13:2, 26-29, 18:2,3,5; 사도행전 1:16,18,25에서 나에 관하여 읽을 수 있습니다.

우리도 예수님의 제자가 될 수 있을까?

요한복음 1:43-49

예수님의 제자가 된다는 것은 그분을 믿음으로써 시작됩니다. 예수께서 가르치시거나 어떤 기적들을 행하시기 전에 빌립은 그의 친구 나다나엘을 예수께 데리고 왔습니다. 예수님과 잠시 대화를 나누었을 때 나다나엘은 "당신은 하나님의 아들이십니다"(요한복음 1:49)라고 고백하였습니다. 나다나엘은 이미 예수께서 하나님의 아들이심을 믿고 있었습니다. 예수님의 제자가 되기 위해서는 먼저 예수님을 구세주로 믿어야만 합니다. 그리고 나다나엘처럼 주님이신 예수께 순종해야 합니다.

제자들은 예수를 어떻게 섬겨야 하나?

마태복음 9:35－10:42, 누가복음 9:1－6

예수께서는 여러 마을과 동네를 다니면서 사람들을 가르치시고 병을 고쳐 주셨습니다. 예수께서는 어디를 가시든지 고통당하거나 도움이 필요한 사람들을 먼저 찾으셨습니다. 그리고 그들을 불쌍히 여기셨습니다.

예수께서는 열두 제자에게 남을 도우러 세상으로 가는 일꾼을 보내 달라는 기도를 하라고 말씀하셨습니다. 그리고 말씀을 전파하고 병을 치료하도록 제자들을 파송하셨습니다. 예수님은 하나님의 성령이 제자들을 통해서 말씀하실 것을 약속하셨습니다. 그때부터 제자들은 능력을 갖게 되었습니다.

오늘날에도 세상에서 근심하며 도움을 필요로 하는 사람들이 많습니다. 세계 곳곳에 우리가 도와야 할 사람들이 살고 있습니다. 우리는 그들에게 예수님의 복음을 전파하며 그들을 돌보아야 합니다.

제자들은 어떻게 살아야 할까?

누가복음 12, 17장

성경은 우리가 예수님의 제자가 되기 위하여 어떻게 살아야 하는가를 보여 줍니다. 여기에 예수께서 제자들에게 행하도록 가르치신 여러 가지 일들이 소개되어 있습니다.

예수님을 전파해야 합니다(누가복음 12:1-12). 예수께서는 남들이 어떻게 생각하며 무슨 말을 할 것인가를 두려워할 필요가 없다고 가르치셨습니다. 왜냐하면 하나님만이 우리가 기쁘시게 해 드리고자 하는 유일한 분이시기 때문입니다. 제자들은 예수님을 부끄러워하지 않습니다. 우리는 사람들에게 무슨 말을 해야 할지 걱정할 필요가 없습니다. 예수께서는 열두 제자들에게 '성령께서 너희가 해야 할 말들을 가르치실 것'이라고 약속하셨습니다.

하나님을 전적으로 신뢰해야 합니다(누가복음 12:13-34). 많은 사람들이 돈 때문에 염려하며 부자가 되려고 열심히 일을 하고 있습니다. 그러나 예수께서는 제자들에게 음식이나 옷에 대하여 걱정하지 말라고 말씀하셨습니다. 하나님은 하늘의 새들과 들의 꽃까지도 돌보십니다. 하물며 새와 꽃보다 더욱 귀한 우리를 돌보지 않으시겠습니까? 하나님은 예수님을 따르는 제자들의 좋은 아버지이십니다. 예수님의 제자들이 가장 힘써야 할 것은 하나님을 기쁘시게 하는 것입니다. 하나님이 기뻐하시는 삶을 살기만 하면 우리의 모든 필요를 채워 주실 줄 믿습니다.

다른 사람들에게 충실하게 봉사해야 합니다(누가복음 12:35-48). 예수님의 제자들은 모두 종입니다. 그들은 서로 사랑하고 도와야 합니다. 이것이 바로 예수께서 우리에게 요구하시는 것입니다. 예수께서 재림하시기까지 우리는 서로 도우며 살아야 합니다.

아무 대가 없이 서로 용서해야 합니다(누가복음 17:1-10). 예수님을 사랑하는 사람들도 때로는 남들에게 잘못할 때가 있으며 죄를 지을 때도 있습니다. 만약에 누군가가 어느 한 제자에게 잘못한 일이 있으면 예수님의 제자들은 그에게 잘못이 있음을 지적해 주어야 합니다. 그리고 만약 그가 용서를 구하면 그를 용서해 주어야 합니다.

예수님의 열두 제자들은 이것이 매우 어려운 일이라고 생각하였습니다. 그래서 그들은 좀더 큰 믿음을 주실 것을 예수께 간구하였습니다. 그러나 예수께서는 제자들에게 그들은 종이라는 것을 상기시켜 주셨습니다. 예수님은 우리 주이시므로 우리는 그분께 순종하여야 합니다. 다른 사람을 용서하기 위해 더 큰 믿음을 받아야 하는 것이 아니라 예수께서 그렇게 하라고 말씀하셨으므로 우리는 용서해야 하는 것입니다.

예수께서 다시 오실 것을 기다려야 합니다 (누가복음 17:20-37). 예수께서는 다시 오실 것을 약속하셨습니다. 이 땅에 있는 대부분의 사람들은 예수께서 다시 오실 것을 기대하지 않습니다. 그들은 일상 생활에 늘 바쁩니다. 그러나 우리는 언젠가 예수께서 다시 오실 것을 소망하고 있습니다.

제자들인 우리는 예수님을 따르는 특별한 사람들입니다. 따라서 우리는 예수님을 기쁘시게 하려고 노력하며, 그분에 관하여 사람들에게 전파해야 합니다. 또한 하나님을 믿으며 다른 사람들에게 봉사하며 서로 용서하고 곧 다시 오실 예수님을 기다려야 합니다.

제자들 중에 가장 큰 제자는?

마태복음 20:20-28

어느 날 야고보와 요한의 어머니가 예수께 찾아와 자기의 두 아들을 주의 나라에서 가장 힘 있는 사람으로 만들어 달라고 부탁하였습니다. 나머지 열 제자들이 이 말을 듣고는 소란을 피우며 격분하였습니다. 왜냐하면 그들 모두 다 그것을 원했기 때문이었습니다.

예수께서는 열두 제자를 다 한자리에 모아 놓고 어떻게 해야 큰 제자가 될 수 있는가를 말씀해 주셨습니다. "너희 중에 누구든지 크고자 하는 자는 너희를 섬기는 자가 되고" (마태복음 20:26).

왜 이 말씀이 예수님의 큰 제자가 되는 방법일까요? 예수께서는 종이 되기 위하여 몸소 이 땅에 오셨습니다. 또한 우리를 구원하기 위하여 자신의 목숨까지도 주셨습니다. 예수님과 같이 되려는 제자는 그분이 하셨던 것처럼 마땅히 남에게 봉사해야 할 것입니다.

생각하고 실천합시다

1. 열두 제자 중에 당신은 누구를 가장 좋아합니까? 각 제자에 관한 성경구절을 찾아 읽어 보고 왜 그 제자가 당신에게 모범이 되는지 말해 보십시오.

2. 오늘날 선교사들은 세계 각처에 가서 예수님을 전파하며 그들을 돕고 있습니다. 이들은 예수께서 파송하신 열두 제자와 아주 흡사합니다. 당신이 출석하는 교회의 선교 위원회 위원을 초빙하여 교회에서 돕고 있는 선교사에 관하여 들어 보도록 합시다.

3. 어떻게 예수님의 제자가 될 수 있을까요? 제자의 요소인 다음 다섯 개 항목 중에서 한 가지를 선택하여 실천해 보십시오.
   - 예수님을 전파함
   - 하나님을 신뢰함
   - 이웃에게 봉사함
   - 대가 없이 용서함
   - 예수께서 다시 오실 것을 기다림

예수님의 대적들

예수께서는 여러 곳을 다니면서 병을 고치시고 하나님의 사랑을 가르치셨습니다. 많은 사람들이 예수님을 믿고 그분의 제자가 되었습니다. 그러나 예수님에 관하여 뚜렷하게 입장을 정리하지 못한 자들도 있었습니다. 그리고 어떤 사람들은 예수님을 증오하며 그분의 대적자가 되었습니다. 결국 예수님의 대적자들은 그분을 십자가에 못박아 죽이라고 로마의 통치자들에게 강요하게 되었습니다.

좋은 소식

★ 예수님의 대적자들은 예수께서 가르치며 병을 고쳐 주시는 것을 막을 수 없었습니다.

☆ 예수님의 대적자들은 예수께서 십자가의 고통을 준비하시고 우리의 죄를 위하여 죽을 때까지는 그분을 해칠 수 없었습니다.

성전에서 장사꾼들을 몰아내신 예수님

요한복음 2:12－19

예수께서 예루살렘에 돌아오셨을 때 성전 뜰 안에서 짐승들을 팔고 돈을 바꾸어 주는 사람들을 보셨습니다. 예수께서는 채찍을 휘두르며 이 사람들을 성전 밖으로 쫓아내셨습니다. 그리고 탁자들을 치워 버리고 돈을 흩어 버리셨습니다.

왜 예수께서 그렇게 노하셨을까요? 성전은 하나님께 예배드리는 성스러운 장소였습니다. 그곳은 물건을 사고 파는 장소가 아니었습니다. 그런데도 성전 안에서 상인들은 장사를 하며 하나님의 돈을 훔치기까지 하였습니다(마가복음 11:17)!

하나님께 드리는 희생 제사의 제물로 바쳐지는 짐승들은 흠이 없는 온전한 것이어야 했습니다. 제사장들은 하나님께 바칠 모든 짐승들을 자세히 검사하였습니다. 그런데 어떤 제사장들은 예배자가 가져온 짐승을 받아들이지 않았습니다. 그들은 예배자에게 성전에 있는 상인들에게서 값비싼 다른 짐승들을 사오도록 하였습니다. 그리고 그 상인들은 그러한 제사장들에게 이익의 일부를 뇌물로 주며 부정한 일을 일삼았습니다.

또한 사람들은 성전세를 내야만 했습니다. 그런데 성전에서 돈을 교환해 주는 사람들은 성전세를 내려고 오는 사람들을 속여서 더 많은 돈을 받아냈습니다.

하나님의 전에서 유대인들을 상대로 도둑질을 하는 제사장들과 상인들은 예수님의 대적자가 되었습니다. 그들은 예수님을 증오하였습니다.

예수님을 미워한 바리새인들

마태복음 12:1－14

바리새인들은 모든 율법을 지킴으로써 하나님을 기쁘시게 하고자 노력하는 사람들이었습니다. 예수님 시대의 사람들은 바리새인들이 하나님께 헌신하는 것으로 알았기 때문에 그들을 존경하였습니다. 많은 성경 학자들은 소수의 바리새인만이 예수님을 대적했다고 믿고 있습니다. 그러나 복음서에 등장하는 바리새인들은 모두 예수님을 좋아하지 않았습니다.

어느 안식일에 제자들이 예수님과 함께 길을

밀은 중요 농작물 중의 하나였다. 예수께서도 이러한 밀밭 사이로 난 길을 제자들과 함께 걸으셨을 것이다.

가면서 밀 이삭을 잘라 먹었습니다. 바리새인들은 이것이 유대인의 법에 어긋난다며 예수님께 항의했습니다. 그러나 이 주장은 옳지 않았습니다. 예수께서 예배드리기 위하여 회당으로 들어가셨을 때, 한 손 마른 자를 보셨습니다. 그 당시에 안식일에 일을 하는 것은 하나님의 율법에 위배되는 것이었습니다. 그래서 바리새인들이 예수께 물었습니다. "안식일에 병을 고치는 것이 옳습니까?" 만약 예수께서 병을 고치게 되면 바리새인들은 그를 비난할 생각이었습니다.

그러나 예수께서는 하나님의 율법은 안식일에 선한 일을 하도록 허락한다고 그들에게 말씀하셨습니다. 다른 사람들에게 선한 일을 행하는 것은 잘못이 아니라는 것입니다. 그리고 예수께서는 그 손 마른 자를 고쳐 주셨습니다. 바리새인들은 더욱 화가 났습니다. 그들은 그곳을 떠나 예수님을 죽일 논의를 하기 시작했습니다.

바리새인들은 하나님의 율법을 올바르게 이

성전에서 섬기는 제사장들

해하지 못했습니다. 그들은 도움이 필요한 자를 돕는 것이 하나님을 기쁘시게 하는 방법임을 알지 못했습니다. 그들은 예수께서 안식일에 손 마른 자를 고쳐 주신 것에 대하여 화를 냈습니다.

유대인의 율법

마태복음 7:1－23

바리새인들은 하나님께서 문서로 된 법(구약성경)과 구두로 된 법을 주셨다고 믿었습니다. 구두로 된 법은 스승에게서 스승에게로 전해져 만들어진 규칙들이었습니다.

이 규칙에는 어떤 것이 있었을까요? 구약성경에 하나님의 백성들은 안식일에 일을 하지 않아야 한다고 나와 있습니다. 그에 대한 바리새인들의 규칙에는 어떤 것이 '일'인가를 설명합니다. 규칙에서는 안식일에 바위 위에 침을 뱉는 것은 '일'이 아니라고 말합니다. 그러나 부드러운 흙이 덮인 땅 위에 침을 뱉는다면 그 침이 흙을 움직이게 할 수도 있으므로 이것은 '일'에 속한다고 합니다.

구약성경은 안식일에는 가까운 거리만을 갈 수 있다고 말하고 있습니다. 그러나 바리새인들은 그것보다는 더 멀리까지 갈 수 있다고 합니다. 안식일에 할 수 있는 일이란 하루 여행

바리새인들은 보통 입은 옷으로 신분을 구분하였다.

길에 필요한 소량의 음식과 옷가지만을 옮길 수 있을 뿐이었습니다. 그러므로 안식일이 아닌 다른 날 더 멀리 여행을 할 수 있었습니다.

바리새인들은 이런 규칙을 구약성경만큼이나 중요시했습니다. 예수께서는 그들에게 말씀하셨습니다. "너희가 하나님의 계명은 버리고 사람의 유전을 지키느니라"(마가복음 7:8).

바리새인들은 예수님을 증오하였습니다. 그들은 많은 규칙들을 지켜 행하는 자신들을 유대인들이 거룩하고 귀한 존재로 생각해 주길 원했습니다. 예수께서는 그들이 거룩한 것이 아니라 어리석고 거짓되다는 것을 모든 사람에게 나타내 보이셨습니다.

바리새인들의 잘못

마태복음 23장

예수께서는 십자가에 매달려 죽임을 당하시기 바로 전에 바리새인들의 잘못을 지적해 주

셨습니다. 그것은 다음과 같습니다.

- 자만심 마태복음 23:1 – 22
- 외식 마태복음 23:13-15
- 영적 소경 마태복음 23:16-22
- 무자비함 마태복음 23:23-24
- 죄악 마태복음 23:25-36

사두개인들

마태복음 22:23 – 33, 누가복음 20:20 – 26

사두개인들은 제사장들 중에서 지도적 위치에 있었던 사람들입니다. 그들은 부자였으며 유대 통치 기관인 산헤드린을 장악하고 있었습니다. 또한 그들은 그들의 땅을 정복한 로마 사람들과 일하는 것을 좋아하였습니다. 그들은 바리새인들처럼 예수님을 싫어하고 두려워하였습니다. 어느 날 예수께서 성전에서 가르치실 때에, 그들은 하속들을 보내 예수님을 잡아오라고 했습니다. 그러나 예수님을 잡으러 갔던 사람들은 예수님의 말씀을 듣고 그냥 돌아갔습니다(요한복음 7:45-53).

사두개인들은 예수님을 올무에 걸리게 하려고 어려운 질문을 던졌습니다. 그때 예수께서는 "너희가 성경도, 하나님의 능력도 알지 못하는고로 오해하였도다"(마태복음 22:29)라고 말씀하셨습니다.

그 전까지만 해도 사두개인들과 바리새인들은 서로 적대 관계에 있었습니다. 그런데 그들은 모두 예수님을 미워하였습니다. 그래서 이제 그 두 그룹은 힘을 합해 예수님을 없앨 계획을 꾸미기 시작했습니다.

예수의 대적들이 그를 해하려고 함

마태복음 12:22 – 27, 요한복음 8:12 – 59

바리새인들은 예수님을 보러 오는 사람들이 예수님을 '하나님의 법을 깨뜨리는 자'라고 생각하게 되기를 바라고 있었습니다.

그래서 안식일에 병을 고쳐 주는 것은 '일'을 하는 것이므로 하나님의 법에 맞지 않는다고

1세기의 폐허 위에 세워진 이 2세기의 회당은 가버나움 근처에 있다. 아마도 예수께서도 이곳에서 말씀을 전하셨을 것이다.

주장했습니다(마태복음 12:1-14). 그러나 즉시 예수님은 그들의 견해가 맞지 않다는 것을 구약성서를 통해 증명해 보이셨습니다. 사실상, 바리새인들과 사두개인들이 예수님의 사역을 중단시키는 것은 불가능했습니다.

예수님의 대적들은 심지어 예수님이 마귀들을 내쫓는 것까지도 하나님의 능력에서 나온 것이 아니라 사탄의 능력에서 나온 것이라고 주장했습니다. 그러나 예수님은 사탄의 힘으로는 사탄을 내쫓을 수 없다고 말씀하셨습니다(마태복음 12:22-27).

또한 예수님은 자신을 대적하는 자들이 정말 하나님을 섬기는 자들이라면, 예수님 자신을 믿어야 한다고 덧붙이셨습니다. 왜냐하면 예수님은 진실로 하나님으로부터 보내심을 받았기 때문입니다. 그러나 대적들은 여전히 예수님을 미워했습니다. 그것은 그들이 하나님을 따르지 않고 사탄의 죄악되고, 악한 길을 좇는다는 증거였습니다.

유대인들이 어떻게 예수님을 죽였나?

요한복음 18－19장

요한복음에 나오는 예수님을 죽인 '유대인'이란 유대백성들을 말하는 것이 아닙니다. 여기에서 언급된 '유대인'은 예수 그리스도를 미워한 율법사들과 지도자들을 말하는 것입니다.

그들은 예수님을 죽이고 싶어했습니다. 그러나 로마 정부에서는 그 어떤 사람도 죽이는 것을 허락할 수 없었습니다. 단지 그 정부의 총독만이 그것을 허락할 수 있었습니다. 그래서 유대인 지도자들은 로마 총독인 빌라도에게 예수님을 데리고 갔습니다. 그리고는 예수님이 '유대인의 왕'이라고 자칭하므로 그를 죽여야 한다고 주장했습니다. 빌라도는 자신이 만일 이 '왕'이라고 자칭하는 자인 예수를 죽이지 않는다면 유대인들이 민란을 일으킬까봐 두려웠습니다. 빌라도는 예수님이 아무 죄도 없다는 것을 알고 있었지만, 그들에게 예수님을 죽이는 것을 허락했습니다(요한복음 19:13-16).

빌라도는 예수님을 십자가에 못박으라고 명령했습니다. 그래서 예수님의 대적들은 마침내 자기들이 이겼다고 생각했습니다. 그러나 그들이 틀렸습니다! 예수님은 참으로 하나님의 아들이었습니다.

예수님은 죽었습니다. 그러나 죽은 지 3일 만에 죽음에서 부활하셨습니다. 예수 그리스도는 오늘날에도 살아 계십니다. 그리고 모든 믿는 사람들의 친구가 되어 주십니다.

예수께서 십자가에 못박히시기 전날밤, 그분께서는 아마 가야바의 집으로 가는 이 길을 걸어가셨을 것이다.

예수께서는 십자가 위에서 돌아가셨다.

예수님과 그의 대적들	
예수께서 성전을 깨끗게 하심 (마가복음 11:15－19)	예수께서 대적자들에 관해 말씀하심 (마태복음 21:33－43)
예수께서 안식일에 병을 고치심 (마태복음 12:9－14)	예수께서 바리새인들의 덫을 피하심 (마태복음 22:15－22)
예수께서 인간들의 규칙을 거부하심 (마가복음 7:1－23)	예수께서 사두개인의 덫을 피하심 (마태복음 22:23－33)
예수께서 사탄의 친구라고 고발당하심 (마태복음 12:22－27; 마가복음 3:20－30; 누가복음 11:14－28; 요한복음 8:12－59)	예수께서 대적자들의 죄를 심판하심 (마태복음 23:1－36)

생각하고 실천합시다

1. 예수님의 대적들은 실제로 그분이 누구인지 알고 있었습니까? 다음 성경 구절을 읽고 당신의 생각을 적어 보십시오.
   요한복음 3:1-2 요한복음 9:13-33

예수님의 죽음과 부활

예수께서는 약 3년 동안 유대 땅 여기저기를 다니면서 병든 자들을 고치시고 하나님에 관하여 가르치셨습니다. 많은 사람들이 예수님을 사랑하였으며 그분을 믿었습니다. 그러나 예수님의 대적자들은 예수님을 죽이려고 하였습니다.

마침내 그들에게 기회가 찾아왔습니다. 열두 제자 중의 한 사람이 예수님을 배반한 것입니다. 그리고 유대인의 공회는 로마 총독에게 예수님을 죽이도록 설득하였습니다. 그리하여 예수님은 십자가에 매달려 돌아가셨습니다. 그분의 시신은 어느 동산의 무덤에 안치되었습니다. 그러나 그것이 끝은 아니었습니다. 3일 후 예수께서는 죽음에서 다시 부활하셨습니다.

좋은 소식

★ 예수께서는 우리가 지은 죄의 대가를 대신 지불하기 위해 십자가 위에서 돌아가셨습니다.

☆ 하나님의 아들이신 예수께서는 죽음에서 부활하셨으며, 지금도 살아 계십니다.

지상에서의 마지막 일주일

예수께서 나귀 새끼를 타고 예루살렘 성에 입성하신 때는 주후 30년경의 어느 일요일이었습니다. 군중들은 종려나무 가지를 흔들며 예수님을 환호하였습니다. 각 복음서는 여러 장을 할애하여 그리스도의 마지막 일주일에 대하여 이야기하고 있습니다(도표 참조). 우리는 그 마지막 일주일과 예수께서 돌아가시던 바로 그날 어떤 일이 일어났는지 더듬어 볼 수 있습니다(도표 참조).

예루살렘에 들어가신 예수님

마태복음 21:1－10

죽기 전 마지막 주간의 일요일에 그리스도께서는 나귀 새끼를 타고 예루살렘성에 들어가셨습니다. 약 500년 전에 예언자 스가랴는 왕이신 하나님께서 그의 사람을 바로 이와 같은 방법으로 시온(예루살렘)성에 들어가게 하실 것을 약속하셨다고 예언하였습니다(스가랴 9:9).

사람들은 길 위에 종려나무 가지들을 깔아 놓고 기쁨에 넘쳐 하나님을 찬양했습니다. "다윗의 자손이여, 찬송하리로다"(마태복음 21:9). 그들은 예수님을 부를 때 '다윗의 자손'이라는 특별한 칭호를 사용하였는데, 그것은 약속된 메시아에게 붙이는 이름이었습니다.

유다의 배반

마태복음 26:14－16

온 성읍 사람들이 예수님을 찬양하며 소리치자 예수님의 대적자들인 유대교 지도자들은 화도 나고 한편으로는 두렵기도 하였습니다. 이들은 이제 예수를 죽여야겠다고 생각했습니다. 그런데 예수님이 그렇게 인기가 있었는데 어떻게 체포할 수 있었을까요?

그때 유다는 대제사장들에게 가서 돈을 받고 예수님을 팔았습니다. 제사장들은 유다에게 은전 30개(약 4,000원)를 주었습니다. 겨우 그 액수를 받고서 유다는 예수님을 그의

예수님의 이 땅에서의 마지막 주간					
사 건	요일	마태복음	마가복음	누가복음	요한복음
나귀를 타시고 예루살렘에 입성하심	일요일	21:1-17	11:1-11	19:29-44	
성전에서 장사하는 자들을 쫓아내심	월요일	21:12-13	11:15-18	19:45-46	
성전에서 가르치심	화요일	22:23- 24:14	11:27-12:12	20:41-44	
예수님을 배반하는 유다	수요일	26:14-16	14:10-11	22:3-6	
제자들과 최후의 만찬을 함께하심	목요일	26:17-25	14:12-26	22:7-30	13:1-30
제자들에게 마지막 설교를 하심	목요일 밤				14-16장
겟세마네 동산에서 기도하심	목요일 밤	26:30-46	14:26-42	22:39-46	18:1
체포되어 산헤드린에서 재판받으심	금요일 (날이 밝기 전)	26:47-27:1	14:43-15:1	22:47-71	18:2-27
빌라도에 의해 사형을 언도받으심	금요일 (아침)	27:11-26	15:1-5	23:1-25	18:28-19:16
십자가 위에서 돌아가심	금요일	27:31-56	15:20-46	23:26-49	19:17-30
예수님을 장례지냄	금요일에서 일요일	27:57-66	15:42-47	23:50-56	19:31-42
예수님의 무덤이 빔	일요일	28:1-10	16:1-8	24:1-12	20:1-10
마리아에게 나타나심	일요일		16:9-11		20:11-18
엠마오로 가는 두 제자에게 나타나심	일요일		16:12-13	24:13-35	
제자들에게 나타나심	일요일		16:14	24:36-43	20:19-25
예수께서는 부활하신 후 40일 동안 지상에서 지내셨다.					

대적들에게 넘기기로 약속한 것입니다.

로마법 아래에서는 누구나 증인이 서류에 서명을 하고 법정에서 증언을 해야만 죄의 대가를 치르게 되어 있었습니다. 유다는 언제 예수님을 체포할 것인지를 말해 주었을 뿐만 아니라, 법정에서 예수님에 반대하는 발언을 하기로 약속하였습니다. 그는 이제 예수님의 대적자들의 편이 된 것입니다.

그런데 유다에게 어떤 일이 일어났습니까? 유다는 자기가 죄를 지었음을 느꼈지만 이미 때는 늦었습니다. 그는 자기가 한 행동을 후회하여 돈을 대제사장들에게 돌려주려 하였습니다. 그러나 그들은 돈을 받지 않았습니다. 유다는 밖으로 나와 목메어 자살했습니다. 그의 시체는 벼랑 아래로 던져졌습니다(마태복음 27:1-5; 사도행전 1:18).

최후의 만찬과 성찬

마태복음 26:17-37, 요한복음 13-16장

최후의 만찬 때 예수님은 포도주와 발효되지 않은 빵을 제자들과 함께 나누셨다.

목요일 저녁에, 예수님과 제자들은 예루살렘에서 유월절 만찬을 먹었습니다. 그들은 유대의 대제사장 집에서 그리 멀지 않은 2층 방에 있었습니다(181페이지 지도). 유월절에는 특별한 음식을 먹습니다. 이 절기는 애굽 가정의 장자들이 죽임을 당할 때 하나님께서 애굽에 있는 이스라엘 백성들을 그 죽음에서 구원하신 일을 기념하는 때입니다. 그때에 어린 양의 피를 모든 이스라엘 자손의 집 문설주에 바르도록 하였는데, 그러면 하나님께서 그 집들을 지나가셨습니다.

유다는 저녁을 먹은 후 몰래 빠져나갔습니다. 그는 예수께서 저녁식사 후 어디에 가실지 잘 알고 있었습니다. 그는 그리스도를 그의 대적들에게 넘길 준비를 하였습니다.

그날 저녁에 예수께서는 곧 자기가 모든 사람들을 위하여 피를 흘려야 될 것을 제자들에게 말씀하셨습니다. 이로써 인간들의 모든 죄가 용서받게 될 것이었습니다. 그날 저녁은 예수께서 제자들과 함께하는 마지막 식사였습니다. 다음날 예수님은 십자가에 매달려 죽어야만 하기 때문입니다.

오늘날 그리스도인들은 성찬식을 함으로써 우리를 위해 돌아가신 예수님을 기념합니다. 이를 '주의 만찬'이라고도 부릅니다. 잔의 포도주는 예수께서 우리를 위하여 십자가 위에서 흘리신 피를 의미합니다. 그리고 떡은 십자가에서 찢기신 그분의 육체를 의미합니다.

그날 밤 예수께서는 제자들에게 많은 것을 가르치시면서 "내가 너희를 사랑한 것처럼 너희도 서로 사랑하라"고 명령하셨습니다(요한복음 13:33, 34). 그리고 자기가 죽은 후에 그들이 하나님과 얼마나 가까이 있을 수 있는지도 말씀해 주셨습니다(요한복음 13-16장).

겟세마네 동산에서 기도하심

마태복음 26:30-46

예수님과 제자들이 2층방에서 떠났을 때는 밤이었습니다. 그들은 기드론 계곡을 지나 올리브나무들이 빽빽한 동산으로 갔습니다. 그곳이 바로 '겟세마네 동산'입니다.

예수께서는 슬프고 괴로워서 혼자 기도하러 산으로 올라가셨습니다. 그분은 가능하다면 자신에게 닥친 이 고통을 지나가게 해달라고 하나님께 간구하셨습니다. 그러나 "나의 원대로 마옵시고 아버지의 원대로 하옵소서"(마가복음 14:36)라고 덧붙여 기도하셨습니다.

예수님의 기도는 응답되었습니다. 하나님께서 하시고자 하는 일이 일어난 것입니다. 예수께서 십자가 위에서 고통당하시는 것이 하나님의 뜻이었습니다. 이로써 예수께서 우리의 죄를 위하여 심판을 받으실 수 있었습니다.

예수께서 기도를 마치셨습니다. 그때 예수님과 제자들은 그를 체포하기 위하여 횃불을 들고서 언덕 위로 올라오는 많은 사람들을 보았습니다.

예수님은 겟세마네 동산에서 체포되셨다. 당시 그곳에 있었던 올리브나무 중에 아직 살아 있는 것도 있다.

예수님의 재판은 왜 불법이었나?

마태복음 26:47–27:1

유다는 무리를 이끌고 예수님께 왔습니다. 그들이 예수님을 체포하자 제자들은 모두 도망쳤습니다. 그 무리는 예수님을 붙잡아 기드론 계곡을 지나 대제사장의 집에 도착하였습니다. 유대 공회 산헤드린이 예수님을 재판하기 위하여 소집되었습니다.

유대인의 법에 의하면 예수님의 재판은 불법이었습니다. 산헤드린은 절대로 밤에는 소집될 수가 없었습니다. 그리고 재판받은 후 유죄로 인정받아 사형을 확정받는 이 세 가지 모두를 하루에 다 해서는 안되었습니다.

그러나 대제사장은 예수께 물었습니다. "네가 하나님의 아들이냐?" 예수께서 대답하셨습니다. "네 말이 옳도다. 나는 하나님의 아들이라." 그때 산헤드린의 모든 회원들은 예수가 하나님을 거역하는 말을 하였으므로 죽어야 한다고 결정하였습니다.

유대 지도자들은 그들 스스로 모순을 범한 것입니다. 그러나 그들은 거리낌없이 모든 일을 진행해 나갔습니다. 그들은 예수님이 미웠고 또 한편으로 두려웠으므로 죽이기로 결정한 것입니다– 참고: 그날 밤 세 종교 그룹이 예수님을 심문하였다. 한 그룹은 안나스의 집에 있었다. 안나스는 당시 대제사장의 장인되는 사람이었다(요한복음 18:12-14). 또 다른 그룹은 대제사장 가야바의 집에 있었다(마태복음 26:57-68). 그리고 마지막으로 산헤드린에서 예수님을 심문하였다(마태복음 27:1, 2).

총독 빌라도

마태복음 27:2–26

본디오 빌라도는 유대 땅을 다스리던 로마의 총독이었습니다. 빌라도는 예수님을 죽이도록 명령을 내릴 수 있는 유일한 사람이었습니다. 이른 아침에 유대의 지도자들은 예수님을 빌라도에게 끌고갔습니다. 그때 빌라도는 성전 옆에 위치한 로마의 성채에 있었습니다〈지도의 (4)〉.

빌라도는 예수님을 재판하기를 원치 않았습니다. 그래서 그는 예수님을 헤롯 안티파스〈지도의 (5)〉에게로 보냈습니다. 이 사람은 갈릴리를 통치하던 헤롯 대왕의 아들이었으며 예수께서는 갈릴리 출신이었습니다. 그러나 헤롯은 예수님을 다시 빌라도에게 돌려보냈습니다〈지도의 (6)〉.

빌라도는 여전히 예수님을 죽이고 싶지 않았습니다. 그러나 유대 지도자들은 예수님을 죽일 것을 촉구하였습니다. 그대로 두었다가는 폭동이 일어날 것만 같았습니다. 그래서 결국 빌라도는 예수님을 그들에게 넘겨 주었습니다.

빌라도는 병사들에게 예수님을 채찍으로 때리도록 명령하였습니다. 그리고 나서 성 밖으로 데리고 나가 십자가에 못박아 죽이라고 하였습니다.

십자가 처형

십자가 처형은 너무나 잔인하였기 때문에 노예들이나 중범죄자들에게만 행해졌던 로마의 처형 방식이었습니다. 높게 세워진 기둥의 꼭대기 근처의 가로목에다 사람의 양 손을 못박는 십자가 처형은 매우 고통스러운 것이었습니다. 게다가 십자가에 매달린 사람은 사나흘 동안이나 못박힌 채로 살아 있는 경우도 있었습니다.

병사들은 예수님을 예루살렘성 밖에 있는 골고다('해골의 곳'이라는 뜻)라고 불리는 언덕으로 끌고갔습니다. 예수께서는 거기에서 두 강도와 함께 십자가에 못박히셨습니다. 183페이지의 도표를 보면 예수님이 십자가에

예루살렘에서의 마지막 한 주간

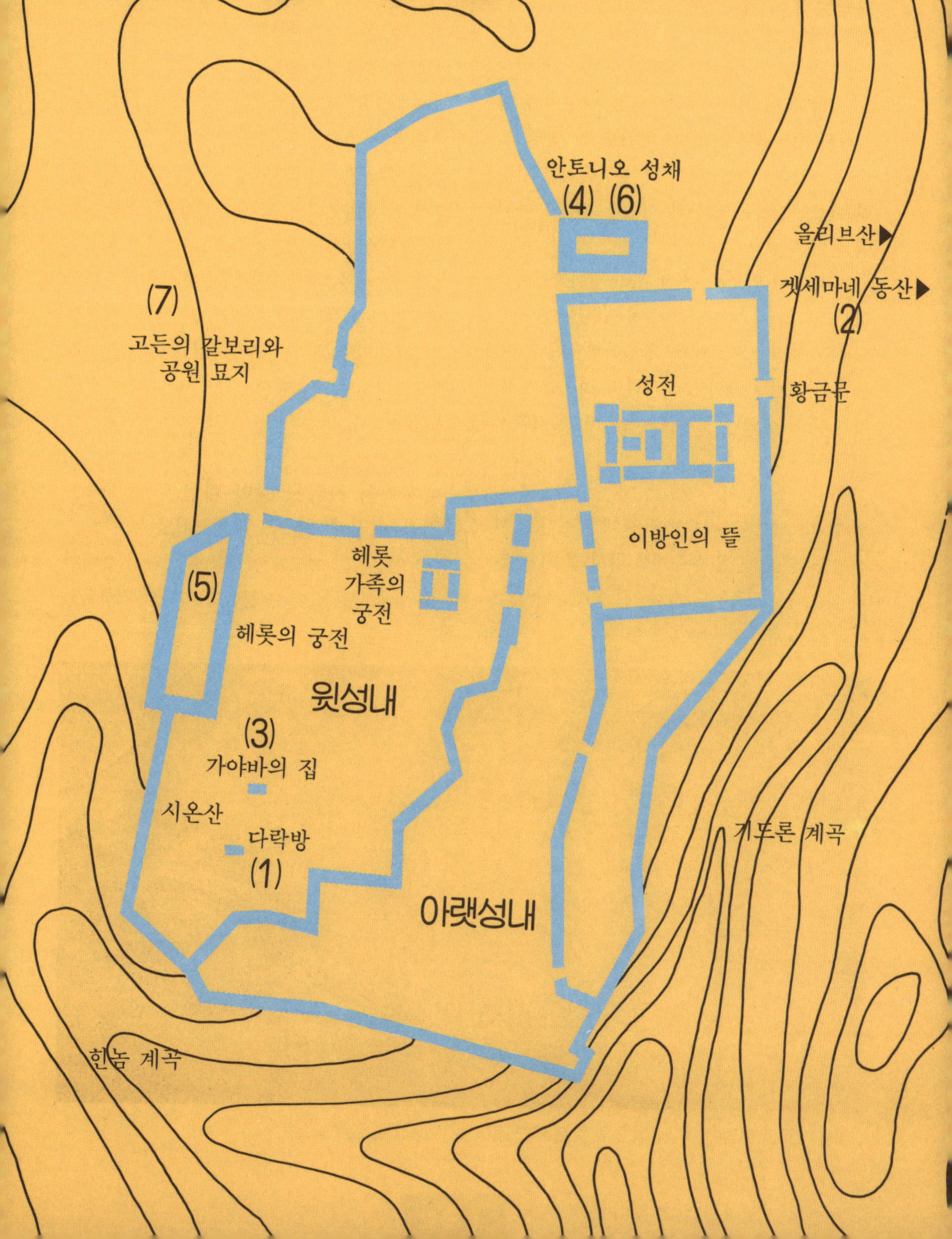

못박혔던 때에 무슨 일이 일어났었는지에 관한 내용이 나와 있습니다.

예수님의 무덤

마태복음 27:57-66

성경은 한 부자가 새 무덤을 가지고 있었다고 말하고 있습니다. 그 무덤은 예수께서 십자가에 매달렸던 근처의, 바위로 된 언덕 기슭에 있었습니다. 저녁이 되기 전에 예수님을 따르던 사람들은 그분의 시신을 이 새 무덤에 넣어 두었습니다.

이 무덤의 입구는 큰 바위로 막아놓았습니다. 그리고 유대의 지도자들은 병사들에게 예수님의 무덤을 지키도록 명령하였습니다. 이들은 예수님의 제자들이 그분의 시신을 훔쳐다가 다시 살아난 것처럼 꾸밀까봐 염려하고 있었습니다.

그러나 예수님의 제자들은 매우 슬퍼하고 있었습니다. 그들은 예수님이 죽어 버렸다고 확신했습니다. 그들은 예수께서 다시 살아나시리라 약속하신 것조차도 기억하지 못했습니다.

그러나 하나님은 기억하고 계셨습니다. 일요일 아침에 큰 지진이 발생했습니다. 그리고 천사가 예수님의 무덤에 나타나 입구를 막고 있는 큰 바위를 굴려 버렸습니다. 병사들은 밝은 빛을 내는 천사를 보고 너무 겁을 먹어 기절할 것만 같았습니다.

예수님의 제자들과 그분을 따르던 자들은 무덤에 와 보고 매우 놀랐습니다. 무덤이 텅 비어 있었던 것이었습니다. 예수님의 시신을 감쌌던 세마포만이 그곳에 있을 뿐 예수께서는 그곳에 계시지 않았습니다.

그 후 예수께서는 친히 제자들에게 오셔서 말씀하셨습니다. 그제서야 제자들은 예수께서 하신 말씀을 기억할 수 있었습니다. 그리고 예수께서 죽음에서 다시 사신 것을 믿게 되었습니다.

예수께서 지금도 살아 계신 것을 어떻게 알 수 있을까요?

신약성경은 예수께서 죽음에서 다시 살아나신 후에 그분을 본 사람들에 의해서 기록되었

예수님 시대 때 예루살렘에 주둔하고 있던 로마 병사들이 놀이를 즐겼던 도로 놀이판

십자가 위에서의 예수	
예수께서 쓸개 탄 포도주를 입술에 적심	마태복음 27:34
예수께서 십자가에 못박히심	마태복음 27:35
예수님의 외침 "아버지여, 저희를 사하여 주옵소서."	누가복음 23:34
병사들이 예수님의 옷을 놓고 내기를 함	마태복음 27:35
대적자들에게 모욕을 당하시는 예수	마태복음 27:39-44
함께 못박힌 강도들에게 잔인한 말을 들으심	마태복음 27:44
한 강도가 회심함	누가복음 23:39-43
예수께서 그 강도에게 말씀하심 "오늘 네가 나와 함께 낙원에 있으리라."	누가복음 23:43
예수께서 마리아에게 말씀하심 "여자여, 보소서. 아들이니이다."	요한복음 19:26-27
온땅이 어두워짐 마태복음 27:45; 마가복음 15:33; 누가복음 23:44	
예수께서 말씀하심 "나의 하나님, 나의 하나님, 어찌하여 나를 버리셨나이까."	마태복음 27:46-47 마가복음 15:33
예수께서 말씀하심 "내가 목마르다."	요한복음 19:28
예수께서 말씀하심 "다 이루었다."	요한복음 19:30
예수님의 외침 "아버지여 내 영혼을 아버지 손에 부탁하나이다."	누가복음 23:46
예수께서 운명하심	마태복음 27:50 마가복음 15:37

습니다. 그들은 목격자들이었습니다. 그들은 예수님을 굳게 믿었으며 온 세상에 예수님의 메시지를 전파하였습니다. 그들은 예수님을 섬기기 위하여 매를 맞기도 하고 옥에 갇히기도 했으며, 심지어는 죽기까지 하였습니다.

예수께서 다시 살아나신 후 얼마나 많은 사람들이 그분을 보았을까요? 다음의 사람들이 그분을 직접 보았습니다.

막달라 마리아	요한복음 20:11-18
동명이인인 마리아	마태복음 28:8-10
베드로(같은 날)	누가복음 24:34
엠마오로 가는 두 제자	누가복음 24:13-31
열 사도들이 모두 함께	누가복음 24:36-45 요한복음 20:19-24
열한 사도들이 함께	요한복음 20:24-29
디베랴 호숫가에서 일곱 명이	요한복음 21:1-23
갈릴리에서 500명이	고린도전서 15:6
예루살렘에서 야고보가	고린도전서 15:7
예수께서 하늘로 올라가실 때 많은 사람이	사도행전 1:3-12
다메섹 근처에서 바울이	사도행전 9:3-6
스데반이 순교하면서	사도행전 7:55
성전에서 바울이	사도행전 22:17-19
밧모 섬에서 요한이	요한계시록 1:10-19

위의 증인들은 예수께서 다시 살아나신 것을 즉시 전파하기 시작하였을 것입니다. 이때에 신약성경이 시작되었습니다. 그 후 몇 년 내에 수천 명이 세계 도처에서 예수님을 구세주로 믿게 되었습니다.

우리는 성경에서, 예수께서 다시 살아나신 후 그분을 본 목격자들에 관하여 읽을 수 있습니다. 그런데 직접 눈으로 본 사람들만이 아니라, 후대의 많은 사람들이 예수님의 부활을 믿었습니다. 유대의 역사를 기록한 어떤 사람들은 그리스도인은 아니었으나, 예수님의 부활을 믿었습니다. 비기독교인 역사가 요세푸스는 예수께서 승천하시고 나서 몇 년 지난 후까지 살았는데, 그는 예수님이 정말로 살아났다는 기록을 남겼습니다. 그 외에도 많은 사람들이 기독교인은 아니지만 예수님이 부활하셨다는 것을 역사적인 사실로 믿고 있습니다. 예수께서는 오늘날도 살아 계십니다.

예수께서 매장되셨던 무덤이라고 추측되는 곳이다.

생각하고 실천합시다

1. 그리스도인들의 성찬식은 예수님의 생애 마지막 주간과 관련되어 있습니다. 당신의 교회에서는 어떻게 예수님의 죽음과 부활을 기념하는지 알아봅시다.

2. 예수께서는 십자가에 못박히시기 전날 저녁에 두 번 기도를 하셨습니다. 한 번은 겟세마네 동산에서의 기도입니다. 그리고 또 한 번은 요한복음 17장에 나타나는 기도입니다. 예수께서 당신과 그 밖의 다른 제자들을 위하여 어떤 기도를 하셨는지 적어 봅시다.

3. 예수께서는 왜 십자가 위에서 돌아가셨습니까? 로마서 5:6-11; 에베소서 1:5-7; 골로새서 1:21, 22; 히브리서 9:11-14에서 찾아 대답해 봅시다.

교회의 시작

예수께서는 부활하신 지 40일 후에 천국으로 다시 돌아가셨습니다. 예수께서는 제자들에게 하나님께서 주시는 선물인 '성령'을 기다리라고 말씀하셨습니다. 성령은 그들에게 능력을 부어 주었는데, 이것이 신약 교회의 시작입니다. 성령이 임한 후 베드로는 처음으로 설교를 하였습니다. 이 베드로의 설교를 듣고 수많은 사람들이 예수를 믿게 되었습니다.

좋은 소식

★ 예수께서는 지금 천국에 살아 계셔서, 믿는 자들을 보호하십니다.

☆ 예수께서는 믿는 사람들에게 '성령'을 주셨습니다. 성령은 우리를 강하게 해 줍니다.

★ 교회는 예수님을 사랑하며 그분께 순종하는 사람들이 모이는 곳입니다.

사도행전 소개

사도행전은 의사인 누가에 의해 기록되었습니다. 그는 누가복음의 저자이기도 합니다. 사도행전은 예수님에 관한 복음이 어떻게 온 세상으로 퍼졌는지에 관해 이야기하고 있습니다. 또한 사도 베드로와 사도 바울에 관하여도 기록하고 있습니다. 이 두 사람은 예

올리브산의 아치. 멀리 보이는 감람산에서 예수님이 천국으로 돌아가셨다.

수님에 관해 설교하고 가르친 사람들입니다.

사도행전에는 그리스도인들이 핍박을 어떻게 견뎠는지에 관한 흥미진진한 이야기들로 가득합니다. 하나님의 성령은 초기 그리스도인들에게 박해자들을 이겨낼 수 있는 힘을 주셨습니다. 그래서 그들은 다른 사람들에게 예수님의 사랑도 전파할 수 있었습니다.

사도들

사도행전 1장

예수님의 열두 제자를 '사도'(apostles)라고 부릅니다. '제자'(disciple)라는 말은 '배우는 자'(a learner)란 뜻이고, 사도라는 말은 '복음을 위해 보냄을 받은 자'(a person sent on a mission)라는 의미입니다. 사도행전에는 사도들이 어떻게 예수님에 의해 보냄을 받았는지에 대해 적혀 있습니다.

사도행전에는 베드로와 바울이라는 두 사도가 등장합니다. 그 밖의 다른 사도들에 관해서는 언급되어 있지 않습니다. 단지 우리는 요한이 오랫동안 생존했었다는 것만을 알고 있을 뿐입니다. 요한은 그때 로마 황제에 의해 밧모섬에 유배되어 있었습니다. 초기 그리스도인들은 도마가 인도로 가서 말씀을 전했다고 기록하고 있습니다. 그리고 시몬과 유다(가룟 유다가 아님)는 페르시아에서 예수님을 전파하다가 순교했다고 합니다.

다른 사도들도 있었나?

베드로와 바울 이외에도 '사도'라고 불린 사람들이 있습니다. 이 사람들은 바울의 동료 실라와 함께 여행하면서 예수님에 관해 전파하였습니다. 오늘날 선교사들도 외국을 여행하면서, 예수께서 우리의 죄를 짊어지고 죽으셨으며 오늘도 살아 계신다고 전파하고 있습니다. 그러니까 오늘날의 선교사들은 '현대판 사도'라고 말할 수 있습니다.

지금도 살아 계신 예수 그리스도

사도행전 1장

죽음에서 부활하신 지 40일 후에 예수님은 모든 사도들을 감람산으로 모이게 하셨습니다. 감람산은 예루살렘에서 약 800m 떨어진 높은 언덕입니다(181페이지 지도).

감람산에서 예수님은 구름에 가려 보이지 않을 때까지 하늘로 점점 높이 올라가셨습니다. 성경에서는 예수께서 천국으로 되돌아가셨다고 밝히고 있습니다. 예수님은 곧 다시 이 땅에 오실 것입니다.

그러면 지금 예수께서는 천국에서 무엇을 하고 계실까요? 성경은 여러 가지를 말하고 있습니다. 예수님은 우리를 위하여 처소를 예비하고 계십니다(요한복음 14:1-3). 또 예수님은 우리가 실수하여 죄를 지을 때 우리를 보호하십니다(요한일서 2:1, 2). 우리가 기도할 때 항상 들어주시고 우리가 도움을 필요로 할 때 우리를 도와주십니다(히브리서 4:14-16). 예수님은 '주'로서(로마서 14:9), 자신이 기뻐하는 것이 무엇인지 우리에게 가르쳐 주십니다. 모든 것이 예수님의 능력 아래 있으며 그분은 교회를 다스리십니다(에베소서 1:22, 23).

예수님은 지금도 천국에 계십니다. 동시에 우리 곁에서 우리를 살피고 계십니다. 그는 우리의 고통과 문제점들을 다 알고 계시며, 우리가 그분의 이름으로 하나님께 기도하면 우리를 도와주십니다.

예수께서 어떻게 돌아오실까?

사도행전 1장

예수께서 천국으로 올라가셨을 때, 두 천사가 나타나 예수님을 따르던 자들에게 "하늘로 가심을 본 그대로 오시리라"(사도행전 1:11)

고 했습니다. 신약성경의 서신서들은 예수님의 재림에 관하여 더 많은 것들을 우리에게 알려 주고 있습니다. 예수께서 다시 오실 때에 우리 그리스도인들은 예수께서 하늘로 올라가신 것과 같이 그렇게 올라갈 것입니다. 우리는 구름 속에서 주를 만나게 될 것입니다. 그리고 영원토록 예수님과 함께 살 것입니다(데살로니가전서 4:13-18).

성령은 누구신가?

사도행전 1장

예수께서는 천국으로 돌아가시던 그날, 자기를 따르던 자들에게 특별한 약속을 하셨습니다. "오직 성령이 너희에게 임하시면 너희가 권능을 받고"(사도행전 1:8).

그러면 성령은 누구입니까? 성령은 성부 하나님, 성자 예수님과 마찬가지로 하나님이십니다. 성령은 '하나님의 영,' '그리스도의 영,' '보혜사' 등으로 불립니다. 하나님이신 성령은 예수께서 믿는 자들에게 주신 선물입니다.

성경에는 성령에 관하여 어떻게 적혀 있습니까? 예수님을 따르는 자들에게 성령이 영원토록 함께할 것을 약속하셨습니다(요한복음 14:15-17). 성령은 믿는 자들이 하나님에 대하여 이해를 잘할 수 있도록 돕습니다(요한복음 16:3). 그리고 어려운 일을 결정할 때에도 우리를 도우십니다(로마서 8:14). 또한 선을 행하는 데 필요한 힘을 주십니다(로마서 8:2-11). 성령은 매우 중요하고 또한 경이로운 삼위 중의 한 위이십니다. 예수님과 같이 성령도 우리의 친구이시며 영원한 반려자입니다.

왜 오순절이 특별하게 되었나?

사도행전 2장

오순절은 유대인들에게 특별한 축제일이었습니다. 이 날은 유월절로부터 50일째 되는 밀베는 시기였습니다. 사도행전에 나오는 오순절은 예수께서 죽었다가 다시 사신 후 50일째 되는 날입니다.

오순절은 매우 특별한 날입니다. 하나님은 이 날에 예수께서 약속하신 성령을 보내 주셨습니다. 하나님께서는 이 날 예루살렘에서 세 가지 일을 행하셨습니다. 이 일들은 주님을 따르던 자들에게 거룩하신 성령께서 오셨음을 나타내었습니다. (1) 예수님을 따르던 자들이 한 곳에 모였을 때 하나님께서는 그 집이 큰 바람 소리로 가득 차게 하셨습니다. (2) 그때 그들은 마치 밝은 불꽃 같은 것이 각 사람의 머리 위에 임하는 것을 보았습니다. (3) 그리고 그들은 성령에 의하여 각기 다른 나라 말로 기도하기 시작했습니다.

오순절에 예루살렘에는 예배하기 위하여 많은 외국 사람들이 와 있었습니다. 그들은 그곳에서 예수님의 제자들이 자기 나라의 언어로 말하는 것을 들을 수 있었습니다.

예루살렘에 사는 사람들은 그 외국어를 알지 못했습니다. 그래서 그들은 제자들이 술에 취했거나 아무 말이나 지껄인다고 생각하였습니다. 그러나 세계 각처에서 모인 여러 사람들은 그들의 말을 알아들을 수 있었습니다.

이때 베드로가 일어서서 무리들에게 설명하기 시작하였습니다. 그는 하나님께서 이미 오래 전에 모든 사람들에게 성령을 부어 주실 것을 약속하셨다고 말했습니다. 하나님은 요엘 선지자를 통하여 이를 약속하셨습니다(요엘 2:28). 불꽃과 같은 바람소리와 다른 나라 언어로 말하는 것은 하나님께서 주신 것이라는 표시였습니다. 이 두 가지는 성령이 마침내 실제로 임하였다는 증거였습니다.

오순절은 신약 교회의 탄생일이었습니다. 성령은 그날 예수님을 믿는 모든 사람이 그리스도의 몸과 하나가 되도록 만들었습니다(고린

신약시대의 그리스도인들은 한가족과 같았다. 그들은 자기들이 가진 것을 서로 나누었다.

도전서 12:13). 성령은 그리스도인들을 서로 연결시킵니다. 그리고 모든 믿는 자들에게 하나님의 가족의 일원이 되게 해 줍니다.

교회

교회라는 말은 '불러 모으다'라는 의미의 그리스어에서 유래합니다. 교회는 예수님을 믿고 그분에게 순종하며 따르는 사람들로 구성됩니다. 성경은 예수님의 교회가 무엇과 같은가에 대한 이해를 돕기 위하여 특수한 표현을 사용합니다. 첫째로, 교회는 한몸입니다(고린도전서 12:1-8; 로마서 12:12-31). 예수님을 믿는 사람들은 몸의 각 지체로서 서로 연결되어 있습니다. 각 사람은 그 몸에서 고유한 자기만의 일이 있습니다. 이것은 마치 한 몸에 팔과 다리 등의 지체가 있는 것과 마찬가지입니다. 각각 자기만의 고유한 일이 있는 것입니다. 몸으로 비유된 교회에 대한 묘사는 우리가 각 지체로서 모두가 중요함을 깨닫게 해 줍니다. 그리고 각 사람은 하나님과 다른 지체들에게 헌신하는 방법을 가지고 있습니다.

성경은 교회가 한 가족이라고 말합니다(에베소서 3:14-20). 신약시대에 그리스도인들은 서로를 '형제자매'라 불렀습니다. 왜냐하면 그들은 한 가족이었으며 서로 사랑했기 때문이었습니다(디모데전서 5:1,2). 그때 교회는 가족 단위로 구성되었습니다.

또한 성경은 교회를 하나님의 거룩한 성전(에베소서 2:20-22)이라고 말합니다. 그리스도인들은 옳고 선한 일만 행함으로써 하나님께 영광돌리는 사람들입니다. 그리스도인들은 예수님의 교회에서 주께 예배드리기 위하여 함께 모였습니다. 반면에 유대인들은 구약시대의 성전에서 하나님께 예배드렸습니다.

오순절 후 첫 일요일, 예수께서 죽음에서 부활하신 후 성령이 임하였습니다. 그리고 교회가 시작되었습니다. 그날 이래로 우리 기독교인들은 하나님의 특별한 사람들, 즉 예수님의 몸, 하나님의 가족, 하나님의 거룩한 성전이 되었습니다.

최초의 설교

사도행전 2장

교회가 시작된 오순절 후 첫 일요일은 사도 베드로가 처음으로 설교를 한 날이기도 합니다. 베드로의 설교는 이런 내용으로 이루어졌습니다.

- 하나님은 예수께서 얼마나 특별한 분이신가를 보여 주기 위해 그분을 통하여 기적을 행하셨다.
- 사람들이 예수님을 십자가에 못박아 죽였지만 이것은 하나님이 오래 전부터 계획하신 일이다.
- 성경에서 오래 전에 예언한 대로 예수님은 죽음에서 부활하셨다.
- 예수께서는 천국으로 들리워 올라가셨으며, 지금은 하나님 우편에 앉아 계신다.
- 예수님은 그리스도시요 주이시다.

베드로의 설교를 들은 사람들

베드로의 설교를 들은 사람들은 예수님이 누구인지를 알게 되었습니다. 그리고 예수께서 십자가 위에서 죽임을 당하신 것도, 부활하셨다는 것도 알게 되었습니다. 마침내 그들 중에 많은 사람들이 예수님이 진실로 하나님의 아들이었다는 것을 믿었습니다.

주님을 믿는 사람들은 베드로에게 자기들이 무엇을 해야 될지를 물었습니다. 베드로는 그들에게 대답하였습니다. "너희가 회개하여 각각 예수 그리스도의 이름으로 세례를 받고 죄 사함을 얻으라. 그리하면 성령을 선물로 받으리니"(사도행전 2:38). 마침내 모세의 소원이 이루어진 것입니다. "여호와께서 그 신을 그 모든 백성에게 주사 다 선지자가 되게 하시기를 원하노라"(민수기 11:29).

예수님에 대한 베드로의 설교를 듣고 약 3,000명이 믿게 되었습니다. 그들은 세례를 받고 예루살렘에 있는 교회의 구성원이 되었습니다.

그리스도인들간의 사랑

사도행전 2장

사도행전에 나타난 초기 그리스도인들은 사도들의 가르침을 배우며 함께 모여 기도하였습니다. 그들은 공동 생활을 하며 가난한 사람들에게 재물을 나누어 주었습니다. 그리고 함께 모여 예배를 드렸으며, 식사도 같이 하고 함께 찬양드렸습니다.

생각하고 실천합시다

1. 사도들은 예수 그리스도를 전파하기 위해 파송되었습니다. 당신의 교회에서 파송한 선교사들은 누구입니까? 그들이 파송된 지역을 지도에서 찾아보고 그 나라에 대해 대해 알아봅시다. 각 선교사들에게 맡겨진 일들은 무엇입니까?

교회의 성장

예루살렘에 살고 있던 많은 사람들이 이제 예수님을 믿게 되었습니다. 예수님을 십자가에 못박았던 유대 지도자들은 사도들이 예수님에 관한 설교를 하지 못하도록 방해하였습니다. 그러나 사도들은 계속 설교하였고, 자신들의 메시지가 하나님으로부터 온 것을 증명하는 기적들도 행하였습니다. 그리하여 곧 예수님에 관한 복음이 퍼지기 시작하였습니다.

좋은 소식

★ 하나님은 하나님의 사람들을 지키시며 그들의 기도에 응답하십니다.

☆ 예수님을 구속자로 믿는 사람은 모두 구원을 받을 수 있습니다.

왜 사도들이 박해를 받았나?

사도행전 4, 5장

사도들은 예루살렘에서 공공연하게 '예수님은 하나님의 약속하신 메시아'라고 전파하였습니다. 그들은 유대 지도자들이 예수님을 십자가에 못박았다고 말하였습니다. 그러나 하나님께서 예수님을 죽음에서 다시 살리셨다

제자들은 복음을 전하다가 감옥에 갇히기도 하였다.

고 하면서 이렇게 설교하였습니다. "다른 이로서는 구원을 얻을 수 없나니 천하 인간에 구원을 얻을 만한 다른 이름을 우리에게 주신 일이 없음이니라"(사도행전 4:12).

예루살렘에서 약 5,000명이 회개하고 그리스도인이 되자, 유대 지도자들은 겁을 먹었습니다. 그들은 다른 사람들이 예수 믿는 것을 원치 않았습니다. 그리고 하나님의 아들을 죽인 데 대한 책망을 받고 싶지도 않았습니다.

그래서 그들은 베드로와 요한을 옥에 가두고 위협하였습니다. 그러나 사도들은 이미 하나님께 순종하기로 결심하였기 때문에 계속 전파하였습니다.

베드로의 기적

사도행전 3, 5, 9장

베드로와 그 밖의 사도들은 예루살렘에서 병 고치는 기적을 수없이 많이 행했습니다.

베드로는 절름발이를 고쳐 줄 때 "예수 그리스도의 이름으로 걸으라"(사도행전 3:6)고 선포하였습니다. 이 기적으로 베드로는 예수께서 다시 사신 것이 거짓이 아님을 밝힐 수 있었습니다. 예수님은 사람들을 구원하실 수 있었습니다. 그리고 어떤 중병에 든 사람들도 고칠 수가 있었습니다.

예수님을 죽였던 제사장들과 유대 지도자들은 베드로와 요한을 체포하였습니다. 그러나 그들은 그 사도들을 해칠 수가 없었습니다. 왜냐하면 모든 사람들이 앉은뱅이를 치료한 하나님을 찬양하였기 때문이었습니다. 이러한 기적들은 사도들을 인기 있게 만들어 주었으며, 대적들로부터 보호받을 수 있도록 해 주었습니다(사도행전 4:18-22).

얼마 지나지 않아 사람들은 사도들에게 귀를 귀울이기 시작하였습니다. 그래서 유대 지도자들은 사도들을 어떻게 할 수가 없었습니다. 또한 사도들이 예수님의 능력으로 병 고치는 것을 보자 점점 더 많은 사람들이 예수를 믿게 되었습니다(사도행전 5:12-16).

베드로는 8년 동안 중풍병을 앓고 있던 사람을 고쳐 주었으며, 죽었던 여인도 다시 살려냈습니다(사도행전 9:32-43). 이 일이 일어났던 마을에 사는 사람들은 모두 이 기적에 대하여 들었고, 그들 중에 많은 사람들이 예수님을 믿게 되었습니다.

사도들이 행한 기적들은 중요한 의미가 있었습니다. 그것은 예수님에 대한 사도들의 메시지가 사실이라는 것을 입증해 주었습니다. 그래서 수많은 사람들이 예수님에 대한 마음과 생각을 바꾸도록 도와주었습니다. 또한 기적을 행함으로 사도들은 사람들로부터 인정을 받게 되었습니다.

성도들의 기도

사도행전 4:23－31

유대 지도자들은 베드로와 요한을 위협하였습니다. 이들은 두 사도에게 예수님에 관하여 전파하지 말라고 명령하였습니다. 그러자 그리스도인들은 합심하여 기도했습니다. 그들이 어떻게 기도했을까요?

- 하나님이 전능하신 창조주이심을 기억하고 그분을 찬양하였습니다.
- 그때까지 일어난 모든 일이 하나님의 계획 아래 일어났다는 것을 기억하였습니다.
- 베드로와 요한이 두려움 없이 하나님의 말씀을 전파할 수 있도록 하나님께 부탁드렸습니다.
- 예수님의 능력을 나타냄으로 두 사도가 용기를 얻을 수 있도록 간구하였습니다.

사도들과 신자들이 기도했을 때 하나님의 성령이 그들에게 큰 용기를 주었습니다. 그래서 그들은 두려워하지 않고 사람들에게 예수

스데반은 예수님을 증거하다가 순교한 최초의 기독교인이었다.

를 전파할 수 있었습니다.

우리는 기도할 때 먼저 하나님을 찬양해야 합니다. 위대하시고 세상 만물을 주관하시는 하나님을 찬양하십시오. 그리고 나서 우리에게 필요한 것을 하나님께 구하면 됩니다. 하나님을 찬양하는 것은 기도의 중요한 부분입니다. 하나님의 위대함에 대하여 생각하는 것은 하나님께서 우리의 요구에 응답하실 것을 믿는 데 큰 도움이 됩니다.

집사들

사도행전 6장

'집사'라는 말은 '봉사'와 '조력'을 의미합니다. '집사'란 교회에서 다른 사람들에게 봉사하는 사람들을 말합니다.

사도들의 설교로 인하여 곧 예루살렘에는 수천 명의 그리스도인이 생겼습니다. 그들 중에는 과부도 있었습니다. 사도들은 교회에서 하나님의 성령과 지혜가 충만한 사람 7명을 뽑아 구제하는 일을 전담하게 하였습니다. 그들은 모든 사람들에게 공평하게 음식을 분배하였습니다.

오늘날 그리스도인들은 예수님을 사랑하는 선한 사람을 집사로 선출합니다. 집사들은 교회의 다른 사람들에게 봉사하는 일을 해야 합니다.

순교자

사도행전 7장

'순교자'라는 말은 그리스어로 '증인'이라는 의미입니다. 증인이란 자기가 보고 들은 것을 그대로 말하는 사람을 말합니다. 기독교 순교자는 예수님에 관하여 충실히 전파하다가 자기의 신앙으로 말미암아 죽임을 당한 사람들입니다.

최초의 기독교 순교자는 예루살렘 교회 일

곱 집사 중의 한 사람인 스데반이었습니다. 그는 담대하게 예수님을 전파하면서 그분이 하나님의 아들이라는 것을 구약성경을 인용해 보여 주었습니다.

어느 날 스데반은 체포되었습니다. 이때 그는 유대 지도자들에게 그들이 하나님께 마음을 돌이켜야 한다고 용감하게 말하였습니다. 그러나 유대 지도자들은 성령이 스데반을 통해 말하려 했던 것을 거스렸습니다.

유대 지도자들은 매우 화가 나서 스데반을 예루사렘성 밖으로 끌고갔습니다. 그리고는 그가 죽을 때까지 돌로 쳤습니다. 돌에 맞아 죽게 되었을 때 스데반은 예수께 자기의 영혼을 받아달라고 부탁하였습니다. 그리고 죄를 그들에게 돌리지 말아 달라고 기도하였습니다.

스데반이 순교한 뒤, 유대 지도자들은 교회를 붕괴시키려 하였습니다. 그들은 수많은 그리스도인들을 감옥에 가두었으며 심한 고문을 하였습니다. 그래서 많은 그리스도인들이 예루살렘을 떠났습니다. 그러나 어디를 가든지 그들은 예수님에 대한 복음을 전파하였습니다.

개인 전도

사도행전 8장

'전도'라는 말은 '복된 소식을 전한다'는 의미입니다. 베드로는 예루살렘에서 많은 사람들에게 예수님에 관한 복된 소식을 전파하였습니다(사도행전 2, 3장).

사도행전 8장에는 예루살렘 교회 일곱 집사 중의 한 사람인 빌립에 관하여 언급되어 있습니다. 빌립은 많은 사람들에게 예수님의 능력과 죄의 용서에 관한 복된 소식을 전파했습니다. 그때 하나님으로부터 온 한 천사가 빌립을 아무도 다니지 않는 길가에서 누군가를 기다리도록 보냈습니다. 곧 외국에서 온 한 높은 관리가 그 길을 따라오고 있었습니다. 그는 구약성경 이사야서에 나오는 예수님의 죽음에 관하여 읽고 있었습니다. 빌립은 그 성경 구절을 설명해 주고 그에게 복음을 전했습니다.

빌립과 이야기를 나누었던 그 사람은 예수님을 믿게 되었습니다. 그리고 어떤 물가에 다다르자 그는 즉시 세례를 받게 해 달라고 요청하였습니다.

빌립이 외국 관리에게 개인적으로 복음을 전파한 것을 통해 우리는 그리스도인의 신앙은 꼭 많은 사람들 앞에서 설교할 때만 전파되는 것이 아님을 깨닫게 됩니다. 믿는 사람들은 종종 예수에 관한 복음을 한 번에 한 명, 혹은 두 명의 친구들과 나누곤 합니다. 그리스도인들이 박해로 말미암아 예루살렘에서 쫓겨났을 때 사도행전 8:4에서는 "그 흩어진 사람들이 두루 다니며 복음의 말씀을 전할새"라고 말하고 있습니다.

'정결한'과 '정결치 않은'의 뜻

사도행전 10, 11장

구약성경의 율법에는 유대인들에게 정결치 않은 짐승들을 먹지 못하도록 하는 규정이 제시되어 있습니다. '정결한'과 '정결치 않은'이란 물로 닦아서 깨끗해졌다거나 아니면 닦지 않아서 더럽다는 그런 의미가 아닙니다. 이 개념들은 종교적인 것입니다. 정결한 짐승과 물건은 사용할 수 있었으나 정결치 않은 짐승과 물건은 만지지도 말도록 규정되어 있었습니다.

유대인들은 모든 비유대인들을 '정결치 않다'고 생각하였습니다. 그들은 심지어 '이방인'이라고 부르는 그들의 집에 들어가지도 않았습니다. 그러나 하나님께서는 환상 가운데 베드로에게 나타나 정결치 아니한 짐승들을 잡아먹으라고 명령하셨습니다. 하나님은 이제 모든 짐승들이 깨끗해졌다고 말씀하셨습니다. 이 환상은 이방인들도 하나님의 관점에서는 정결하다는 것을 베드로와 그리스도인이 된 유대인들에게 가르쳐 주었습니다. 이방인에게도 예수님에 관한 복음을 전해야 했던 것입니다.

사도행전 10, 11장에서는 베드로가 어떻게 '고넬료'라고 하는 로마 군대의 백부장을 방문하게 되었는지 말해 줍니다. 유대인이 아니었던 이 군인과 그의 친척, 친구들도 예수님을 믿게 되었습니다. 그때 성령이 이방인들에게 다른 나라 말을 할 수 있도록 하셨습니다. 이는 오순절날 베드로의 설교를 들은 몇 사람의 유대인들에게 나타났던 일과 동일한 것이었습니다. 그리스도인이 된 유대인들에게 이 표적은 예수님에 관한 메시지가 유대인뿐 아니라 비유대인을 위한 것이기도 함을 증명해 주었습니다.

베드로와의 대담

만약 사도 베드로가 오늘날 TV대담을 하게 되었다면 무슨 말을 할까요? 다음은 가상 인터뷰의 한 대목입니다.

사회자: 베드로씨, 당신은 계속해서 지도자로 일했습니까?

베드로: 그렇습니다. 그러나 항상 훌륭한 지도자는 아니었습니다.

사호자: 당신의 친구들도 당신을 지도자로 생각했나요?

베드로: 글쎄요, 나는 언제든지 첫번째였어요. 나는 예수께 가기 위해 배에서 뛰어내렸던 적도 있지요(마태복음 14:25-29). 또한 나는 맨 먼저 '주는 그리스도시요 살아 계신 하나님의 아들'(마태복음 16:16)이라고 고백하였습니다. 그러나 예수께서 십자가 위에서 돌아가시는 것을 반대했던 적도 있었습니다(마태복음 16:22). 또 나는 예수님을 절대로 버리지 않겠다고 맹세했었지만 결국 예수님을 부인하는 실수를 범하고 말았지요(마태복음 26:33). 나는 처음엔 용감하게 행동했어요. 그러나 잘못된 행동을 할 때도 있었고, 생각 없이 말하고 행동하기도 하였습니다.

사회자: 예수께서 부활하시고 천국으로 돌아가신 후에도 여전히 지도자로 남아 있었습니까?

베드로: 예. 나는 사도들 중에서 최초로 설교를 하였지요(사도행전 2장). 그리고 가장 먼저 기적을 행했습니다(사도행전 3장). 나는 또 이방인인 고넬료에게 설교한 최초의 사도였습니다(사도행전 10, 11장). 비록 헤롯 아그립바가 그 전에 사도 야고보를 죽이긴 했지만(사도행전 12장), 나는 가장 먼저 감옥에 갇혔어요. 그럼으로써 나는 지도자의 자리를 지켰지요.

사회자: 예수께서 부활하시고 성령께서 당신에게 권능을 준 이후에는 실수를 하지 않았습니까?

베드로: 아닙니다. 나는 여전히 가끔씩 실수를 저질렀지요. 한번은 내가 그릇된 행동을 했을 때에 바울이 나를 저지한 적이 있었습니다(갈라디아서 2:11-21). 그러나 하나님께서는 나를 강하게 해 주셨지요. 예수께서 부활하시고 성령이 내게 임한 뒤에 내 생애에 큰 변화가 있었습니다.

사회자: 베드로씨, 우리는 사도행전 13장 이후에서는 당신에 관하여 거의 읽을 수 없는데요, 당신에게 무슨 일이 있었습니까?

베드로: 나는 여러 곳을 다니면서 예수님에 관한 복음을 전파하였습니다. 그때 유대인들은 로마 제국의 모든 도시에 널리 퍼져 정착해 있었습니다. 나는 여러 도시를 다니면서 유대인으로서 그리스도를 믿게 된 동료들과 함께 일했습니다. 그 이후로는 사도 바울이 많은 이방인들에게 복음을 전파하며 가르쳤습니다. 나는 신약성경에 두 편의 서신을 기록했습니다. 나중에 나는 로마에서 십자가에 거꾸로 매달려 못 박혔습니다.

TV: 베드로씨, 시청자들에게 끝으로 한말씀 해 주십시오.

베드로: 글쎄요, 내가 기록한 베드로전서, 베드로후서로 대신하면 어떨까요?

사도 베드로의 조언

- 마음으로 피차 뜨겁게 사랑하라(베드로전서 1:22).
- 곧 선행으로 어리석은 사람들의 무식한 말을 막으시는 것이라(베드로전서 2:15).
- 또 너희가 열심으로 선을 행하면 누가 너희를 해하리요(베드로전서 3:13).
- 그 후로는 다시 사람의 정욕을 좇지 않고 오직 하나님의 뜻을 좇아 육체의 남은 때를 살게 하려 함이라(베드로전서 4:2).
- 만일 그리스도인으로 고난을 받은즉 부끄러워 말고 도리어 그 이름으로 하나님께 영광을 돌리라(베드로전서 4:16).
- 너희 염려를 다 주께 맡겨 버리라. 이는 저가 너희를 권고하심이니라(베드로전서 5:7).
- 그의 신기한 능력으로 생명과 경건에 속한 모든 것을 우리에게 주셨으니(베드로후서 1:3).
- 주의 약속은 어떤 이의 더디다고 생각하는 것같이 더딘 것이 아니라 오직 너희를 대하여 오래 참으사 아무도 멸망치 않고 다 회개하기에 이르기를 원하시느니라(베드로후서 3:9).
- 주 앞에서 점도 없고 흠도 없이 평강 가운데서 나타나기를 힘쓰라(베드로후서 3:14).
- 무법한 자들의 미혹에 이끌려 너희 군센데서 떨어질까 삼가라(베드로후서 3:17).

욥바에 있는 피복 장수 시몬의 집.
베드로가 가끔 머물렀던 곳이다.

생각하고 실천합시다

1. 다음 성경구절을 읽어 보고, 그들(기도하는 사람들)에게서 무엇을 배울 수 있는지 알아봅시다.
   창세기 18:16-33　　　　에스라 9:5-15
   에베소서 1:16-20, 3:14-19
2. 당신의 교회에서 집사들은 어떻게 교인들을 섬기고 있습니까? 한 집사님과 이야기해 보고, 집사는 어떻게 봉사해야 하는가에 관하여 생각해 봅시다.
3. 히브리서 11:32-40에는 하나님께 대한 믿음 때문에 고통받은 순교자들의 이야기가 나옵니다. 그들에 대해서 알아봅시다.

바울의 전도 여행

사울이라는 이름의 젊은 바리새인은 스데반이 예수님을 믿는다는 이유로 돌에 맞아 죽는 것을 보면서 기뻐하였습니다. 그러나 그 후에 '사울'은 그리스도인이 되었고 '바울'로 이름이 바뀌게 되었습니다. 그는 로마 제국에 복음을 전파하는 선교 운동을 주도하게 되었습니다.

좋은 소식

★ 전세계에 복음이 전파되어 예수님을 믿는 사람들이 많아지게 되었습니다.

☆ 하나님은 세상의 모든 사람들을 사랑하십니다. 그분은 모든 사람이 복음을 듣게 되기를 원하십니다.

★ 하나님을 대적하던 사람들도 예수님을 믿게 되면 그분의 친구가 될 수 있습니다.

대적자가 어떻게 친구가 될 수 있었나?

사도행전 9장

바리새인이었던 사울은 그리스도인들을 증오하였습니다. 그는 그리스도인들은 하나님보다 사람을 더 경배한다고 믿었습니다. 사울은 유대 그리스도인들을 잡아 가둘 목적으로 다메섹으로 가고 있었습니다. 그때 예수께서 그에게 나타나셨습니다.

바울이 유럽 선교 여행에서 가장 먼저 복음을 전한 사람은 '루디아'라는 여자였다. 그녀는 자줏빛 물감을 들인 옷을 파는 일을 하고 있었다.

사울은 밝은 빛을 보고는 땅에 쓰러졌습니다. 그는 자기에게 질문하는 목소리를 들었습니다. "네가 어찌하여 나를 핍박하느냐?"(사도행전 9:4,5) 사울은 그 빛 때문에 앞을 볼 수가 없었습니다. 그래서 그는 사람들의 손에 이끌려 다메섹으로 들어갔습니다. 예수님은 '아나니아'라는 한 그리스도인을 사울에게 보냈습니다. 아나니아는 그곳에 가고 싶지 않았습니다. 왜냐하면 사울이 그리스도인을 박해하는 자임을 알고 있었기 때문입니다. 그러나 예수님은 아나니아에게 말씀하셨습니다. "가라. 이 사람은 내 이름을 이방인과 임금들과 이스라나엘 자손들 앞에 전하기 위하여 택한 나의 그릇이라"(사도행전 9:15).

아나니아는 사울에게 가서 예수께서 자기를 보내셨음을 밝혔습니다. 그리고 사울의 눈을 뜨게 해 주었습니다. 사울은 예수님을 믿고 즉시 세례를 받았습니다. 예수님의 대적자였던 사울이 이제는 예수의 친구요, 제자가 된 것입니다.

예수님의 친구가 된 사울

얼마 후에 사울은 다메섹에 있는 유대인의 회당에서 설교하고 있었습니다. "예수는 하나님의 아들이라"(사도행전 9:20). 그의 증거는 매우 강해서 어느 누구도 그와 논쟁할 수 없었습니다. 그래서 사울의 대적자들은 그를 죽이기로 결심하였습니다.

하지만 사울은 다메섹을 탈출하여 예루살렘으로 돌아갔습니다. 그가 그리스도인들을 심하게 핍박하던 자였으므로 예루살렘에 사는 신자들은 그를 두려워하였습니다. 그러다가 마침내 '바나바'라고 불리우는 한 그리스도인이 사울의 친구가 되었습니다. 그는 사울을 사도들과 만나도록 도와주었습니다. 사울은 예루살렘에서도 설교하기 시작하였습니다. 그래서 사울을 죽이려는 대적자들이 또 생겼습니다.

사울의 그리스도인 친구들은 마침내 그를 안전하게 그의 고향 다소성으로 보냈습니다. 사울이 그리스에 있는 안디옥 교회의 지도자로 초청된 것은 그로부터 몇 년 후의 일이었습니다. 곧 바울이라고 불리게 된 사울은 안디옥에서 바나바와 다른 그리스도인 친구들과 함께 길을 떠났습니다. 그들은 온 세상에 예수의 복음을 전하기 위하여 전도 여행을 하였습니다. 기독교의 가장 큰 적이었던 사람이 가장 위대한 선교사가 된 것입니다. 하나님의 대적이었다고 할지라도 그가 예수님을 구속자로 알게 될 때 하나님의 친구로 변화될 수 있습니다.

초기 선교사들

바울과 그의 선교팀은 대로마 제국 여기저기를 돌아다녔습니다. 그들은 주로 무역과 행정의 요지에 들어갔습니다. 그들은 새 도시로 들어갈 때마다 항상 유대인들에게 가장 먼저 갔습니다. 로마에 있는 주요 도시에는 유대인들이 많이 있었습니다. 선교사들은 회당으로 들어가 예수님에 관하여 전파하였습니다. 그리고 그 후에야 비유대인인 이방인들에게도 복음을 전파하였습니다.

도시 내의 한 무리가 그리스도인이 되면 선교사들은 그들을 가르쳤습니다. 그러면 그 도시에 교회가 새로 세워졌습니다. 얼마 후 바울의 선교팀은 새로운 도시로 여행을 하였습니다. 그들이 떠난 도시의 그리스도인들은 예수님에 관하여 계속 전파하였습니다. 그렇게 하여 교회는 계속 성장하였습니다.

선교팀은 다른 여러 도시로 여행한 후에 초기에 선교했던 도시들을 다시 방문했습니다. 그들은 그 교회들에 지도자를 임명하였습니다. 그리고 그리스도인들을 더 많이 가르쳤습니다. 바울은 또한 자신이 세웠던 교회들에게

바울의 선교 여행 사도행전과 신약의 서신서들	
예수님이 십자가에 못박히심	A. D. 30
오순절(행 2장)	A. D. 30
스데반의 순교(행 7장)	A. D. 35 초
바울의 회심	A. D. 35 여름
다메섹에서의 바울(행 9장)	A. D. 35-37
예루살렘으로 가는 바울(행 9장)	A. D. 37 여름
다소에서의 바울	A. D. 37-43
안디옥에서의 바울	A. D. 43-48
바울의 1차 선교 여행 (갈라디아서 기록)	A. D. 48-49 A. D. 49
예루살렘 공의회(행 15장)	A. D. 49
바울의 2차 선교 여행 (데살로니가전서 기록) (데살로니가후서 기록)	A. D. 50-52 A. D. 51 A. D. 51
바울의 3차 선교 여행 (고린도전서 기록) (고린도후서 기록) (로마서 기록)	A. D. 53-57 A. D. 56 A. D. 56 A. D. 57
바울의 예루살렘 방문(행 21장)	A. D. 57
바울이 체포됨(행 21－24장)	A. D. 57
감옥에 갇힌 바울	A. D. 57-59
로마로 호송되는 바울	A. D. 59-60
바울의 첫 로마 투옥 (에베소서 기록) (골로새서 기록) (빌레몬서 기록) (빌립보서 기록)	A. D. 60-62 A. D. 60 A. D. 61 A. D. 61 A. D. 62
바울의 풀려남과 여행 (디모데전서 기록)	A. D. 62-64 A. D. 62
바울의 서바나 여행 (디도서 기록)	A. D. 64-66 A. D. 66
그리스에서의 바울	A. D. 67
바울이 체포되어 로마로 호송됨 (디모데후서 기록)	A. D. 67 A. D. 67
로마에서 바울이 처형됨	A. D. 68
예루살렘성 멸망	A. D. 70

편지를 썼습니다. 로마 제국의 각 도시에 있는 그리스도인들에게 보내진 이 편지들은 신약성경에 포함되어 있습니다.

선교사들은 어떻게 여행하였나?

로마 제국 시민들은 여기저기를 마음대로 안전하게 여행할 수 있었습니다. 그들은 도로로 여행하기도 하고 지중해 해안을 따라 배를 타고 항해하기도 하였습니다.

그 당시에 배는 이 도시에서 저 도시로 화물을 실어 나르는 무역선이었습니다. 어떤 배는 50m나 되는 것도 있었습니다. 그러나 이 배들은 폭풍에는 안전치 못하였습니다. 그래서 항구와 항구 사이를 여행하던 많은 배들이 난파되었습니다.

선교사들의 적

로마 제국 내에서 어떤 종교들은 합법화되어 있었습니다. 유대교도 그런 종교 중의 하나였습니다. 오랫동안 기독교는 유대교의 한 분파로 생각되었습니다.

그러나 예루살렘에서 온 유대인들은 선교사들에게 가장 위험한 적이 되었습니다. 그들은 이 도시에서 저 도시로 선교사들을 쫓아다니며 방해하려 하였습니다. 가끔 소요도 일어났습니다. 선교사들은 그에 대한 책임을 지고 감옥에 갇히기도 하였습니다.

에베소에서 많은 사람들이 그리스도인이 되었습니다. 우상을 숭배하던 자들은 사람들이 자기들의 신인 아데미를 경배하지 않게 될까봐 두려워했습니다. 은으로 만든 작은 여신상을 만들어 팔던 사람들은 일자리를 잃게 되었습니다. 그래서 그들도 선교사들에게 반대하여 소요를 일으키기 시작했습니다. 사도 바울과 그 동료들의 선교 여행은 매우 흥미로우면서도 위험했습니다. 그러나 그들이 여행을 했던 어느 곳에서도 하나님은 그들에게 예수님에

바울의 선교 여행
1차 여행
2차 여행
3차 여행
4차 여행
흑해
이달리야
로마
세 개의 여관
아피우스 시장
보디올
레기온
수라구라
멜리데
마게도니아
빌립보
네압볼리
암비볼리
데살로니가
베뢰아
아볼로니아
사모드라게
그리스
드로아
미둘레네
아시아
안디옥(비시디아)
사모
고린도
겐그레아
아덴
에베소
골로새
이고니온
루스드라
더베
베가
밀레도
루기아
앗달리아
고스
바다라
무라
밤빌리아
안디옥
실루기아
로도
그레데
라새아
구브로
살라미
바보
수리아
시돈
두로
돌레마이
가이사랴
예루살렘
지중해

바울의 선교여행

로마 사람들은 도로마다 돌로 포장을 했다. 이것은 비용이 많이 들지만 오랫동안 사용할 수 있는 장점이 있었다.

관한 복음에 귀를 기울일 사람들을 만나도록 도와주셨습니다. 바울과 같은 선교사들 덕분에 로마 제국 내에서 수천 명의 사람들이 그리스도인이 되었습니다.

선교사의 모험

사도행전 13-20장에서는 선교사들의 여러 가지 흥미진진한 이야기가 나옵니다. 그들은 예수님을 전파하러 다녔습니다. 아래에 그들이 겪었던 모험들이 기록되어 있습니다.

- 바울이 '바보'에서 거짓 예언자를 눈멀게 함(사도행전 13:4-12).
- 샘 많은 유대인들이 바울을 비시디아 안디옥에서 추방함(사도행전 13:13-52).
- 바울이 루스드라에서 신으로 오해받음(사도행전 14:8-20).
- 바울이 빌립보에서 지진으로 옥에서 풀려남(사도행전 16:16-40).
- 바울이 데살로니가에서 추방당함(사도행전 17:1-9)
- 바울이 아덴에서 철학자들에게 설교함(사도행전 17:16-34).
- 바울이 고린도에서 체포되었다가 풀려남(사도행전 18:1-17).
- 바울이 에베소에서 기적을 행하고 소요에서 살아남음(사도행전 19:1-41).
- 바울이 예루살렘을 향하여 갈 때 위험을 경고받음(사도행전 20:17-38).

생각하고 실천합시다

1. 바울이 어떻게 그리스도인이 되었는지 알아봅시다(사도행전 9:1-22). 그리고 이웃 성도들은 어떻게 그리스도인이 되었는지 이야기를 나누어 봅시다.

2. 왜 바울은 자신이 그리스도인이 된 것을 기뻐하였습니까? 빌립보서 3:4-11과 디모데전서 1:12-17에서 그가 뭐라고 말하는지 읽어 봅시다.

체포된 바울

선교 여행을 한 지 약 10년이 지났을 때 바울은 예루살렘으로 다시 돌아갈 결심을 하였습니다. 바울은 예루살렘 성전 밖에서 일어난 소요로 거의 죽을 뻔하였습니다. 그러나 그는 로마 병사들에 의해 구출되었습니다. 바울은 결국 체포되어 재판을 받기 위해 로마로 호송되었습니다.

좋은 소식

★ 하나님은 예수님의 복음을 확산하는 데 도움이 되도록 자신의 일꾼들에게 어려움을 주기도 하십니다.

☆ 하나님은 자신의 일꾼들이 시련받을 때에 보호하여 주십니다.

바울에게 예루살렘은 왜 위험했나?

사도행전 21장

바울은 예루살렘으로 돌아가려 했을 때 여러 차례 수난을 예고받았습니다. 그는 자기가 체포될 것을 알고 있었습니다. 그러나 바울은 하나님이 원하신다면 죽을 각오가 되어 있었습니다.

많은 유대 지도자들이 바리새인으로서의 사울을 알고 있었기에 바울은 위험했습니다. 그들은 바울이 모세의 율법을 파기하고 유대 백성을 잘못 가르친다고 생각하였습니다(사도행전 21:28). 그런데 바울은 그런 유대인들을 어떻게 생각했을까요? 성경에서 그는 이

유대교 회당은 중요한 장소였다. 또한 학교로, 성전으로, 혹은 만남의 장소로 사용되기도 하였다.

렇게 적고 있습니다. "내게 큰 근심이 있는 것과 마음에 그치지 않는 고통이 있는 것을 내 양심이 성령 안에서 나로 더불어 증거하노니 나의 형제 곧 골육의 친척을 위하여 내 자신이 저주를 받아 그리스도에게서 끊어질지라도 원하는 바로라"(로마서 9:2, 3).

바울은 유대인을 훼방하여 가르친 것이 아니었습니다. 그는 그의 형제인 유대인들을 너무나 사랑했습니다. 그리고 그들이 예수님이 구속자이심을 알기를 진정으로 원했습니다.

이방인 그리스도인을 위한 율법

사도행전 15, 21장

예루살렘 교회의 지도자들은, 유대계 그리스도인들은 아직도 모세의 율법을 따르는 것을 중요시한다고 바울에게 이야기하였습니다. 이 지도자들은 바울이 성전에서 특별한 결례 예식을 행함으로써 그가 모세의 율법에 반대하지 않는다는 것을 보여 주도록 권하였습니다. 그러나 이들은 율법이 이방인 그리스도인들을 위한 것은 아니라는 바울의 의견에 동의하였습니다.

모세의 율법에는 옳고 그른 행동이 무엇인지 설명되어 있습니다. 또한 성전에서의 예배 규칙과 먹는 음식에 관한 규칙도 포함되어 있었습니다. 그 밖에도 또한 유대인에게만 적용되는 많은 규칙들이 있었습니다. 옳고 그른 것은 예수께서 오셨을 때도 바뀌지 않았습니다. 그러나 모세의 율법에 포함된 그 외의 규칙들은 이제 더 이상 중요하지 않게 되었습니다.

바울은 이방 나라를 여행할 때는 이방인들의 습관을 따라 살았고, 예루살렘에서 유대인들과 함께 있을 때는 유대인들의 관습을 따라 살았습니다.

병사들이 어디에서 왔을까?

사도행전 21장

바울이 예배드리고 있을 때 어떤 사람들은

안토니오 성채의 모형

그를 알아보았습니다. 그들은 바울이 이방인을 성전 안으로 데리고 들어왔다고 생각했습니다. 그들은 성전 문을 닫고 바울을 죽이려 하였습니다. 그때 로마 병사들이 달려들어왔습니다.

예루살렘에 있는 안토니오 로마 성채는 성전 옆 우측에 위치해 있었습니다. 예루살렘에는 특별한 절기가 되면 예배를 드리기 위해 세계 곳곳에서 방문객들이 모여들었습니다. 그래서 특수 군인들이 소요를 막는 임무를 맡고 있었습니다. 바울이 예루살렘에 있을 때에는 때마침 오순절이었습니다. 바울로 인하여 예루살렘 성전에 큰 소요가 일어나자 병사들은 급히 안토니오 성채를 달려나갔습니다. 그 군중들은 바울을 때리다가 병사들이 성전에 도착했을 때에야 멈추었습니다. 로마 군대의 천부장은 바울을 체포하였습니다.

로마 시민의 권리

사도행전 22, 25장

로마 병사들은 바울을 결박하고 채찍으로 때리려 하였습니다. 그때 바울이 자기가 로마 시민임을 밝혔습니다. 군대의 천부장은 그 말을 듣고 매우 겁을 먹었습니다. 그가 왜 두려워하였을까요? 그 당시 로마 제국에는 아주 소수만이 시민권을 가지고 있었습니다. 나머지 대부분은 노예였습니다. 로마 시민은 로마 속주국들 중 하나 정도의 인구밖에 되지 않았으며, 시민인 사람들은 많은 특권을 가지고 있었습니다.

로마 시민은 제국 내 어느 곳에도 마음대로 여행할 권리가 있었습니다. 그리고 군대에 의해 보호받을 권리가 있었습니다. 또한 자기가 동의하지 않는 한 지방법에 저촉되었더라도 재판을 받지 않을 수 있었으며, 도움을 받기 위하여 로마 법정에 호소할 수도 있었습니다. 시민이 아닌 사람들에게는 죄를 자백받기 위해 채찍을 사용할 수도 있었으나 로마 시민은 결박도 못하도록 되어 있었습니다. 그러므로 결박되는 일은 바울이 로마 법정에서 유죄 선언을 받을 때까지는 있을 수가 없었습니다. 로마 시민은 유죄 판결을 받는다 할지라도 황제에게 호소할 수 있었습니다. 로마 시민은 로마로 호송되어 황제와 그의 대신들에 의해 로마에서 재판을 받게 되어 있었습니다. 그래서 바울도 가이사에게 호소하였고 로마로 보내졌습니다.

바울은 길리기아(현재의 터키 지방)의 중요 도시인 다소 출신이었습니다. 바울의 아버지는 로마 시민이었습니다. 그러므로 바울은 나면서부터 로마 시민이었습니다. 바울은 예루살렘에서 체포되었으나 로마의 군대는 바울이 로마 법정에서 재판을 받을 때까지 그를 보호하였습니다. 예루살렘의 천부장은 어떤 사람들이 바울을 죽이려 한다는 음모를 듣고 470명의 군사들로 하여금 바울을 보호하게 하여 로마 총독에게 넘겼습니다.

바울이 로마 시민이었던 것은 그가 여행하며 예수에 관하여 전파하는 데 많은 도움이 되었습니다.

가이사랴

사도행전 23장

가이사랴는 예루살렘에서 북쪽으로 약 100km 떨어진 해안에 위치해 있었습니다. 헤롯대왕은 12년이나 걸려서 이 도시를 지었습니다. 그는 또한 침수용 벽돌이나 바위로 지중해의 항구에 15m×3m×2.7m 규모의 방파제도 만들었습니다. 이곳 가이사랴에는 삼천 명의 로마 군대가 주둔하였습니다. 그리고 로마 총독이 그곳에서 살았습니다.

가이사랴에 있는 유적. 가이사랴는 바울이 예루살렘으로 호송되어 투옥된 곳이다.

바울이 지도 계급에게 복음을 전함

사도행전 24－26장

바울은 안전하게 가이사랴에 도착하였습니다. 그때 유대 지도자들은 바울을 고소하기 위하여 그곳에 사람을 보냈습니다. 총독 벨릭스는 양쪽의 말을 다 들어 보았지만 쉽게 결정을 내리려 하지 않았습니다. 결국 바울은 로마의 가이사에게 호소하여 로마에서 재판받기를 요청하였습니다.

바울이 가이사랴에 있는 동안에 그는 여러 높은 직위에 있는 사람들에게 예수님에 관하여 전파하였습니다. 이 사람들은 누구였습니까?

안토니오 벨릭스(M. Antonius)는 주후 52～59년 사이에 유대의 로마 통치자로 있었습니다. 벨릭스를 잘 알고 있었던 그 당시 역사가 타키투스는 그에 대하여 '잔인함과 호색의 대가'라고 쓰고 있습니다. 벨릭스는 바울이 무죄임을 알았지만 그를 가이사랴에 감금해 두었습니다. 벨릭스는 바울이 자신에게 뇌물을 주기를 기대하였던 것입니다(사도행전 24:26). 그러나 벨릭스를 만났을 때 바울은 예수님에 대하여 전파하였습니다.

주후 59～61년 또는 62년 사이에 유대의 총독은 **보르기오 베스도**(Porcius Festus)였습니다. 그는 선한 통치자였으나 부임한 지 얼마 지나지 않아 죽었습니다. 베스도는 바울에게 예루살렘에서 유대의 지도자들에게 재판을 받을 것인지를 물었습니다. 그러나 바울은 로마의 황제에게 재판받도록 해 달라고 요청하였습니다.

아그립바 왕(King Agrippa)은 헤롯 대왕의 증손자였습니다. 그는 로마에 속한 지역을 통치하였습니다. 그는 성전 보물들을 관리하는 일을 맡았으며, 유대의 고위급 제사장들을 임명하였습니다. 로마인들은 종종 유대 종교 문제에 있어서 아그립바의 의견을 묻곤 했습니다. 바울은 아그립바가 구약성경의 선지자들이 기록한 말씀을 믿는다고 이야기했습니다. 그러나 주후 100년경 그가 죽기 전까지

사람들은 돈과 귀중한 것들을 성전으로 가져와서 트럼펫 모양으로 생긴 통 속에 넣었다.

아그립바가 그리스도인이 되었다는 기록은 찾아볼 수 없습니다(사도행전 26:25-27).

베르니스(Bernice)는 아그립바 왕의 여동생이었습니다. 그녀는 아그립바의 궁전에서 그와 함께 살았습니다.

바울은 가이사랴에서 보호 상태에 있었습니다. 그러나 그가 체포됨으로 말미암아 이와 같이 여러 중요한 인물들에게 예수님에 관하여 전파할 기회를 갖게 되었습니다.

바울이 탄 배는 어디에서 파선당했나?

사도행전 28장

바울의 일행은 로마를 향해 출발하였습니다. 그들은 로마 백부장과 군사들의 보호하에 배로 여행하였습니다. 그 여행은 매우 더뎠습니다. 그들이 로마에 도착하기 전에 폭풍이 이는 계절이 되었습니다. 바울은 백부장에게 겨울이 지날 때까지 다른 배로 옮기지 말 것을 경고하였습니다. 그러나 백부장은 성급했습니다. 그는 바울의 말을 들으려 하지 않았습니다.

큰 광풍이 배에 몰아닥쳤습니다. 배는 14일 동안 폭풍에 시달리며 기우뚱거렸습니다. 결국 배는 멜리데섬에서 난파되었습니다. 하지만 다행히 그 배에 타고 있었던 276명은 모두 무사히 구출되었습니다.

멜리데섬은 시실리로부터 약 145km 떨어져 있는, 길이 29km, 너비 13km의 작은 섬입니다. 배에 탔던 사람들은 다른 배가 올 때까지 거기에서 석 달을 체류하였습니다. 전해 내려오는 말에 의하면 교회가 여기에서 시작되었다고 합니다. 멜리데섬 주민들은 바울에게 있어서 좋은 전도 대상자였으며, 바울은 그 기회를 놓치지 않고 예수 그리스도의 복음을 전파하였던 것입니다.

바울에게 어떤 일이 일어났나?

바울은 약 31년 동안 로마에 머물러 있었습니다. 그러나 결국 그는 무죄로 판명되어 풀려났습니다. 바울은 그때 서바나로 가서 선교 여행을 계속하였습니다. 그는 이전에 서바나에 가 본 적이 없었습니다. 그는 그리스로 돌아가기 전까지 약 3년을 넘게 그곳에서 지냈습니다. 그리스에서 바울은 다시 체포되어 로마로 호송되었습니다. 로마 정부는 바울을 유죄로 인정하여 그를 처형하였습니다. 바울이 예루살렘에서 처음 체포된 지 약 11년 이후의 일이었습니다.

바울은 33세에 그리스도인이 되었고, 약 20년 동안 예수님을 전파하기 위하여 선교 여행을 하였습니다. 그는 이방인들에게 예수 그리스도를 전파하는 중요한 일을 하였습니다. 그는 또한 신약성경 27권 중 13권을 기록하였습니다. 바울은 기독교 역사상 매우 중요한 인물들 가운데 한 사람입니다.

선교사로서의 바울

다음은 바울이 기록한 편지의 일부입니다. "저희가 그리스도의 일꾼이냐 정신 없는 말을 하거니와 나도 더욱 그러하도다. 내가 수고를 넘치도록 하고 옥에 갇히기도 더 많이 하고 매도 수없이 맞고 여러 번 죽을 뻔하였으니 유대인들에게 사십에 하나 감한 매를 다섯 번 맞았으며 세 번 태장으로 맞고 한 번 돌로 맞고 세 번 파선하는데 일 주야를 깊음에서 지냈으며 여러 번 여행에 강의 위험과 강도의 위험과 동족의 위험과 이방인의 위험과 시내의 위험과 광야의 위험과 바다의 위험과 거짓 형제 중의 위험을 당하고 또 수고하며 애쓰고 여러 번 자지 못하고 주리며 목마르고 여러 번 굶고 춥고 헐벗었노라. 이 외의 일은 고사하고 오히려 날마다 내 속에 눌리는 일이 있으니 곧 모든 교회를 위하여 염려하는 것이라"(고린도후서 11:23-28).

바울의 외모

성경은 어떤 사람들이 그를 약하다(고린도후서 10:10)고 생각하였다는 점 외에는 어떤 이야기도 하고 있지 않습니다. 그러나 2세기에 아시아의 한 작가는 바울을 이렇게 묘사하고 있습니다. "그는 대머리에 구부정한 다리를 가졌으며 두 눈썹이 맞닿아 있고 매부리코에 아주 다정다감한 사람이었는데, 키는 작았으나 건강한 사람이었다."

바울은 외적으로 별로 뛰어나 보이지 않았는지도 모릅니다. 그러나 그는 기독교 역사상 매우 중요한 사람들 중의 한 사람입니다.

생각하고 실천합시다

1. 유대 지도자들은 바울과 기독교의 적이었습니다. 그러나 많은 유대인들이 바울처럼 그리스도인이 되었습니다. 하나님은 유대인들에 대하여 어떻게 생각하실까요? 로마서 1:16과 11:28, 29를 읽어 봅시다.

2. 왜 바울은 선교사로서 어려움을 자진해서 떠맡았을까요? 아래의 구절에서 바울의 이야기를 읽어 봅시다. 그리고 왜 바울이 선교사가 되는 것을 기뻐하였는지에 대하여 생각해 봅시다(데살로니가전서 2:17-20; 디모데전서 1:12-17).

3. 바울은 다른 사람들과 함께 선교 여행을 여러 번 떠났습니다. 바나바와 실라, 요한, 마가, 누가는 어떤 사람들이었습니까?

교회에 보내는 바울의 서신들

사도 바울은 선교 여행을 하면서, 자신이 세운 교회에 편지를 보냈습니다. 바울의 이 편지들은 필사되어 다른 교회에도 전해졌습니다. 로마 제국 내의 모든 교회들은 바울의 편지들을 수집하였습니다. 사복음서와 더불어 이 편지들은 예수님에 관하여 중요한 가르침을 주고 있으며, 그리스도인이 어떻게 살아야 할 것인가를 가르쳐 주고 있습니다. 이것들은 신약성경의 일부가 되었습니다.

좋은 소식

★ 예수께서는 우리를 하나님께로 인도하며 그분을 기쁘시게 할 능력을 주십니다.

☆ 예수께서는 다시 오실 것입니다.

왜 바울은 편지를 썼나?

바울과 그의 선교 동역자들은 한 도시에 오랫동안 머무르지 않았습니다. 어떤 때에는 단 몇 주밖에 머무르지 않을 때도 있었습니다.

바울은 다른 사람에게 편지 내용을 불러 주어 적게 하고는 거기에 서명하였다.

그러나 어떤 경우에는 일 년 이상 머무르기도 하였습니다. 그런데 이와 같은 선교 여행 도중에는 바울이 새로 그리스도인이 된 사람들에게 하나님과 예수님에 관하여 모든 것을 가르칠 수가 없었습니다.

바울은 여행할 때 종종 그리스도인 친구들에게서 편지를 받았습니다. 그들은 신생 교회들의 문제점에 관하여 바울에게 이야기했습니다. 또한 어떤 사람들은 기독교 가르침에 대하여 오해를 하기도 했습니다. 그래서 바울은 디도와 디모데 같은 동역자들을 잠시 동안 그런 교회에 가서 가르치도록 보내기도 하였습니다.

바울은 종종 각 교회에 편지를 썼습니다. 바울의 교훈적인 서신들은 보존되고 필사되었습니다. 그리고 이 편지들은 여러 그리스도인들에게 다시 보내졌습니다. 바울이 쓴 13개의 서신은 현재 신약성경의 일부가 되었습니다.

갈라디아서의 기록

첫번째 선교 여행에서 바울은 로마 제국에 속한 갈라디아의 남쪽 지방에 있는 도시들을 여행하였습니다(사도행전 13, 14장). 이때 유대계 그리스도인들이 그를 따라왔습니다. 그들은 그리스도인도 구약성경의 율법을 지켜야만 한다고 가르쳤습니다(사도행전 15:1, 5). 그들은 바울이 진정한 사도가 아니라고 말했습니다. 그리고 하나님께서 구약성경의 율법을 주셨기 때문에 모든 사람들이 반드시 지켜야 한다고 했습니다.

갈라디아에 보낸 편지에서 바울은 새로이 그리스도인이 된 사람들에게 경고하고 있습니다. 그 내용은 율법을 지킴으로써 구원을 받는 것이 아니라 예수님을 믿음으로써 구원을 받게 된다는 것입니다. 또한 그리스도인들은 예수님을 언제나 믿어야 한다는 것입니다. 우리도 예수께서 우리가 하나님을 기쁘시게 하는 생활을 하도록 도우실 것을 믿어야 합니다.

갈라디아서의 주요 내용

- 바울이 갈라디아 교회의 교인들에게 문안 인사를 함 1:1-5
- 바울의 사도권에 대한 입증 1:6－2:21
- 복음이 율법보다 더 좋은 것임을 나타냄 3:1－4:31
- 성령께서 그리스도인들을 선하게 하실 것임을 나타냄 5:1－6:10
- 바울의 작별 인사 6:11-18

데살로니가

데살로니가는 그리스의 중요한 도시였습니다. 이곳은 유럽에서 가장 큰 무역 중심지로, 항구도 있었습니다. 그리고 '비아 에그나티아'(Via Egnatia)라는 고속도로도 있었습니다.

바울 시대에는 많은 유대인들이 데살로니가에 정착하였습니다. 바울은 그곳에 갔을 때 맨 먼저 유대인의 회당으로 갔습니다. 그는 그곳에 세 번이나 갔습니다. 그러나 유대인들은 복음을 받아들이지 않았습니다. 바울은 데살로니가에서 장막 만드는 일을 하며 오랫동안 머물렀습니다(데살로니가전서 2:9). 그는 빌립보 교인들로부터 두 차례에 걸쳐 쓸 돈을 받기도 하였습니다(빌립보서 4:16). 바울은 데살로니가에서 교회를 시작하였습니다. 그곳의 그리스도인들은 이웃에게 복음을 전파하기 시작하였습니다(데살로니가전서 1:8).

데살로니가 교회는 점점 더 성장해 갔습니다. 바울의 메시지를 듣고 싶지 않았던 유대인들은 시기하기 시작하였습니다. 그들이 소요를 일으키자 선교사들은 할 수 없이 그 도시를 떠나야만 했습니다.

바울은 생계를 유지하고 다른 사람들을 돕기 위하여 장막 짓는 일을 하였다.

장막 짓는 사람들은 장막을 만들 때 동물 가죽을 벗기는 칼을 사용하였습니다. 그들은 뼈나 금속 바늘 또는 앞이 뾰족한 기구를 사용하여 가죽들을 서로 이어 꿰메었습니다. 왜 바울은 생업으로 그렇게 힘든 장막 짓는 일을 해야 했을까요? 그 당시 대부분의 종교 지도자들은 그들의 제자들이 내는 돈으로 생활하였습니다. 그러나 바울은 "스스로 너희에게 본을 주어 우리를 본받게 하려 함이라"(데살로니가후서 3:9)고 하였습니다. 그리스도인들은 열심히 일하고, 어려운 사람들도 도와야 합니다.

데살로니가 교회에 보낸 바울의 두 서신

데살로니가에 있을 때 바울은 새 신자들에게 예수께서 곧 다시 오실 것이라고 가르쳤습니다. 바울이 떠난 뒤 교인들은 바울이 말한 것에 대하여 혼동하였습니다. 그래서 두 서신을 통해 바울은 예수께서 다시 오실 때에 어떤 일이 일어날 것인지에 대하여 더 자세히 설명하여 교인들의 이해를 도왔습니다. 그는 데살로니가 교인들이 하나님의 말씀을 듣는데 매우 열심이라는 것을 듣고 몹시 기뻐하였습니다. 그리고 그들이 얼마나 주를 기쁘시게 하고자 하는지를 기억하였습니다.

데살로니가전서의 주요 내용

- 당신의 생을 바꾸어 놓은 말씀을 어떻게 믿어야 하는가? 1:2-10
- 사랑이 어떻게 당신으로 하여금 하나님의 메시지를 받아들이도록 하는가? 2:1-20
- 바울이 데살로니가를 방문하기를 간절히 원함. 3:1-13
- 어떻게 하나님을 기쁘게

해 드리며 살 것인가? 4:1-12
- 예수께서는 어떻게 다시 오시는가? 4:13-18
- 예수님의 오심을 어떻게 준비할 것인가? 5:1-11
- 바울의 작별 인사 5:12-28

데살로니가후서의 주요 내용

- 예수께서 다시 오실 때 하나님은 죄인들을 어떻게 심판하시는가? 1:1-12
- 예수께서 다시 오시기 전에 악한 일들이 어떤 형태로 일어날 것인가? 2:1-17
- 예수께서 다시 오실 때까지 어떻게 기도하고 살 것인가? 3:1-18

고린도

고린도는 그리스에 있는 도시인데, 두 바다 사이에 항구가 있는 매우 중요한 무역 도시였습니다(199페이지 지도 참조). 바울 시대에 고린도에는 약 60만 명이 살고 있었습니다.

고고학자들은 그곳에서 33개의 수도가 있는 도로도 발견하였습니다. 이렇게 발달했던 곳이었지만 그곳은 평판이 매우 나빴습니다. 극심한 죄악의 도시였기 때문에 바울 시대에 어떤 사람을 향해 '고린도인'이라고 부르는 것은 심한 욕설이었습니다.

바울은 고린도에 적어도 1년 반 이상을 머물렀습니다. 그는 처음에는 유대인의 회당에서 가르쳤으나 유대인들이 그를 회당 밖으로 쫓아내자 회당 옆에 있는, 로마인으로서 그리스도인이 된 사람의 집에서 가르쳤습니다(사도행전 18:7).

그 후에 바울은 이 도시에서 로마서를 기록하였습니다. 마지막 장에서 바울은 '에라스도'라는 이름의 남자를 언급하고 있습니다(로마서 16:23). 그는 고린도의 높은 관리 중 한 사람이었습니다.

고린도는 죄악이 가득한 곳이었습니다. 그곳의 그리스도인들은 선하고 거룩하게 사는 방법을 배워야만 하였습니다. 고린도 교회는

성 베드로 갈리칸투(St. Peter Gallicantu)에 있는 지하 감옥

여러 가지 문제점을 가지고 있었습니다. 그래서 고린도 교회에 보내는 바울의 편지들은 그리스도인의 방법으로 교회 내의 문제들을 해결하는 데 도움을 주려고 기록된 것입니다.

고린도전서의 주요 내용

- 분열의 문제에 대한 답변 1:1－4:20
- 간음의 문제에 대한 답변 5:1-13
- 율법의 문제에 대한 답변 6:1-20
- 결혼 문제에 대한 답변 7:1-40
- 다른 것을 가르치는 문제에 대한 답변 8:1－10:33
- 우상 숭배의 문제에 대한 답변 11:1-34
- 영적 은사와 예배 문제에 대한 답변 12:1－14:40
- 다가올 부활의 문제에 대한 답변 15:1-58
- 바울의 작별 인사 16:1-24

고린도에 있던 많은 사람들은 바울의 편지를 읽고 회개하였습니다. 그들은 바울이 자신들에게 말한 대로 행하는 것을 좋아하지는 않았으나 많은 사람들이 사도 바울의 말을 경청하였습니다. 바울은 고린도에 또 한 통의 편지를 썼습니다. 그는 자기가 말한 것을 지켜 행한 사람들을 칭찬하였습니다. 아울러 그의 교훈에 순종하지 않는 사람들에게 경고하였습니다.

고린도후서의 주요 내용

- 고린도 교인들에 대한 바울의 느낌 1:1－2:17
- 예수님에 대하여 가르치도록 만드시는 하나님의 역사 3:1－5:21
- 그들이 돕는 사람들을 사랑하도록 만드시는 하나님의 역사 6:1－7:16
- 남을 돕기 위해 나의 것을 아끼지 않도록 만드시는 하나님의 역사 8:1－9:15
- 교회를 세우고 그리스도인들을 가르치기 시작하도록 바울에게 선교를 허락하심 10:1－13:10
- 바울의 작별 인사 13:11-14

바울 서신에 나타난 그리스도인들을 위한 약속

"그러므로 네가 이 후로는 종이 아니요 아들이니 아들이면 하나님으로 말미암아 유업을 이을 자니라"(갈라디아서 4:7).

"오직 성령의 열매는 사랑과 희락과 화평과 오래 참음과 자비와 양선과 충성과 온유와 절제니 이같은 것은 금지할 법이 없느니라"(갈라디아서 5:22, 23).

"그 후에 우리 살아 남은 자도 저희와 함께 구름 속으로 끌어올려 공중에서 주를 영접하게 하시리니 그리하여 우리가 항상 주와 함께 있으리라"(데살로니가전서 4:17).

"주는 미쁘사 너희를 굳게 하시고 악한 자에게서 지키시리라"(데살로니가후서 3:3).

"주께서 너희를 우리 주 예수 그리스도의 날에 책망할 것이 없는 자로 끝까지 견고케 하시리라"(고린도전서 1:8).

"사람이 감당할 시험밖에는 너희에게 당한 것이 없나니 오직 하나님은 미쁘사 너희가 감당치 못할 시험당함을 허락지 아니하시고 시험당할 즈음에 또한 피할 길을 내사 너희로 능히 감당하게 하시느니라"(고린도전서 10:13).

"그러나 각각 자기 차례대로 되리니 먼저는 첫 열매인 그리스도요 다음에는 그리스도 강림하실 때에 그에게 붙은 자요"(고린도전서 15:23).

"우리의 모든 환난 중에서 우리를 위로하사 우

리로 하여금 하나님께 받는 위로로써 모든 환난 중에 있는 자들을 능히 위로하게 하시는 이시로다"(고린도후서 1:4).

"우리가 다 수건을 벗은 얼굴로 거울을 보는 것같이 주의 영광을 보매 저와 같은 형상으로 화하여 영광으로 영광에 이르니 곧 주의 영으로 말미암음이니라"(고린도후서 3:18).

"하나님이 능히 모든 은혜를 너희에게 넘치게 하시나니 이는 너희로 모든 일에 항상 모든 것이 넉넉하여 모든 착한 일을 넘치게 하게 하려 하심이라"(고린도후서 9:8).

"마지막으로 말하노니 형제들아 기뻐하라. 온전케 되며 위로를 받으며 마음을 같이하며 평안할지어다. 또 사랑과 평강의 하나님이 너희와 함께 계시리라. 거룩하게 입맞춤으로 서로 문안하라"(고린도후서 13:11).

생각하고 실천합시다

1. 바울이 쓴 다섯 개의 서신서(갈라디아서, 데살로니가전서, 데살로니가후서, 고린도전서, 고린도후서) 중에서 한 개를 선택하여 읽어 봅시다. 당신이 읽은 서신서의 중요한 부분에 밑줄을 그어 보십시오. 그리고 왜 그 부분을 중요하게 생각하는지를 설명해 보십시오.

2. 성경에서는 그리스도인이 한몸의 지체들이라고 말하고 있습니다. 각 지체는 다른 지체들을 돕는 특수한 일을 해야 합니다. 사람을 그려 봅시다. 당신이 몸에서 되고 싶은 지체를 선택하고, 왜 그 지체가 되고 싶은지 말해 보십시오. 그리고 고린도전서 12장을 보고 그리스도의 몸의 한 지체와 같이 사는 방법에 대하여 배워 봅시다.

3. 사랑은 하나님께 매우 중요한 것입니다. 고린도전서 13장을 읽고서 당신이 생각해낸 사랑의 정의가 이 성경 구절 가운데 어느 것에 가장 가까운지 확인해 봅시다.

4. 고린도후서 8, 9장에는 헌금에 관한 교훈이 담겨 있습니다. 헌금에 대하여 배운 바를 5가지 정도 적어 보십시오. 왜 교회는 기독교 사업을 위해 헌금을 해야 할까요?

그리스도인들을 강건케 하는 바울의 편지

바울은 여행을 통해 아시아와 유럽의 가장 활기차고 번성한 도시들 가운데 몇 군데를 방문했습니다. 그는 가는 곳마다 교회를 세웠습니다. 그리고 선교팀이 여행을 할 때에 그는 자주 편지를 보냈습니다. 이 편지들은 교회들을 가르치고 인도하는 데 도움을 주었습니다.

좋은 소식

★ 예수님은 자신을 믿는 자들을 위하여 모든 선한 일을 가능케 하는 분입니다.

바울 시대의 로마

로마서

로마는 지상에서 가장 분주하고 활기가 넘치는 도시였습니다. 바울은 죄수의 몸으로 그곳에 가기 5, 6년 전에 로마의 그리스도인들에게 편지를 썼습니다.

로마는 면적이 20㎢로 티베르강 동쪽의 일곱 개의 낮고 평평한 언덕 위에 건설되었습니다. 바울이 그곳에 갔을 때, 그곳은 800년의 역사를 가지고 있었습니다. 인구는 약

로마 시대의 부유층이 살던 저택. 로마 시대에는 빈부의 격차가 매우 심했다. 부유한 사람들은 아름다운 정원이 딸린 엄청나게 큰 집에서 살았으나 가난한 사람들은 좁은 아파트에서 살거나 노예가 되었다.

로마 시내에 물을 공급해 주었던 가이사의 도수교(導水橋)

100만 명이었는데 로마에 사는 사람들의 반 이상이 노예였습니다.

로마 시대의 사람들은 빈부의 격차가 매우 심했습니다. 물가도 매우 높았고, 대부분의 사람들은 아파트와 같은 좁은 집에서 살았습니다. 어떤 사람이 그 당시에 살았던 한 사람에 대해 썼는데, 그의 방으로 가려면 200개의 계단을 올라가야 했다고 합니다. 반면에 부자들은 수영장과 정원을 지닌 큰 집을 소유했습니다.

도시의 중심은 사람들로 붐볐습니다. 그곳에는 사람들이 걸어서 일터에 갈 수 있도록 아파트가 세워져 있었습니다. 도시에는 하수도들도 있었습니다. 그러나 가로등은 없었습니다.

물은 14개의 벽돌과 돌로 만든 도수교(導水橋)를 통해서 공급되었습니다. 수로는 약 2,000km에 걸쳐서 이어졌는데, 매일 약 11억 리터의 물을 로마로 공급했습니다.

로마에는 도서관도 몇 개 있었습니다. 또한 서점들도 있어서 그곳에서 지금의 우리 돈으로 계산할 때 1,200원이면 손으로 쓴 책 한 권을 살 수 있었습니다.

로마에는 약 2만 명의 유대인들이 살고 있었습니다. 로마의 황제들은 그들을 싫어해서 자주 도시에서 쫓아냈습니다. 후에는 로마의 그리스도인들도 박해를 받았습니다. 처음에는 유대인들이, 후에는 그리스도인들이 그리 단단하지 않는 바위를 파서 긴 터널과 방을 만들어 무덤이나 피신처로 사용하였습니다. 그리스도인들이 예배하기 위해 만나던 이러한 지하의 터널과 방은 '카타콤'(catacombs)이라고 부릅니다. 로마시 밑에는 약 960km 길이의 카타콤이 있습니다.

로마의 황제들은 수도인 로마를 아름답게 꾸미려고 노력했습니다. 그들은 사원과 공공 건물을 대리석과 금으로 치장했습니다.

바울 시대에 '키르쿠스 막시무스'(Circus Maximus)에서는 스포츠 경기들이 열렸습니다. 이 경기들은 흔히 '검투사'라 불리는 남성들이 서로 싸우고 죽이는 것이었습니다. 또는 사나운 동물들과 싸우기도 했습니다. 후에는 그리스도인들이 검투사들이나 사나운 짐승들에 의해 죽임을 당했습니다. 로마인들은 이것을 보며 즐겼습니다. 로마는 크고 분주한 도시였습니다. 그러나 로마는 또한 잔인한 도시였습니다. 로마인에게 있어서 개개인은 중요하지 않았습니다.

바울은 로마인들에게 편지를 썼습니다. 그 편지에서 그는 하나님께서 개개인을 얼마나 사랑하시는지를 보여 줍니다. 그리고 하나님의 아들 예수 그리스도에 대한 믿음이 한 개인을 어떻게 진실로 선한 삶으로 인도하는지를 보여 주고 있습니다.

로마서의 주요 내용

- 의로운 사람이 어디에도 없다는 증거 1:1－3:20
- 예수님을 믿는 믿음을 통해서 우리에게 선을 베푸신다는 하나님의 약속 3:21－5:21
- 하나님께서 우리가 성령을 통해 선한 삶을 살 수 있도록 하신다는 약속 6:1－8:39
- 하나님께서 이스라엘을 다루시는 것이 옳다는 증거 9:1－11:36
- 예수님의 교회 안에서 타인들과 바른 삶을 살기 위한 표본 12:1－15:13
- 개인적 인사 15:14－16:27

당시의 그리스도인들은 '콜로세움'이라는 곳에서 사나운 짐승들이나 무장된 검투사들과 싸워야 했다. 이때 종종 그리스도인들이 죽기도 했다. 로마인들은 그 모습을 관람하며 즐겼다.

에베소

에베소서

에베소는 로마 제국에서 가장 큰 아시아의 도시였습니다. 그곳에는 각국에서 온 배들이 항구에 정박을 하고 있었습니다.

에베소는 '디나' 신전으로 매우 유명했습니다. 디나는 '아르테미스'라고도 불렸는데, 이 신전은 고대 세계의 일곱 신비들 중 하나였습니다. 건물의 넓이는 49.2㎢, 길이는 102.6m였습니다. 이 거대한 신전은 축구 경기장보다도 12m가 더 길었습니다. 건물 바깥쪽에는 16.5m 높이의 기둥이 100개나 있었습니다.

매년 50만 명 이상의 사람들이 디나를 위한 한 달간의 축제 때 에베소에 모였습니다. 신전의 금고는 매우 풍성했습니다. 사제들은 신전의 돈을 은행의 돈과 같이 사용하여 이자를 받고 돈을 대출해 주기도 했습니다. 아마도 세계 최초의 여행자 수표는 에베소의 디나 신전에서 발행했을 것입니다.

에베소 사람들은 많은 사람들이 그들의 아름다운 신전을 방문하기 위해 오는 것에 대해 대단한 자부심을 느꼈습니다. 그곳의 은으로 만든 여신상을 만들어 파는 사람들은 돈벌이가 아주 잘됐습니다. 그들은 자신들이 섬기는 여신의 우상과 종교의 상징물들을 만들었습니다. 에베소의 종교는 매우 미신적이었으며, 그곳 사람들은 사악한 마술을 행했습니다.

그런데 바울과 그 밖의 다른 선교사들이 그곳에 머물러 있을 때 많은 사람들이 그리스도인이 되었습니다. 이로 인하여 은장색들은 돈벌이에 막대한 손해를 보았습니다. 마술에 관계된, 수백만 원 상당의 책들이 공개적으로 불살라졌습니다.

에베소 사람들은 그들의 신전과 거짓된 여신을 자랑으로 여겼습니다. 그러나 바울은 오직 예수님만이 주님이심을 알고 있었습니다. 그리스도인들은 예수님을 자랑했습니다. 그리고 그들은 예수님의 백성이 된 것을 감사했습니다. 에베소인들에게 보내는 바울의 편지는 그들에게 예수에 관한 모든 것을 생각나게 했습니다. 모든 내용이 그리스도에 관한 것으로 우리가 예수님을 알고 그분께 예배하는 것이 얼마나 중요한가를 말하고 있습니다.

에베소서

- 예수님은 우리의 죄를 용서하시며 우리를 구원해 주셨다. 1:1-14
- 예수님은 우리에게 힘과 능력을 주신다. 1:15-23
- 예수님은 우리에게 새로운 삶을 주신다. 2:1-10
- 예수님은 원수들을 연합시키고 모든 그리스도인들을 하나로 만드신다. 2:11-3:13
- 예수님의 사랑은 다른 신자들과의 관계에서도 경험할 수 있다. 3:14-21
- 모든 그리스도인들은 예수님의 몸의 지체이다. 4:1-16
- 예수님은 우리를 거룩케 하시므로, 우리는 그분을 위하여 선한 삶을 살아야 한다. 4:17-6:20

노예들

빌레몬서

로마 제국에서 인구의 절반은 노예였습니다. 대부분의 노예들은 노동자들이었습니다. 그들은 농사를 짓거나 도로를 건설하거나 그 밖의 힘든 일들을 해야 했습니다. 노예들 중에는 교육을 많이 받은 사람도 있습니다. 그들은 책을 베끼고, 장사를 하고, 주인의 아이들을 가르치는 일을 했습니다. 신약의 몇몇

바울과 실라가 갇혔었던 빌립보의 감옥

편지들은 그리스도인 노예들에게 그들의 주인을 기쁘게 하기 위해 열심히 일하라고 촉구하고 있습니다.

그중에서 빌레몬서는 도망친 노예에 관하여 말하고 있습니다. '오네시모'라는 이 노예는 바울과 함께 감옥에 있었는데, 거기서 그리스도인이 되었습니다. 골로새 교회의 지도자인 빌레몬은 그 도망친 노예의 주인으로, 그리스도인이었습니다. 바울은 오네시모를 빌레몬에게 돌려보내면서 그를 환대할 것을 부탁하는 편지를 썼습니다. 오네시모는 곧 다시 종으로서 일하게 되었을 뿐만 아니라 그리스도 안에서 형제가 되었습니다.

그런데 사람들이 어떻게 해서 노예가 되었을까요? 어떤 이들은 전쟁에서 사로잡혀온 경우도 있었고, 노예의 자녀로 태어난 자들도 있었습니다. 혹은 어떤 이들은 부모에 의해서 노예로 팔렸습니다. 또 어떤 이들은 빚을 갚기 위해 스스로 자신을 팔아서 노예가 되었습니다.

노예였던 사람은 주인에 의해서 자유인이 될 수도 있었습니다. 또한 노예는 다른 사람에게 팔릴 수도 있었고, 자유를 얻기 위해 돈을 모으기도 했습니다.

하나님의 말씀은 신약시대에 노예였던 사람들이 주인을 잘 섬기도록 촉구하였고, 자유를 얻기 위한 모든 기회를 찾도록 가르쳤습니다.

바울은 그리스도인을 묘사할 때 노예 제도에 비유했습니다. 예수님은 죄의 노예인 우리를 자유케 하려고 죽으셨습니다. 우리는 죄가 명하는 것을 할 필요가 없습니다. 예수님의 죽음은 우리가 하나님께로 돌아가게 하기 위한 것이었습니다. 그리스도인인 우리는 이제 하나님을 섬기기로 결정할 자유가 있습니다. 예수님은 우리를 자유케 하시고 이웃을 사랑하고 선을 행하도록 하셨습니다.

빌립보의 감옥

사도행전 16장; 빌립보서

로마 제국의 감옥들은 어둡고 무시무시했습니다. 공기도 잘 통하지 않았으며, 욕실도 없었고 음식도 형편 없었습니다. 바울과 그의 동료 선교사인 실라는 빌립보에서 매를 맞았습니다. 그들은 재판도 받지 못하고 곧바로 감옥에 던져졌습니다. 그들은 가장 열악한 감옥에 수감되었습니다. 간수는 그들의 발에 차꼬까지 채웠습니다. 이것은 아마도 돌로 된 바닥에 구멍을 뚫은 것이었을 것입니다. 바울과 실라는 발이 돌바닥에 채워져 있어서 눕지도, 자지도 못했을 것입니다.

바울과 실라는 낙망할 수도 있었습니다. 그러나 그들은 찬송을 부르며 하나님을 찬양했습니다. 그때에 하나님께서는 지진을 일으키고, 옥문을 열어 감옥으로부터 그들을 자유케 해 주셨습니다. 빌립보 감옥의 간수가 어떻게 그리스도인이 되었는가를 찾아봅시다. 사도행전 16:61-40에서 알 수 있습니다.

바울과 실라는 가장 고난의 순간에도 기쁨으로 충만했습니다. 바울은 빌립보 교인들에게 편지를 썼습니다. 그 편지에서 그는 모든 그리스도인들이 어떻게 기쁨을 찾을 수 있는지를 말하고 있습니다.

빌립보서의 주요 내용

- 그리스도인들은 타인에게 예수님에 대하여 전함으로 기쁨을 얻는다. 1:1-30
- 그리스도인들은 서로를 돌봄으로 기쁨을 얻는다. 2:1-30
- 그리스도인들은 예수님을 기쁘시게 함으로써 즐거움을 얻는다. 3:1-21
- 그리스도인들은 모든 일에 예수님을 신뢰함으로써 기쁨을 얻는다. 4:1-23

골로새서의 주요 내용

골로새서도 기독론적인 편지로서, 전체가 예수님에 관한 내용입니다. 바울은 골로새 교인들에게 예수님은 참으로 하나님이심을 가르쳤습니다. 예수님은 세상에 와서 실제 인간으로 사셨습니다. 그분은 날마다 옳은 것을 행하여 하나님을 기쁘시게 했습니다. 우리 그리스도인들도 날마다 옳은 것을 행함으로 하나님을 기쁘시게 할 수 있습니다.

골로새서

- 바울의 인사와 골로새 교인들을 위한 기도 1:1-14
- 예수님이 진실로 하나님이심을 보여 줌. 1:15－2:4
- 그리스도인의 삶을 살지 않는 것이 어떠함을 보여 줌. 2:5-23
- 우리가 어떻게 그리스도인의 삶을 살고 예수님을 기쁘시게 할 수 있는지를 보여 줌. 3:1－4:6
- 그리스도인 친구들에 관한 소식 4:7-18

바울의 편지에 쓰인 예수님에 관한 말씀

"예수는 우리 범죄함을 위하여 내어 줌이 되고 또한 우리를 의롭다하심을 위하여 살아나셨느니라"(로마서 4:25).

"내가 확신하노니 사망이나 생명이나 천사들이나 권세자들이나 현재 일이나 장래 일이나 능력이나 높음이나 깊음이나 다른 아무 피조물이라도 우리를 우리 주 그리스도 예수 안에 있는 하나님의 사랑에서 끊을 수 없으리라"(로마서 8:38, 39).

"모든 정사와 권세와 능력과 주관하는 자와 이 세상뿐 아니라 오는 세상에 일컫는 모든 이름 위에 뛰어나게 하시고"(에베소서 1:21).

"능히 모든 성도와 함께 지식에 넘치는 그리스도의 사랑을 알아"(에베소서 3:18).

"그는 근본 하나님의 본체시나 하나님과 동등됨을 취할 것으로 여기지 아니하시고"(빌립보서 2:6).

"이러므로 하나님이 그를 지극히 높여 모든 이름 위에 뛰어난 이름을 주사 하늘에 있는 자들과 땅에 있는 자들과 땅 아래 있는 자들로 모든 무릎을 예수의 이래 꿇게 하시고"(빌립보서 2:9, 10).

"그는 보이지 아니하시는 하나님의 형상이요 모든 창조물보다 먼저 나신 자니"(골로새서 1:15).

"만물이 그에게 창조되되 하늘과 땅에서 보이는 것들과 보이지 않는 것들과 혹은 보좌들이나 주관들이나 정사들이나 권세들이나 만물이 다 그로 말미암고 그를 위하여 창조되었고 또한 그가 만물보다 먼저 계시고 만물이 그 안에 함께 섰느니라"(골로새서 1:16, 17).

"이제는 그의 육체의 죽음으로 말미암아 화목케 하사 너희를 거룩하고 흠 없고 책망할 것이 없는 자로 그 앞에 세우고자 하셨으니"(골로새서 1:22).

"그 안에는 신성의 모든 충만이 육체로 거하시고 너희도 그 안에서 충만하여졌으니 그는 모든 정사와 권세의 머리시라"(골로새서 2:9, 10).

"…그리스도께서 하나님 우편에 앉아 계시느니라"(골로새서 3:1).

생각하고 실천합시다

1. 로마서 1-3장을 읽으십시오. 사람이 선하지 않은 이유를 몇 개나 찾을 수 있습니까?
2. 에베소서 1, 2장을 읽으십시오. 예수께서 당신과 다른 그리스도인들을 위해 행하신 일에는 어떤 것이 있습니까?
3. 빌립보서에서 '기쁨', '기뻐하다'(또는 '행복한') 등의 단어가 사용된 횟수를 세어 봅시다. '행복한'이라는 말이 들어간 절을 주의해서 읽으십시오. 삶 가운데 당신을 행복하게 하는 것은 무엇입니까?

젊은 지도자들에게 보내는 편지들

디모데와 디도는 바울의 선교 일행에 속한 젊은이들이었습니다. 머지않아 이들은 모두 중요한 지도자가 되었습니다. 바울은 특별한 도움이나 가르침이 필요한 교회에 그들을 보냈습니다. 디모데전·후서, 디도서는 바울이 이들 젊은 지도자들에게 쓴 편지입니다.

좋은 소식

★ 젊은 사람도 지도자가 되어서 다른 사람들을 도울 수 있습니다.

☆ 바울과 같은 선배 지도자들은 젊은이들이 좋은 지도자가 되도록 도와야 합니다.

디모데는 어떤 사람이었나?

디모데는 사도행전에서 자주 언급됩니다. 그는 또한 교회들에게 보내는 바울의 편지들 속에서도 언급됩니다. 바울은 아마 첫번째 선교 여행에서 그를 만났을 것입니다.

디모데의 부친은 헬라인이었고 그의 모친은 유대인으로서 예수님을 믿게 된 사람이었습니다. 그의 모친 유니게와 그의 외조모 로이스는 디모데가 어렸을 때부터 구약성경을 가르쳤습니다(디모데후서 1:5).

디모데는 종종 사도 바울과 선교 여행을 같이 다녔던 선교사였다. 바울은 디모데가 그리스도 안에서 훌륭한 지도자가 될 수 있도록 그를 양육하였다.

디모데는 선교사들과 합류했을 때에 십대였을 수도 있습니다. 디모데가 나이가 들어감에 따라, 바울은 그에게 특별한 선교 사명을 맡겼습니다. 바울은 그를 데살로니가에 보내서 그곳의 교회가 어떠한 상태인지를 알아보도록 했습니다. 후에 바울은 디모데를 고린도로 보내서 그곳 교인들이 문제를 해결하는 것을 돕게 했습니다.

바울과 디모데는 매우 가까운 사이였습니다. 바울은 자식이 없었기 때문에 젊은 디모데를 사랑하는 아들로 생각했습니다(디모데후서 1:2).

디모데전서는 디모데가 에베소에 있는 교회에서 사역하고 있을 때 쓰여졌습니다. 디모데는 교회가 좋은 지도자를 선택하도록 돕고 있었고, 그러한 지도자들을 가르치고 있었습니다. 디모데후서는 바울이 로마의 감옥에 있을 때 쓰여진 것입니다. 그러니까 바울이 죽기 직전에 기록한 것이 됩니다.

디모데는 대담한 사람은 아니었습니다. 그는 수줍음을 잘 탔습니다. 바울은 그런 그에게 사람들을 두려워하지 말라고 촉구해야 했습니다. 그러나 바울은 하나님께서 이 젊은이를 도우시리라는 것을 확신했습니다. 디모데는 바울과 다른 사도들이 죽었을 때 교회의 지도자들 중 하나가 되었을 것입니다.

디도는 어떤 사람이었나?

디도가 언제 바울의 선교 사역에 합류했는지는 아무도 모릅니다. 디도는 헬라인으로서 그리스도를 믿게 된 사람이었습니다. 그는 선한 지도자였습니다. 그래서 문제 많은 고린도 교회에서도 사역할 수가 있었습니다(고린도후서 7:6-14).

디도에게 편지를 썼을 때 바울은 그레데에 있었습니다. 여기는 사역하기가 무척 힘든 곳이었습니다. 바울은 그곳에 '복종치 아니하는' 자들이 많다(디도서 1:10)고 말하고 있습니다. 바울은 디도에게 매우 친밀함을 느꼈고, 또한 그를 '같은 믿음을 따라 된 참된 나의 아들'(디도서 1:4)이라고 불렀습니다.

디도는 바울과 다른 사도들이 세상을 떠난 후에 교회를 이끈 지도자들 가운데 한 사람입니다.

젊은 지도자에게 주는 지혜의 말씀들

"믿음과 착한 양심을 가지라"(디모데전서 1:19).

"모든 사람을 위하여 간구와 기도와 도고와 감사를 하되"(디모데전서 2:1).

"누구든지 네 연소함을 업신여기지 못하게 하고 오직 말과 행실과 사랑과 믿음과 정절에 대하여 믿는 자에게 본이 되어"(디모데전서 4:12).

"늙은이를 꾸짖지 말고 권하되 아비에게 하듯 하며"(디모데전서 5:1).

"늙은 여자를 어미에게 하듯 하며"(디모데전서 5:2).

"범죄한 자들을 모든 사람 앞에 꾸짖어 나머지 사람으로 두려워하게 하라"(디모데전서 5:20).

"의와 경건과 믿음과 사랑과 인내와 온유를 좇으며"(디모데전서 6:11).

"우리 주의 증거와 또는 주를 위하여 갇힌 자 된 나를 부끄러워 말고"(디모데후서 1:8).

"네가 청년의 정욕을 피하고 주를 깨끗한 마음으로 부르는 자들과 함께 의와 믿음과 사랑과 화평을 좇으라"(디모데후서 2:22).

"범사에 네 자신으로 선한 일의 본을 보여"(디도서 2:7).

기독교의 전파

흑해
비두니아와 본도
이달리아
로마
빌립보
데살로니가
서바나
브리기아
갑바도기아
버가모
갈라디아
티그리스강
에베소
골로새
아덴
안디옥(비시디아)
고린도
루기아와
밤빌리아
길리기아
안디옥
지중해
그레데
구브로
유대
예루살렘
알렉산드리아
멤피스
아프리카
이집트
나일강
홍해

"정사와 권세 잡은 자들에게 복종하며 순종하며 모든 선한 일을 행하기를 예비하게 하며 아무도 훼방하지 말며 다투지 말며 관용하며 범사에 온유함을 모든 사람에게 나타낼 것을 기억하게 하라"(디도서 3:1, 2).

"이는 하나님을 믿는 자들로 하여금 조심하여 선한 일을 힘쓰게 하려 함이라. 이것은 아름다우며 사람들에게 유익하니라"(디도서 3:8).

"이단에 속한 사람을 한두 번 훈계한 후에 멀리하라"(디도서 3:10).

지도자가 갖춰야 할 요건

한 사람이 지도자가 되는 것은 순식간에 이루어지는 것이 아닙니다. 디모데와 디도는 여러 해 동안 바울과 함께 여행했습니다. 그들은 먼저 훌륭한 그리스도인이 되는 법을 배웠습니다. 그리고 나서 지도자가 되었습니다.

이들 젊은 지도자들에게 보내는 편지에서 바울은 지도자는 어떤 사람이 되어야 하는지를 설명해 줍니다. 첫째, 그리스도인 지도자는 좋은 본이 되어야 합니다. 지도자는 사람들에게 그들이 어떻게 예수님을 기쁘시게 할 수 있는지를 삶의 방식, 사랑, 믿음, 순전한 삶으로 가르쳐야 합니다(디모데전서 4:12). 두 번째, 그리스도인 지도자는 좋은 교사가 되어야 합니다. 바울은 젊은 지도자들에게 계속해서 성경을 사람들에게 읽어 주고, 그들을 강건케 하고, 가르치라고 말합니다(디모데전서 4:13).

교회의 모든 지도자들은 참된 그리스도인의 삶을 살아야 합니다. 그들은 또한 사람들에게 성경이 말하는 것을 가르쳐야 합니다.

바울이 젊은 지도자들인 디모데와 디도에게 보낸 편지들을 읽어 보면 그리스도인 지도자가 되는 데 도움을 받을 수 있습니다. 바울의 편지는 다음의 질문에 답을 제시해 줍니다.

디모데전서의 주요 내용

- 어떻게 사람들로 하여금 사랑을 갖게 할 수 있는가(1:1-11)?
- 어떻게 우리의 믿음이 소멸되지 않는다고 확신할 수 있는가(1:12-20)?
- 어떻게 하나님께 기도하고 예배드려야 하는가(2:1-15)?
- 어떻게 교회의 지도자를 선출해야 하는가(3:1-16)?
- 어떻게 거짓 지도자를 분별할 수 있는가(4:1-5)?
- 어떻게 선한 교사와 지도자를 분별할 수 있는가(4:6-16)?
- 어떻게 타인을 대해야 하는가(5:1-6:2)?
- 돈과 부에 대하여 어떤 자세를 가져야 하는가(6:2-21)?

디모데후서의 주요 내용

- 하나님께서 우리에게 어떤 선물들을 주시며, 어떻게 우리가 그것들을 사용할 수 있는가(1:1-18)?
- 예수님의 충성스러운 군사가 되기 위해서 우리는 무엇을 할 수 있는가(2:1-13)?
- 예수님을 위한 충직한 일꾼이 되기 위해서 우리는 무엇을 할 수 있는가(2:14-26)?
- 그리스도인 일꾼들은 어떤 어려움을 만나게 되는가(3:1-9)?
- 나이 든 그리스도인들에게서 우리는 무엇을 배울 수 있는가(3:10-17)?
- 젊은 지도자들은 어떤 명령에 순종해야 하는가(4:1-18)?

디도서의 주요 내용

- 어떤 사람들이 교회의 지도자가 되어야 하는가(1:1-9)?
- 거짓 교사들에 대하여 우리가 무엇을 할

사도 바울은
각 도시에 있는 교회들에게
많은 편지를 썼다.
이 편지들은 아마
두루마리에 기록되었을 것이다.
각 교회의 교인들은
그것을 큰소리로 읽었다.

수 있는가(1:10-16)?

- 참된 가르침을 따르는 사람들은 어떠한 자라고 할 수 있는가(2:1-15)?
- 예수님을 아는 것이 개인의 삶 속에서 어떤 차이를 만드는가(3:1-11)?

바울과 사도들 이후의 기독교

사도들은 곳곳을 다니며 교회를 설립했습니다. 이들 교회에는 지도자인 장로와 집사들이 있었습니다. 장로와 집사들은 성도들을 가르치며 그들이 그리스도인의 삶을 살아가도록 도왔습니다.

디모데와 디도와 같은 사람들도 여러 도시를 다니면서 지도자들을 돕고 사람들을 가르쳤습니다. 바울과 그의 동료 선교사들은 주요 도시에 교회를 세웠습니다. 그래서 이러한 도시들을 여행하던 사람들은 예수님에 관하여 듣게 되었습니다. 그러한 도시들로부터 온 그리스도인들이 이웃 마을로 다니며 복음을 전파하여 얼마 있지 않아 로마 제국에는 많은 그리스도인들이 생겨나게 되었습니다.

사도들로부터 훈련을 받은 지도자들은 또 다른 지도자들을 가르쳤습니다. 그리하여 신약 교회는 성장을 거듭하였습니다.

생각하고 실천합시다

1. 바울, 로이스, 유니게 등은 젊은 디모데가 교회의 지도자가 되도록 도왔습니다. 당신을 그리스도인으로 성장하도록 돕고 있는 사람은 누구입니까?

2. 사도 바울은 젊은 지도자들을 위해 지혜로운 말씀으로 편지를 써 보냈습니다. 그가 당신에게 편지를 쓴다고 상상해 보십시오. 그가 당신에게 어떤 말을 해 줄까요?

히브리서, 야고보서, 베드로전서, 베드로후서, 요한 1·2·3서, 유다서 35

그리스도인들에게 격려를 주는 편지들

초대교회에 선교사나 교사로는 바울뿐만 아니라 많은 사람들이 있었습니다. 그들 중에 다섯 명은 신약성경에 책을 썼습니다. 이 책들은 그리스도인들을 격려하고 가르침을 줍니다. 우리는 이것들을 '공동서신'이라 부릅니다. 이 서신들은 어떤 특정한 도시나 개인에게 보다는 모든 그리스도인들에게 보내진 것입니다. 이것을 쓴 사람은 누구일까요? 야고보, 베드로, 요한, 유다입니다. 베드로와 요한은 사도였고, 일찍부터 예수님의 제자였습니다. 야고보는 마리아와 요셉 사이에서 태어난 예수님의 친동생입니다. 유다도 예수님의 형제였을 것입니다. 히브리서는 누가 기록한 것이지 확실히 알려지지 않고 있지만, 유대계의 그리스도인이 쓴 것으로 추측하고 있습니다.

좋은 소식

★ 예수님은 구약성경에 나오는 모든 약속을 지키십니다.

☆ 예수님은 우리가 어려울 때 힘을 주십니다.

★ 예수님은 다른 이웃을 사랑하고 하나님께 순종하도록 해 주십니다.

예수께서 어떻게 하나님의 약속을 지키셨나?

표상		약속	예수께서 어떻게 약속을 지키셨나?	히브리서의 말씀
율법		하나님은 자기 백성들에게 선을 행하신다.	예수께서는 하나님의 율법을 돌판이 아닌 우리 가슴속에 새겨 놓으신다.	8:7-13
희생제사		하나님은 희생의 죽음을 받으신다. 하나님은 이러한 죄의 대가를 치를 때 그 죄를 용서하여 주신다.	예수 그리스도의 십자가 위에서의 희생제사로 우리의 죄가 사해졌다. 이제 우리는 영원히 용서함받을 수 있다.	9:23-10:18
대제사장		하나님은 사람들을 대신하여 제사장이 드리는 희생제사와 기도를 들으신다.	예수께서는 살아 계신 우리의 대제사장이시다. 그분은 우리를 사랑하시어 항상 우리를 위하여 기도하신다.	4:14-5:10 7:1-8:6

구약성경의 약속을 지키심

히브리서

성경은 구약과 신약 두 부분으로 이루어져 있습니다. 구약성경은 예수님이 오시기 전에 기록되었고, 신약성경은 예수님이 오신 후에 기록되었습니다.

신・구약 성경 사이에는 서로 다른 점이 있는데, 구약성경은 유대인에 관한 것입니다. 유대인들은 아브라함의 후손입니다. 신약은 교회에 관한 것입니다. 교회는 민족과 나라에 상관없이 구성되어 있습니다.

어떤 사람들은 어떻게 이런 일이 가능한지에 대해 놀랍니다. 하나님께서 마음을 바꾸셨을까요? 신・구약 성경 사이에는 왜 그토록 차이점이 많을까요?

사실은 차이가 없습니다. 실제로 신・구약 성경은 한 가지 일에 대하여 말하고 있습니다. 이 두 권의 책은 모두 하나님의 말씀에 순종하고, 하나님의 법을 지킬 것을 명령하고 있습니다. 또한 죄에 대한 희생과 용서에 대하여 말하고 있습니다. 예수님은 이 땅에 오셔서 우리에게 하나님의 법을 지키고 용서함을 받는 새롭고 더 좋은 방법을 제시하신 것입니다.

많은 유대인들이 그리스도인이 되었습니다. 그러나 그들은 다시 되돌아가서 구약성경에서 말하는 방식대로 살아야 할지 그렇게 하지 않아야 할지 혼란스러웠습니다.

히브리서는 이런 유대계 그리스도인들을 대상으로 기록된 것입니다. 구약성경의 규칙과 의식이 하나님께서 미래에 하고자 하시는 것의 예표임을 보여 줍니다. 예수님이 오심으로 하나님께서 구약성경에서 하셨던 약속이 이루어졌습니다. 따라서 예수님을 영접한 사람은 이제 더 이상 **표상의 약속**이 필요없게 되었습니다.

구약성경 안에 있는 어떤 **표상의 약속**들이 성취되었습니까? 그리고 예수께서는 이 약속을 어떻게 지키셨습니까? 225페이지의 도표에서 확인해 보십시오.

히브리서에는 예수님에 관한 많은 놀라운 일들이 기록되어 있습니다. 여러 가지 방식으로 예수님은 구약성경의 **표상의 약속**들을 성취하고 계십니다. 유대계 그리스도인들은 히브리서를 읽고 자기들이 하나님을 기쁘시게 하기 위해서는 구약성경으로 돌아가서는 안 된다는 것을 알게 되었습니다. 구약성경은 예수님의 모형을 우리에게 나타내 주고 있습니다. 그리스도인은 참 주이신 살아 계신 예수님과 함께하고 있습니다.

신앙을 가진 사람들의 행동가짐

야고보서

야고보는 예수님 당시에 흔한 이름이었습니다. 신약성경에서만도 '야고보'라는 이름을 가진 사람이 여러 명 등장합니다. 그들 중에 누가 야고보서를 기록했을까요?

그중에서 가장 유력한 사람은 예수님의 동생인 야고보입니다. 그는 예루살렘 교회의 지도자였습니다. 야고보는 처음에는 자기 형 예수가 구속자라는 것을 믿지 않았습니다(요한복음 7:2-5). 예수께서 부활하신 후에야 그는 유다와 같이 예수님을 따르게 되었습니다. 유다도 역시 예수님의 친동생입니다.

초기 기독교 문서에는 야고보의 별명이 '낙타 무릎'이라고 기록되어 있습니다. 야고보는 기도를 많이 하여 이런 별명을 갖게 되었습니다. 다음의 구절들을 읽으면 야고보에 관하여 알 수 있습니다. 사도행전 12:17, 15:13, 21:18; 고린도전서 15:7; 갈라디아서 1:19, 2:9.

야고보가 기록한 서신서는 기독교 신앙이

로마 시대의 동전에는 그들의 통치자 얼굴이 새겨져 있었다.

특별한 이유를 이야기하고 있습니다. 어떤 사람들은 하나님이 실제로 계시다는 것을 믿으므로 자신이 신앙을 갖고 있다고 생각했습니다. 그러나 야고보는 예수님을 믿는 신앙은 하나님이 계시다고 생각하는 것 이상임을 이해시키려 하고 있습니다. 즉, 신앙은 예수님이 우리 죄를 위하여 죽었다고 믿는 것 이상이라는 뜻입니다. 예수 안에서의 신앙은 예수님께 우리 자신을 드려 그분을 위해 살고 선을 행하는 것입니다.

당신은 야고보서를 읽고서 무엇을 알게 되었습니까?

야고보서를 읽으면…

- 하나님께 지혜를 달라고 간구하게 된다(1:2-8).
- 하나님께서는 시험을 하지 않으시는 분임을 알게 된다(1:9-18).
- 하나님께 순종하는 삶을 살게 된다(1:19-27).
- 모든 사람을 사랑하게 된다(2:1-13).
- 선한 일을 할 수 있다(2:14-26).
- 말을 절제할 수 있다(3:1-12).
- 지혜롭게 될 수 있다(3:13-18).
- 당신 자신을 하나님께 바칠 수 있다(4:1-12).
- 하나님께서 당신의 인생을 계획하도록 할 수 있다(4:13-17).
- 악한 사람은 벌을 받게 되리라는 것을 확신할 수 있다(5:1-6).
- 예수 그리스도께서 다시 오실 때까지 인내할 수 있다(5:7-11)
- 당신은 기도할 수 있으며, 하나님께서 당신을 도우실 것이다(5:13-18).
- 이웃을 구원할 수 있다(5:19-20).

베드로는 무엇을 기록하였나?

베드로전서, 베드로후서

로마 제국에 있는 사람들은 대부분 그리스도인들을 싫어했지만, 그리스도인들은 몇 년 동안은 로마의 법에 의해 보호되었습니다. 그러나 그리스도인들이 언제까지나 보호를 받은 것은 아니었습니다. 로마 황제 네로(서기 54-68)는 로마에 있었던 대화재를 그리스도인들의 책임으로 돌려 그곳에 살고 있던 많은 그리스도인들을 죽였습니다. 사도 바울과 베드로도 이때에 죽임을 당한 것으로 추정됩니다.

그 후 로마 황제 도미니안(서기 81-96)은 어디서라도 그리스도인들을 박해하라고 명령하였습니다. 이 황제는 자신이 '주이며 하나님'으로 불리기를 원했습니다. 그리스도인들은 '예수만이 진정한 주님이시요 하나님이시라'는 것을 알고 있었습니다. 이 때문에 수많은 사람들이 죽임을 당하였고 고향과 일터에서 쫓겨났습니다.

사도 베드로는 곧 박해받게 될 그리스도인들을 격려하기 위하여 두 개의 편지를 썼습니다. 첫번째 편지는 그리스도인들이 어떻게 박해에서 오는 고통에 대응할 것인가를 말하고 있습니다. 그리고 두 번째 편지는 예수께서 다시 오실 때 그리스도인들에게 어떤 일이 일어날 것인가를 일깨워 주고 있습니다.

베드로전서의 주요 내용

- 하나님은 우리를 지켜 주신다(1:1-12).
- 하나님은 신령한 삶을 요구하신다(1:13-2:17).
- 예수님은 우리의 표본이다(2:18-3:7).
- 하나님은 우리가 고통 중에 선을 행하면 선으로 갚아 주신다(3:8-4:6).
- 하나님은 다른 사람을 돕도록 요구하신다(4:7-11).
- 하나님은 우리가 고통을 당하더라도 자기를 믿기를 원하신다(4:12-19).
- 하나님은 우리의 고통이 지나간 후에 모든 것을 올바르게 하실 것이다(5:1-11).

베드로후서의 주요 내용

- 하나님은 우리가 생활하고 그분을 섬기는데 필요한 모든 것을 주신다(1:1-21).
- 하나님은 우리를 속이는 거짓 교사들에 대해서 우리에게 경고하신다(2:1-22).
- 하나님은 예수께서 다시 오실 것이며, 모든 것을 올바르게 하실 것을 약속하신다(3:1-18).

요한은 무엇을 기록하였나?

요한일서, 요한이서, 요한삼서

요한은 매우 오래 살았습니다. 그의 편지 안에는 우리에 대한 하나님의 사랑이 가득 담겨 있습니다. 그리고 그리스도인이 어떻게 하나님과 다른 사람들을 사랑할 수 있는가에 대하여도 썼습니다. 요한의 첫 편지는 그리스도인들을 격려해 주기 위한 것으로, 성경에서 가장 아름다운 편지 중의 하나입니다.

요한일서의 주요 내용

- 하나님에 대하여 전파하는 것은 하나님을 사랑함을 드러내는 것이다(1:1-4).
- 우리의 죄를 고백하는 것은 하나님에 대한 우리의 사랑을 드러내는 것이다(1:5-2:12)
- 다른 사람들을 사랑하는 것이 하나님의 사랑을 드러내는 것이다(2:7-29).
- 하나님께서 우리를 자녀로 삼아 주신 것을 보면, 우리에 대한 하나님의 사랑을 알 수 있다(3:1-10).
- 다른 사람들을 사랑할 때, 우리가 하나님의 자녀임이 드러난다(3:11-24).
- 하나님께서 우리를 사랑하시기 때문에 자기 아들을 보내셨다(4:1-21).
- 하나님께서 우리에게 영원한 생명을 주신 것을 보면 그분이 우리를 사랑하시는 것을

알 수 있다(5:1-21).

유다는 무엇을 기록하였나?

유다

유다도 역시 예수님의 형제였습니다(마태복음 13:55; 마가복음 6:3). 유다는 교회 내의 거짓 선생들의 위험에 대하여 경고하였습니다. 진실한 교회 지도자들은 하나님을 기쁘시게 하는 사람을 사랑합니다. 그리고 그들이 가르치는 것은 하나님의 말씀인 성경에서 나온 것입니다.

용기를 주는 성경 구절들

"자기가 시험을 받아 고난을 당하셨은즉 시험 받는 자들을 능히 도우시느니라"(히브리서 2:18).

"각양 좋은 은사와 온전한 선물이 다 위로부터 빛들의 아버지께로서 내려오나니 그는 변함도 없으시고 회전하는 그림자도 없으시니라"(야고보서 1:17).

"이러므로 너희 죄를 서로 고하며 병 낫기를 위하여 서로 기도하라. 의인의 간구는 역사하는 힘이 많으니라"(야고보서 5:16).

"또 너희가 열심으로 선을 행하면 누가 너희를 해하리요"(베드로전서 3:13).

"모든 은혜의 하나님 곧 그리스도 안에서 너희를 부르사 자기의 영원한 영광에 들어가게 하신 이가 잠깐 고난을 받은 너희를 친히 온전케 하시며 굳게 하시며 강하게 하시며 터를 견고케 하시리라"(베드로전서 5:10).

"그의 신기한 능력으로 생명과 경건에 속한 모든 것을 우리에게 주셨으니 이는 자기의 영광과 덕으로써 우리를 부르신 자를 앎으로 말미암음이라"(베드로후서 1:3).

"만일 우리가 우리 죄를 자백하면 저는 미쁘시고 의로우사 우리 죄를 사하시며 모든 불의에서 우리를 깨끗게 하실 것이요"(요한일서 1:9).

"보라 아버지께서 어떠한 사랑을 우리에게 주사 하나님의 자녀라 일컬음을 얻게 하셨는고. 우리가 그러하도다. 그러므로 세상이 우리를 알지 못함은 그를 알지 못함이니라"(요한일서 3:1).

"무엇이든지 구하는 바를 그에게 받나니 이는 우리가 그의 계명들을 지키고 그 앞에서 기뻐하시는 것을 행함이라"(요한일서 3:22).

생각하고 실천합시다

1. 히브리서에서 용기를 주는 구절 10개를 찾아 기록해 봅시다.
2. 야고보서에서 '신앙을 가졌기 때문에 행할 수 있는 것,' 다섯 가지를 찾아봅시다.
3. 요한일서를 읽으면서 '사랑'이란 단어에 밑줄을 그어 보십시오. 그리고 밑줄이 쳐진 곳을 모두 다시 한 번 살펴봅시다.

일어날 일들

신약의 마지막 책은 편지가 아닙니다. 이 책은 요한이 본 미래에 관한 환상을 묘사하고 있습니다. 요한은 사도들 중에 가장 늦게까지 살았습니다. 요한계시록은 이해하기가 매우 어려운 책입니다. 그렇지만 우리가 분명히 알 수 있는 것은 하나님께서 어떤 계획을 가지고 계시다는 사실입니다. 하나님의 계획은 성취될 것입니다. 그때 하나님은 예수 그리스도를 믿는 사람들을 천국으로 인도하실 것이며, 그들은 하나님과 함께 영생을 누리게 될 것입니다.

좋은 소식

★ 하나님은 죄를 심판하시고 악을 제거하실 것입니다.

☆ 예수님은 사탄을 물리치기 위해 다시 오실 것입니다.

★ 하나님은 영광스럽고 아름다운 천국으로 우리를 맞아들이실 것입니다.

요한계시록은 어디에서 기록되었나?

사도 요한은 나이가 많이 들었을 때 밧모섬에 유배되었습니다. 황폐하고 바위가 많은 이 섬은 소아시아 해변에 위치해 있는데, 밀레도

아시아의 일곱 교회

하나님은 요한에게 환상을 보여 주셨다. 요한은 자기가 본 것을 기록하였는데, 이것이 바로 신약성경에 있는 '요한계시록'이다.

에서는 약 60km 떨어져 있습니다.

요한이 밧모섬에 있을 때 하나님은 그에게 환상을 보여 주셨습니다. 요한은 천국에 계시는 예수님과 미래에 일어날 일들을 보았습니다. 어떤 그리스도인들은 이 환상이 교회의 역사에 관한 것이라고 믿습니다. 또 어떤 그리스도인들은 그 환상이 말세에 이루어질 일들을 말한다고 확신하는 등 엇갈린 견해를 가지고 있습니다. 그러나 모든 그리스도인들이 의견을 같이하는 것이 있는데, 그것은 그 환상이 한 가지 중요한 사실을 상기시킨다는 점입니다. 즉, 하나님이 미래를 주관하신다는 것입니다. 예수님이 자기를 따르는 사람들에게 약속하셨듯이, 앞으로 무슨 일이 일어나든지 믿는 자들은 하나님과 함께하는 놀라운 삶을 살게 될 것입니다.

상징들은 무엇을 나타내는가?

요한계시록 1:12－16

'상징'이란 어떤 의미를 나타내는 이미지나 말입니다. 예를 들어 성경에서 비둘기는 성령에 대한 상징으로 쓰였습니다. 성경은 비슷한 성격을 가지는 상징적 말들을 사용합니다. 성경에서 어떤 상징들은 비교적 이해하기 쉽습니다. 반면에 무엇을 뜻하는지 알아내기가 어려운 것도 있습니다.

요한은 예수님을 묘사할 때 상징을 많이 사용했습니다. "인자 같은 이가 발에 끌리는 옷을 입고 가슴에 금띠를 띠고 그 머리와 털의 희기가 흰 양털 같고 눈 같으며 그의 눈은 불꽃 같고 그의 발은 풀무에 단련한 빛난 **주석** 같고 그의 음성은 많은 물소리와 같으며 그 오른손에 일곱 별이 있고 그 입에서 좌우에 날선 검이 나오고 그 얼굴은 해가 힘 있게 비취는 것 같더라"(요한계시록 1:13-16).

우리는 이 상징들이 무엇을 의미하는지 어느 정도 파악하기는 하지만 다 아는 것은 아닙니다. 주석은 제물이 드려지는 제단을 만들 때 쓰입니다. 어떤 사람들은 주석이 죄에 대한 심판을 의미한다고 생각합니다. 흰 양털 같은 머리카락도 심판을 의미합니다.

우리는 상징의 의미를 모를 수도 있습니다. 그러나 예수님에 대한 이러한 묘사를 보고 우리는 그분이 얼마나 놀라운 분이신가를 알게 됩니다. 계시록의 모든 말씀들은 예수님의 크신 능력을 전해 줍니다. 언젠가 예수님은 권능으로 오셔서 죄와 죄인들을 심판하실 것입니다.

요한이 본 환상은 무엇을 의미하는가?

요한의 환상은 세 부분으로 나누어집니다. 첫번째 부분은 예수님에 대한 것입니다. 예수님은 일곱 교회에게 말씀하십니다(요한계시록 2, 3장). 두 번째 부분은 땅에서의 심판에 관한 환상입니다(요한계시록 4-19장). 세 번째 부분은 천국과 승리에 관한 환상입니다(요한계시록 20-22장).

요한계시록의 각 부분을 통해서 우리는 하나님이 얼마나 위대하시고 놀라운 분인가를 깨달을 수 있습니다.

일곱 교회는 어디에 있었나?

요한계시록 2, 3장

요한은 늙었을 때 에베소에 정착했습니다. 계시록에 언급되어 있는 교회들은 에베소 근처에 있는 도시에 있습니다(230페이지 지도 참조).

예수님은 이들 도시에 있는 각 교회에 메시지를 주셨습니다. 어떤 교회들은 예수님을 기쁘시게 해서 칭찬을 받았습니다. 대부분의 교회들은 경고도 받고 순종해야 하는 명령도 받았습니다.

계시록에 핵 전쟁이 묘사되어 있나?

요한계시록 4-19장

요한계시록 중간 부분은 심판에 관한 무서운 장면들이 나옵니다. 나팔소리가 나고, 천사들이 땅에 내릴 무서운 심판으로 가득 찬 연기 나는 대접들을 쏟아 붓습니다.

또한 땅 위에 떨어지는 우박과 불에 관하여 묘사된 부분도 있습니다. 불이 모든 식물

요한계시록은 땅이 온전히 파괴될 어떤 날에 대해서 이야기해 준다.

의 삼분의 일을 태워 버립니다(8:6-7). 불이 바다에 떨어진다는 말씀도 있습니다. 그 불로 인하여 모든 바다 생물의 삼분의 일이 죽습니다(8:10-11). 어떤 사람들은 이 무서운 일들이 핵 전쟁 때문에 일어날 것이라고 믿고 있습니다. 또 다른 사람들은 이 환상이 하나님이 이 땅에 보내실 심판이라고 확신합니다. 그 심판은 사람들이 하는 것이 아니라는 말입니다.

우리는 계시록의 모든 상징들이 정확히 무엇을 의미하는지는 알 수 없습니다. 그러나 하나님이 예수 그리스도를 믿지 않고 순종치 않는 사람들에게 벌을 내리실 것은 확실합니다. 예수님은 우리의 구주이십니다. 그분은 이 땅 위에서 무슨 일이 일어나든지 우리를 안전하게 지켜 주실 것입니다.

마지막 전쟁에서 누가 이길 것인가?

요한계시록 19장

요한계시록 19장은 찬양의 노래로 시작합니다. 예수님은 곧 다시 오실 것입니다. 그때 우리는 백마를 타고 오시는 예수님과 그 뒤를 따르는 하늘의 군대를 볼 수 있을 것입니다. 예수님의 적들은 자기 군대들과 함께 모입니다. 예수님은 이 마지막 전쟁에서 승리하실 것입니다. 그분의 적들은 죽고 그 지도자들은 영원한 벌에 처해집니다. 그때가 되면 하나님을 믿지 않는 사람들도 예수님이 전능하시다는 것을 알게 될 것입니다.

실제로 지옥이 있을까?

요한계시록 20장

성경은 지옥이 실제로 있다고 말합니다. 예수님은 지옥에 관해서 여러 번 경고하셨습니다(마태복음 5:22, 29, 30, 7:19, 23:15, 25:30, 41; 마가복음 9:43, 45, 12:40; 누가복음 12:47, 48, 16:19-31).

죽음이란 단지 사는 것을 그만두는 것이 아닙니다. 모든 사람은 영원히 존재합니다. 예수님을 믿는 사람들은 하나님과 함께 영원히 살게 되고, 하나님을 믿지 않는 사람들은 지옥이라는 형벌의 장소에서 영원히 살게 됩니다.

그렇다면 지옥은 어떤 곳일까요? 성경은 지옥이 유황불이 타는 연못이나 불연못 같다고 말합니다(요한계시록 20:10, 14). 이곳은 악한 사람들이 영원히 벌을 받는 곳입니다(요한계시록 20:10).

지옥은 말로 표현할 수 없을 정도로 아주 무서운 곳입니다. 많은 사람들이 사랑이 많으신 하나님이 어떻게 사람들을 그곳으로 보내실 수 있는가 하고 궁금하게 생각해 왔습니다. 이에 대해 예수님은 분명한 대답을 해 주고 계십니다. 예수님은 지옥이 악마와, 악마를 돕는 자들을 보내려고 준비되었다(마태복음 25:41)고 말씀하셨습니다. 지옥은 사람들을 그곳에 보내려고 준비된 곳이 아닙니다. 사실 예수님은 사람들이 용서받게 하기 위해서 십자가에 못박혀 죽으셨습니다.

만약 예수님이 당신의 구세주이고 당신이 그분을 위해서 산다면, 당신은 지옥을 무서워할 필요가 없습니다. 예수님은 당신을 위해 죽으셨습니다. 따라서 당신은 천국에서 영원히 그분과 함께 있을 것입니다.

천국이란?

요한계시록 21, 22장

성경은 우주가 영원하지 않을 것이라고 말합니다. 언젠가 우주는 사라질 것입니다(베드로후서 3:10-13). 그리고 하나님이 완전하고 거룩한 새 하늘과 새 땅을 창조하실 것입니다.

천국은 어떤 곳일까요? 요한계시록은 한

아름다운 도시에 관해 말합니다. 그곳은 '거룩한 도시' 혹은 '새 예루살렘'이라고 불리웁니다. 그곳은 매우 값비싼 보석과 같이 빛납니다. 그 도시는 길이가 2,200km가 넘고 폭이 2,200km, 그리고 높이가 2,200km입니다. 이 도시의 거리는 유리같이 맑게 빛나는 금으로 되어 있습니다. 이 도시는 항상 밝고 아름답습니다. 왜냐하면 하나님과 예수님이 빛이 되시기 때문입니다. 하나님이 다스리시는 이 아름답고 새로운 세계에 예수님을 믿는 사람들이 살게 될 것입니다.

그때에 예수님을 사랑하는 사람들은 놀랍도록 아름답고 기쁜 삶을 살게 될 것입니다. 요한은 환상 중에 들은 다음과 같은 약속을 계시록에 이렇게 기록하였습니다. "내가 들으니 보좌에서 큰 음성이 나서 가로되 보라 하나님의 장막이 하나님과 함께 있으매 하나님이 저희와 함께 거하시리니 저희는 하나님의 백성이 되고 하나님은 친히 저희와 함께 계셔서 모든 눈물을 그 눈에서 씻기시매 다시 사망이 없고 애통하는 것이나 곡하는 것이나 아픈 것이 다시 있지 아니하리니 처음 것들이 다 지나갔음이러라"(요한계시록 21:3, 4).

주 예수여, 오시옵소서!
요한계시록 22장

요한의 환상은 예수님의 약속으로 끝이 납니다. "보라, 내가 속히 오리니 내가 줄 상이 내게 있어 각 사람에게 그의 일한 대로 갚아 주리라"(요한계시록 22:12).

요한은 땅에서 일어날 무서운 일들에 대해 묘사할 뿐만 아니라(요한계시록 4-19장), 예수님께서 자기 백성들을 위해서 창조하실 놀라운 새 세계에 대해서도 말해 줍니다. 요한은 예수님이 다시 오실 것을 간절히 고대했습니다. 예수님이 곧 오신다는 약속을 들었을 때, 모든 그리스도인들처럼 요한도 이렇게 소리쳤습니다.

"주 예수여, 어서 오시옵소서!"

생각하고 실천합시다

1. 예수님이 일곱 교회에게 메시지를 보내신 것처럼 당신에게도 메시지를 보낸다고 생각해 보십시오. 당신에게 어떤 칭찬을 하실까요? 그리고 무엇이 잘못되었다고 말씀하실까요? 또 당신에게 무슨 명령을 하실까요?

2. 마지막 날, 하나님이 땅에 무서운 심판을 내리실 때 사람들은 어떻게 행동할까요? 요한계시록 6:15-17, 9:20, 21을 읽어 보십시오.

3. 요한계시록 15, 16장은 예수님이 오시기 전에 일어날 무서운 일들에 대해 묘사되어 있습니다. 하나님이 모든 죄를 벌하시고 난 다음의 새 하늘과 새 땅은 어떤 모습일까요?

사전과 색인

ㄱ

가나안: '자줏빛 땅' 혹은 '낮은 땅.' 하나님이 아브라함의 자손들에게 약속하신 땅의 이름. 다른 이름은 '팔레스틴'과 '이스라엘'이다. 이스라엘 민족 이전에 그곳에 살았던 사람들은 '가나안인'이라 부른다. 그들은 우상을 섬기는 사람들이었다(창세기 12:6, 7). 14, 61, 73p.

갈라디아: 현재 터키가 있는 소아시아 지역이다. '갈라디아서'는 바울이 갈라디아의 여러 교회들에게 보낸 편지이다(사도행전18:23). 208p.

갈릴리: 예수님 시대에 팔레스틴에 속하는 지역이었다. 이곳에는 '갈릴리 바다'라고 불리우는 큰 호수가 있다. 134페이지 지도를 보라(마태복음 4:23-25). 134p.

겟세마네 동산: 예루살렘성 밖에 있는 올리브나무가 많은 작은 숲이었다. 예수께서 자주 가셔서 기도하시던 곳으로, 돌아가시기 전날밤에도 기도하기 위하여 그곳으로 가셨다. 예수께서 그곳에 계실 때 유다가 사람들을 데려와 예수님을 잡아가도록 하였다(마태복음 26:36; 마가복음 14:32). 179p.

계시: 숨겨져 있던 어떤 것을 명백히 드러내 보이는 것. 신약의 마지막 책인 요한계시록은 사람이 알 수 없는 미래에 대해 하나님께서 요한에게 영감을 주셔서 기록된 책이다. 8, 230p.

고린도: 그리스의 항구 도시. 이곳은 사람들의 성적인 죄악이 가득한 곳이었다고 알려져 있다. 사도 바울은 이곳에 가서 교회를 세웠다. 후에 그는 고린도의 그리스도인들에게 두 통의 편지를 썼는데 이것이 고린도전서·고린도후서이다(사도행전 18:1-11). 210p.

고모라: 아브라함 시대에 그 성 안의 사람들이 너무나 타락하여 하나님께서 벌을 내려 무너뜨리신 도시의 이름이다(창세기 19:28). 39p.

골로새: 지금의 터키 지역에 속하는 한 도시였다. 바울은 옥중에서 골로새에 있는 그리스도인들에게 한 통의 편지를 기록하였는데 이것이 바로 '골로새서'이다(골로새서 1:1, 2). 218p.

골리앗: 블레셋인으로 키가 270cm가 넘는 거인이었다. 다윗은 주의 백성들을 대적하는 적들과 싸울 때 하나님께서 자기를 도와주실 줄 믿었기 때문에 골리앗을 죽일 수 있었다.

공회당: 모임을 가리키는 그리스어이다. 유대인들은 공회당에서 만나 성경을 읽고 연구했다. 예수님과 바울은 종종 성경을 토론하고 가르치기 위해 유대 공회당에 갔다(마태복음 4:23; 누가복음 4:16; 사도행전 15:21, 17:1, 10). 138p.

구세주: '위험으로부터 백성들을 구원한 사람'이라는 의미이다. '예수'란 이름의 뜻이 바로 구세주이다. 예수님은 이 세상 온 백성의 구세주이시다. 그분의 삶과 죽음, 그리고 부활은 사람들이 그 자신의 죄에 대한 벌과 죽음으로부터 구원받을 수 있도록 한다(누가복음 2:11; 요한복음 3:16). 18, 39p.

기도: '하나님과의 대화'이다. 하나님을 사랑하는 사람은 어느 때든지 하나님께 말할 수 있다. 우리는 하나님께 도움을 구하고 우리의 감정을 고백할 수 있다. 또한 하나님께서 우리에게 행하신 많은 일들로 인해 하나님께 감사할 수 있다. 우리는 하나님께 우리의 잘못을 고하고 용서를 구할 수 있다. 예수님은 세상에 계실 때 종종 하나님께 기도하셨으며, 밤을 지새우며 기도하기도 하셨다(마태복음 26:36-44; 누가복음 6:12; 사도행전 4:23-31, 7:57-60; 야고보5:13-18) 83, 161p.

기드온: 히브리어로 '큰 용사'를 뜻한다. 기드온은 이스라엘의 사사 중의 한 명이다. 하나님은 기드온이 불과 300명의 군사로 수많은 적군을 물리칠 수 있도록 도와주셨다(사사기 6-8장). 19, 220p.

ㄴ

나사렛: 예수께서 성장하신 갈릴리의 한 동네(134페이지 지도 참조). 143p.

나훔: 유대에서 복음을 전했던 선지자. 나훔서에는 이스라엘 대적인 니느웨성이 멸망하리라고 예언한 그의 설교가 들어 있다. 117p.

노아: 죄악이 관영했던 시대에 선하게 살았던 사람이다. 하나님은 큰 홍수로 온 세상의 악한 것들을 쓸어 버리실 것을 노아에게 경고하셨다. 그리고 노아에게 큰 배를 만들도록 명령하셨다. 노아와 그의 아들들은 하나님께서 말씀하신 대로 큰 배를 만들었는데 이 배가 노아의 방주이다. 홍수가 났을 때, 그 배에 타고 있었던 노아의 가족과 각종 짐승들은 구원받을 수 있었다(창세기 6-9장). 32, 33p.

누가: 사도 바울과 같이 선교 여행을 다녔던 비유대인 의사. 누가는 학식이 많은 사람이었다. 그는 누가복음과 사도행전을 기록하였다. 158p.

누지: 고대 도시로, 이 도시의 폐허 속에서 아브라함 시대의 풍습에 관한 기록들이 발견되었다. 36p.

느부갓네살: 바벨론의 가장 위대한 왕이었다. 그는 B.C. 586년에 군대를 이끌고 유대로 쳐들어와 예루살렘성을 불질렀다. 다니엘은 나중에 이 왕의 조언자가 되었다. 느부갓네살은 하나님은 진실로 전능하신 분이라는 것을 알게 되었다. 다니엘서 4장에 느부갓네살에 관하여 소개되어 있다. 17, 122p.

느헤미야: 유대 지파 하가랴의 아들로 페르시아 제국의 고위 공무원이었다. 그는 자기를 유대로 보내달라고 왕에게 요청하였다. 느헤미야서는 그가 예루살렘성을 건축하고, 유대 사람들을 하나님의 율법에 순종하도록 격려했던 이야기가 적혀 있다. 17, 128p.

ㄷ

다니엘: 소년기에 바벨론에 포로로 잡혀갔다. 그는 바벨론 제국의 통제하에서 훈련을 받아 중요 지도자가 되었다. 하나님은 바벨론의 왕인 느부갓네살과 그의 뒤를 이은 왕들에게 메시지를 보내는 데 다니엘을 사용하셨다. 124, 125, 131p.

다윗: 이스라엘에서 가장 위대한 왕이었다. 그는 블레셋의 거인 골리앗을 죽인 일로 유명하다. 다윗에 관한 이야기는 구약성경 사무엘상과 역대상에 나와 있다. 다윗은 이스라엘을 강력한 나라로 만들었다. 또한 그는 하나님을 사랑하였으며, 시편에 많은 시를 남겼다. 예수님은 신약성경에서 '다윗의 아들'이라고 불리는데 이는 다윗의 자손으로 태어나셨기 때문이었다(누가복음 1:69; 사도행전 2:29-31). 15, 84-90p.

단: 분열 왕국 이스라엘의 한 도시였다. 이곳에 하나님의 율법을 거스려 우상을 숭배할 곳이 지어졌다. 101p.

데살로니가: 그리스의 중요 상업 도시였다. 사도 바울은 여기서 교회를 시작했다. 그는 나중에 데살로니가인들에게 두 편의 편지를 썼다. 신약에 있는 데살로니가전서·데살로니가후서가 바로 그것이다. 208p.

드보라: 사사 시대에 이스라엘의 여자 지도자였다(사사기 4, 5). 75, 75p.

디도: 사도 바울의 신실한 친구요 조력자였다. 바울은 디도에게 한 편의 편지를 썼는데, 그것이 신약성경에 있는 디도서이다. 221p.

디모데: '하나님을 영화롭게 하는 자'란 뜻이다. 그는 사도 바울과 아주 친근한 관계였다. 바울은 두 편의 편지를 이 젊은 지도자에게 썼다. 그것은 신약성경에 있는 디모데전·후서이다(사도행전 16:1-3, 17:13-6; 데살로니가전서 3:1-6; 디모데후서 1:2-5). 221p.

디베료 가이사: 헤롯 1세의 아들. 그는 가이사랴 빌립보를 건설하였다(마태복음 16:13; 마가복음 8:27; 누가복음 3:1).

ㄹ

레위: 야곱의 아들 중의 한사람. 그는 이스라엘 민족의 12지파 중에 한 지파의 우두머리였다. 레위인들은 성전에서 하나님을 섬기기 위하여 따로 성별되었다. 60, 74p.

룻: 사사 시대에 살았던 한 여인. 그녀는 이스라엘인이 아니었지만 모국인 모압의 신들 대신에 이스라엘의 하나님을 따르기로 작정하였다. 룻기서는 그녀의 아름다운 사랑 이야기이다. 81p.

ㅁ

마리아: 신약성경에 서너 명이 등장한다. 예수님의 어머니 마리아는 하나님께서 그의 독생자를 보내려고 선택하신 젊은 유대 여자이다. 이렇게 선택된 것은 큰 영광이요 축복이었다. 그녀는 요셉이라는 사람과 결혼하였다(마태복음 1:18-25; 누가복음 1:27-45). 140p.

마리아(막달라 마리아): 예수님의 추종자였다. 그녀는 예수께서 다시 사신 것을 가장 먼저 본 사람이다(마태복음 27:56; 마가복음15:40, 47; 요한복음 20:1-18).

마태: '레위'라고도 불리는 세관원. 그는 예수님의 제자가 되었고, 마태복음을 기록하였다(누가복음 6:12-16). 157, 167p.

만나: 이스라엘 백성들이 출애굽하여 약 40년 동안 광야를 여행할 때 하나님께서 주셨던 음식이다. 출애굽기 16장을 보면 만나에 관하여 자세히 알 수 있다. 56p.

모세: 히브리어로 '물에서 건져냈다'는 뜻이다. 모세는 하나님의 백성들을 400년 동안 종살이하던 애굽 땅에서 구출하여냈다. 출애굽기에 보면 모세라는 인물에 대해 상세히 언급되어 있다. 모세는 구약성경의 첫 다섯 권(모세 오경)을 기록하였다. 시내산에서 하나님은 모세에게 유대인을 위한 율법을 주셨다. 그래서 그것을 '모세의 율법'이라고 부르기도 한다. 13, 51-53, 55, 66p.

문둥병: 피부병의 일종. 예수님 시대에는 문둥병의 치료법이 없었다. 문둥병 환자는 '문둥이'라고 불렸다. 그들은 다른 사람들로부터 떨어져서 살아야만 했다. 예수님은 많은 문둥병 환자들을 고쳐 주셨다(마태복음 8:1-3; 누가복음 17:11-19). 111p.

미가: 이스라엘과 유대 사람들에게 우상을 숭배하고 하나님의 율법을 지키지 않는 것에 대하여 경고한 선지자. 미가서는 하나님을 기쁘시게 하라고 촉구한다. 116p.

민수기: 모세 오경 중의 하나이다. 민수기에는 이스라엘 민족이 광야에서 살던 때에 있었던 일들이 기록되어 있다. 즉, 이스라엘 백성들이 하나님께서 아브라함의 후손들에게 약속하신 땅 가나안에 들어가기 위해 기다리던 때의 이야기이다. 61p.

ㅂ

바로: '왕'을 의미한다. 이것은 구약시대에 애굽의 통치자에게 붙여진 명칭이다. 13, 50p.

바리새인: '구별된 자들'이란 의미이다. 이들은 유대의 종교 집단 중의 하나였는데, 모든 종교적인 율법과 관습을 매우 엄격하게 지키고자 노력하였다. 그러나 바리새인의 많은 규칙들은 하나님의 율법에 대한 단순한 인간의 생각이었다. 예수님은 종종 바리새인들을 꾸짖는 말씀을 하곤 하셨는데, 이는 그 규칙들 중의 대부분이 남들이나 하나님을 염두에 둔 것이 아니었기 때문이었다(마태복음 23장). 171-173p.

바벨로니아: 성경에 나오는 강력한 제국의 이름이다. 이 나라의 수도는 바벨론이었다. 예수

께서 오시기 약 600년 전에 바벨론 사람들은 유대를 멸망시키고 유대 사람들을 포로로 잡아 갔다. 그로부터 약 70년 후에야 유대 사람들은 약속된 땅으로 돌아올 수 있었다. 17, 118-119, 121, 122, 194,p.

바알: 태양을 상징하는 가나안 지방의 신 이름. 우상 숭배자들은 우상의 모양을 띈 많은 바알들을 숭배하였다. 바알 숭배는 잘못된 것이었다. 왜냐하면 이것은 하나님을 '참신'으로 인정하지 않는 것이기 때문이다. 76, 111p.

바울: '사울'의 로마식 이름이다. 사도 바울은 바리새인이었다. 처음에 그는 예수님을 믿지 않았으며 그리스도인들을 감옥에 잡아 넣으려 하였다. 그러나 예수님을 만난 후 그의 인생이 변화되었다. 바울은 예수님을 믿고서 도처에 다니며 사람들에게 예수님에 관하여 전파하기 시작하였다. 또한 그는 신약성경의 많은 책들을 기록하였고 그것들을 각처에 있는 기독교인들에게 보냈다(사도행전 7:58-60; 9:1-31; 빌립보서 3:5-7). 196,-203, 205-207p.

발람: 이스라엘 민족이 출애굽할 당시 마력을 가지고 있다고 생각되었던 사람이다. 발람은 이스라엘을 저주하기 위하여 적국의 왕에 의해 고용되었지만, 하나님은 그로 하여금 이스라엘을 저주하지 못하도록 하셨다(민수기 22-24장). 64, 65p.

베델: 분열 왕국 이스라엘이 우상 숭배를 위해 세운 도시였다. 이는 하나님의 법에 어긋난 것이었다. 101p.

베드로: 그는 어부였는데 형제 안드레와 함께 예수께 가장 먼저 선택받았다. 그는 예수님에 관한 복음을 유대인과 비유대인에게 최초로 설교한 사람이기도 하다. 베드로전·후서는 사도 베드로에 의해 기록되었다. 19, 165, 189, 227-228p.

베들레헴: '빵집'이라는 의미를 가진 지명이다. 베들레헴은 예루살렘에서 약 8km 정도 떨어진 조그만 마을이다. 이곳은 구약의 룻이 살았던 곳이며 다윗의 고향이다. 또한 예수님이 태어난 곳이기도 하다(사무엘상 16:4; 마태복음 2:1) 141, 142p.

벤하닷: 엘리야와 엘리사가 살던 시대에 이스라엘의 적국이었던 아람(시리아)의 왕이다. 열왕기상 20장을 보면 벤하닷에 관하여 읽을 수 있다. 109p.

복음(서): '좋은 소식'을 의미한다. 신약성경의 첫 네 권(마태복음, 마가복음, 누가복음, 요한복음)을 복음서라고 한다. 복음서에는 예수님의 탄생, 생애, 죽음 그리고 부활에 관하여 이야기하고 있다. 193p.

본디오 빌라도: A. D. 26-36년까지 유대를 다스린 로마의 총독이다. 예수님을 죽이고자 했던 유대인들은 그분을 빌라도에게 끌고 갔다. 왜냐하면 그 당시에는 오직 로마의 총독만이 사형을 언도할 수 있었기 때문이었다. 빌라도는 예수님에게 죄가 없음을 알았다. 그러나 그는 유대 지도자들을 두려워하여(누가복음 23:1-53; 요한복음 18:28-19:16). 180p.

부활: '죽은 사람이 다시 살아나는 것'이다. 성경에는 죽은뒤 다시 살아난 사람이 두 명 등장한다. 나사로(요한복음 11:38-45)와 과부의 아들(누가복음 7:11-17)이 바로 그들이다. 그러나 이 사람들은 다시 죽었다. 반면에 예수님은 부활하여 영원히 살아 계신다. 예수님이 재림하실 때 그리스도인들도 부활할 것이다. 그때 그들은 천국에서 하나님과 함께 영원토록 살 것이다(마태복음 28:1-10; 고린도전서 15장; 베드로전서 3:21, 22). 177p.

빌립(사도빌립): 나다나엘을 예수님께 인도한 사람이다(마태복음 10:2, 3; 요한복음 1:43-48). 166p.

빌립(선교사 빌립): 예루살렘 교회에서 일곱 집사 중의 한 명으로 선출된 사람이다(사도행전 6:1-6; 8:5-40).

빌립보: 그리스의 도시였다. 이 도시는 로마에서 아시아로 가는 주요 도로상에 있었으며, 로마 제국 내에서 가장 중요한 도시 중 하나였다. 바울은 빌립보에 있는 그리스도인들에게 편지를 썼다. 이것이 빌립보서이다. 218p.

ㅅ

사도: 그리스어로 '보냄을 받은 자'를 의미한다. 예수님은 이 이름을 12제자들에게 주셨다. 예수님은 그들에게 자기에 관한 복음을 전파하도록 파송하셨다. 바울과 그 밖의 선교사들도 신약성경에서 사도라고 불리고 있다(마태복음 10:1-4; 고린도전서 15:9). 186p.

사두개인: 유대 종교의 한 그룹. 그들은 천사나 부활을 믿지 않았다. 그들은 부자였고 지위가 높은 사람들이었는데, 자기 나라를 정복한 로마를 도왔다. 174p.

사라: 히브리말로 '여왕'을 의미한다. 사라는 아브라함의 아내이자 이삭의 어머니다.

사마리아인: 팔레스틴의 '사마리아'라 불리는 지역에 살았던 사람들이었다. 134페이지 지도를 보라. 유다와 갈릴리 유대인들은 사마리아인들을 참 유대인들로 받아들이지 않았다. 그들은 사마리아인들을 미워했다(요한복음 4:9).

사무엘: 히브리어로 '하나님께 요청하였다'라는 뜻이다. 사무엘은 기도의 응답으로 태어났다. 그는 이스라엘의 마지막 사사로, 사울의 머리에 기름을 부었다. 나중에 사무엘은 다윗에게도 똑같이 하였다. 이것은 하나님이 그들을 왕으로 세우신다는 표시였다. 사무엘 상·하는 사무엘과 이스라엘의 처음 두 왕에 관한 이야기이다. 83-87p.

사사: 약 400년 동안 이스라엘 백성들을 이끈 지도자들. 그들은 여호수아 시대부터 최초의 왕 사울의 때까지 통치하였다. 사사기는 그 당시에 일어났던 일들을 설명하고 있다. 15, 75-79p.

사울: 성경에 두 사람이 나온다. 구약성경에 나오는 사람은 이스라엘의 첫번째 왕이었다. 그는 하나님께 완전히 복종하지 않았기 때문에 실패했다(사무엘상 15장). 신약성경에 나오는 사울은 바울이 위대한 사도로 변화되기 전의 이름이다(사도행전 13:9). 15, 83, 84p.

사탄: 히브리어로 '적'을 의미한다. 이것은 하나님과 사람의 적인 마귀의 이름이다(마태복음 4:10; 누가복음 10:18, 19; 사도행전 5:3). 29p.

산헤드린: 예수님 시대의 유대 최고 법정. 그것은 때로 성경에서 '공의회'라고도 불리워진다. 135p.

삼손: 히브리어로 '강함'을 의미한다. 삼손은 지금까지 살았던 사람 중에 가장 힘센 사람이었다. 그는 이스라엘의 적인 블레셋 병사들을 많이 죽였다. 그러나 그는 믿음은 강하지 못했다. 그는 예수님이 태어나기 약 천 년 전의 이스라엘 사사였다(사사기 13-16). 15, 78p.

성경(Bible): '책'을 의미한다. 성경은 기독교인들이 하나님의 말씀으로 받아들이고 있는 책들과 서신들을 모아놓은 책이다. 구약성경은 39권으로, 예수님이 태어나기 전에 기록되었다. 그리고 신약성경은 27권으로 예수님이 태어나신 후에 기록되었다. 8-19p. 성경(Scriptures)은 '기록들'을 의미한다. 이것은 사람을 위한 하나님의 특별한 기록들이다. 신약 가운데 사용된 '성경'이란 단어는 구약을 의미한다. 나중에 scriptures란 단어는 신·구약 전 성경(Bible)을 말한다(누가복음 24:27; 사도행전 8:32-35; 디모데후서 3:16; 베드로후서 1:20). 6-11p.

성령: 삼위의 하나님 중 한 위이다. 다른 두 위는 성부 하나님과 성자 예수님이다. 성령은 사람들에게 중요한 일을 행할 수 있는 힘을 주시며, 사람들을 도와 선을 행하도록 하신다. 또한 성령은 사도들이 기적을 행하도록 도우셨으며 하나님의 말씀을 쓰도록 하셨다. 성령은 오늘

날에도 그리스도인들 속에 살아 계신다. 성령은 '하나님의 영', '보혜사'라고도 불린다(요한복음 3:6-8; 사도행전 2:1-4; 로마서 8:9-16; 베드로후서 1:20, 21). 187p.

성전: 사람들이 예배하는 건물을 말한다. 하나님은 유대인들에게 예루살렘에 있는 성전에서 자신에게 예배하라고 하셨다. 예루살렘 성전은 구약시대 때 솔로몬 왕에 의해 세워졌다. 그 성전은 나중에 파괴되었다가 다시 세워졌다. 예수님은 다시 세워진 이 성전에서 예배드리셨다. 신약성경은 그리스도인들의 몸을 성전이라 부른다. 왜냐하면 그리스도인 속에 성령이 거하시기 때문이다(사도행전 7:48; 고린도전서 6:19). 59, 171, 188p.

세례: 몸을 물 속에 담그거나 물을 몸의 일부에 적시는 것을 의미한다. 그리스도인들은 물세례를 예수님의 죽음과 장례와 부활을 기념하기 위하여 시행한다(사도행전 2:38, 41, 8:36-39; 로마서 6:3, 4). 144, 146-147p.

소돔: 하나님이 아브라함 시대에 멸망시키신 도시 이름. 소돔이 멸망당한 것은 그 곳 사람들이 아주 악했기 때문이었다. 39p.

솔로몬: 다윗에 이어 B.C. 931년에 이스라엘 왕이 된 사람. 솔로몬은 매우 지혜로워서 그의 나라를 아주 부강하게 만들었다. 그는 성경 잠언서에 나오는 많은 금언을 비롯하여 전도서와 아가서를 썼다. 15p.

스가랴: 이스라엘 민족이 바벨론에서 유대로 귀환했을 때의 선지자. 스가랴서에는 하나님이 그의 백성들을 구원할 때까지 무슨 일이 일어났는지에 관한 스가랴의 예언이 들어 있다. 91, 93, 99, 129p.

스바냐: 유다에 경고한 선지자이다. 스바냐서에는 하나님이 죄를 확실히 벌하실 것이라는 사실을 하나님의 백성에게 말하는 스바냐의 설교가 들어 있다. 119p.

시내산: 하나님이 모세에게 이스라엘을 위해 율법을 주셨던 산 이름이다. 55페이지 지도에서 이 산을 볼 수 있다. 56p.

고레스: 바빌론을 패배시킨 페르시아의 왕. 유대인들에게 원한다면 고향으로 돌아가도 좋다고 허락하였다. 또한 하나님의 성전을 재건하도록 명령하였다. 그리고 성전 짓는 비용을 지불해 주겠다고 약속하였다. 127p.

시온: 예루살렘 외곽에 있는 등성이이다. 나중에 '시온'이란 이름은 하나님의 특별하고도 놀라운 도시인 예루살렘을 가리키는 말로 사용되었다.

신명기: 신명기란 '두 번째 율법'을 의미한다. 이는 하나님의 율법에 관한 모세의 설교이다. 모세는 이스라엘 백성들이 가나안에 들어가기 바로 전에 이 설교를 하였다. 61, 65p.

십계명: 하나님이 이스라엘 백성에게 그들이 어떻게 하나님을 사랑하고 이웃을 사랑해야 하는지 보여 준 특별한 법률이다. 출애굽기 20장에 이 십계명이 나와 있다. 56-58p.

십자가: 신약 시대에 범죄자를 처형하는 악랄한 방법이다. 이 처형 방법은 '십자가 처형'이라 불린다. 나무 기둥에 못박힌 사람은 T자 혹은 X자 형으로 매달렸다. 그리고 그는 공공 장소에 십자가에 매달린 채로 방치되어 죽어갔다. 예수님도 이런 방법으로 죽임을 당하셨다. 그러나 예수님은 범죄자가 아니었다. 예수께서는 우리를 죄에서 구원하려고 대신 돌아가셨다. 신약성경에서 '십자가'는 예수님의 죽음이 우리를 죄에서 구원하는 하나님의 방법이었음을 의미하는 말로 종종 사용되고 있다(고린도전서 1:18-25). 180, 183p.

ㅇ

아담: '흙으로 만든'이란 뜻이다. 그는 최초의 인간이다. 하나님은 인간을 흙으로 만드셨다.

아담에 관해서는 창세기 2:7을 보면 나와 있다. 27, 29-30p.

아람: 분열 왕국 시기에 이스라엘의 적국이었다. 아람 사람들은 '시리아 사람들'이라고도 불린다. 그들은 지금 현대 시리아 땅에 살고 있다. 벤하닷과 하사엘은 그 당시 아람의 왕들이다. 109p.

아론: 모세의 형으로, 이스라엘 최초의 대제사장이었다. 구약의 율법 아래에서는 아론 자손의 남자들만이 제사장이 될 수 있었다(출애굽기 4-40장). 56, 60, 62p.

아모스: 하나님께서 이스라엘의 부유한 도시들에게 경고하려고 보내신 선지자였다. 아모스는 그들이 가난한 자들을 돌보지 아니하고 무가치한 예배를 드렸기 때문에 벌을 받을 것이라고 예언하였다. 그러나 이스라엘 사람들은 아모스의 말을 듣지 않았다. 아모스서에는 올바른 행위와 하나님 경배에 대해서 적어 놓은 것이다. 105p.

아브라함: 유대 민족 중에서 가장 존경받는 사람이다. 그는 '유대인들의 아버지'라고 불리운다. 그는 하나님에 대한 큰 믿음을 소유했던 사람이다. 12, 35, 36p.

아스다롯: 바알 신의 아내라고 생각했던 가나안 지방의 여신 이름. 76p.

아이: 여리고 근처에 있는 성읍이었다. 한 사람이 죄를 지어서 이스라엘 군대는 아이성과의 싸움에서 패배하였다. 이것을 알고 그 사람을 처벌하자 이스라엘이 승리하였다. 71p.

아합: 이스라엘 왕국에서 가장 악한 왕이었다. 그는 하나님의 백성들을 자신과 자기아내 이세벨이 섬기는 이방 신인 바알에게 경배하도록 하였다. 열왕기상 6:29에 이에 관한 이야기가 기록되어 있다. 102, 109p.

안식일: '휴식'을 의미한다. 이 날은 유대식으로 일곱째 날이다. 안식일은 예배와 휴식을 위해 예비된 날이다. 예수님은 한 주의 첫날인 일요일에 부활하셨다. 그리스도인들은 이 날을 죽음에서 부활하신 예수님을 예배하는 날로 정했다.

앗수르: 구약 시대에 있었던 강력한 국가. B.C. 722년에 앗수르인들은 이스라엘 왕국을 침략하여 그 백성들을 포로로 끌고 갔다. 앗수르의 수도는 니느웨였다. 106p.

애굽: 아프리카 대륙의 북동쪽에 있었던 나라로, 현재는 '이집트'라고 불린다. 애굽은 성경시대에 아주 강한 나라였다. 하나님의 백성인 이스라엘 백성은 수백 년 동안 애굽에서 종살이를 하였다. 하나님은 모세를 보내어 그들을 인도하도록 하셨고, 이스라엘 백성을 열 가지 기적을 통하여 애굽의 압제하에서 구출하셨다. 이 열 가지 기적에 관해서는 출애굽기 1-11장에서 읽을 수 있다. 마리아와 요셉은 헤롯이 예수님을 죽이려 할 때 애굽으로 피신하였다(마태복음 2:13-15). 12, 41, 43-44p.

야고보: 예수님의 동생 야고보. 예루살렘 교회의 존경받는 지도자였다. 그는 신약성경의 야고보서를 기록한 것으로 보인다(마태복음 13:55; 요한복음 7:5; 사도행전 12:17; 갈라디아서 1:19). 227p.

야고보: 세베대의 아들 야고보. 예수님의 사도로, 사도 요한의 형제였다. 그는 헤롯 아그립바에게 죽임을 당하였다(마태복음 10:2; 사도행전 12:2). 166p.

야고보: 알패오의 아들 야고보. 예수님의 또 다른 사도였다(마태복음 10:3). 168p.

야곱: 이삭의 아들로서 쌍둥이 형 에서의 동생이다. 그의 이름은 나중에 '이스라엘'로 바뀌게 된다. 그는 하나님으로부터 선택받은 백성인 12지파의 아버지가 되었다. 야곱의 이야기는 창세기 25:21에 소개되어 있다. 41p.

언약: '약속, 계약, 특별한 협약'을 뜻한다. 하나님은 구약성경에서 그의 백성들과 계약을 맺으셨다. 하나님은 아브라함에게 특별한 약속도 하셨다. 그리고 '모세의 율법'이라는 또 다른 계약도 맺으셨다. 하나님은 또한 다윗과도 특별한 약속을 하셨다. 그리고 신약성경에서 그리스도를 통하여 그의 백성들과 새로운 언약을 맺으셨다. 히브리서 8-10장에서는 모세를 통한 옛언약과 그리스도를 통한 새언약 사이의 차이점을 설명하고 있다.

언약궤: 금으로 덮인 나무 상자였다. 일 년에 한 번씩 이스라엘의 대제사장은 이 거룩한 상자의 꼭대기에 희생 제물의 피를 뿌렸다. 이 희생 제사의 피는 우리의 죄를 위하여 갈보리에서 흘리신 예수님의 피의 모형이다. 59p.

에덴: 최초의 남자와 여자인 아담과 하와를 위해 하나님께서 예비하셨던 동산의 이름(창세기 2:8).

에베소: 신약 시대에 로마 제국의 아시아 속주 중에서 가장 큰 도시였다. 이곳에는 디나 여신의 유명한 신전이 있었다. 그러나 신약교회는 에베소에서 가장 강하였다. 바울은 에베소의 그리스도인들에게 편지를 썼는데 이것이 바로 에베소서이다(사도행전 18:19-21). 216

에서: 쌍둥이로 태어난 야곱의 형. 에서는 하나님과 그의 조부 아브라함이 맺었던 언약에는 아무런 관심이 없었다. 에서에 관해서는 창세기 25장에 나와 있다. 41p.

에스겔: 바벨론에 포로로 끌려간 예언자이다. 그는 예루살렘의 멸망을 경고하는 하나님의 메시지를 선포하였다. 에스겔서는 '에스겔'이라는 인물과 그가 본 환상에 관하여 이야기하고 있다. 또한 하나님께서 유대 백성들을 바벨론의 포로 생활 이후에 그들의 고향으로 돌려보내신다는 약속도 말하고 있다. 123, 124p.

에스더: 페르시아 제국의 왕비가 된 유대 여인. 페르시아 제국은 바벨론 제국의 뒤에 일어난 나라이다. 하나님은 하만이 모든 유대인들을 죽이려는 음모를 꾸밀 때, 유대인들을 구출해내는 데 에스더를 사용하셨다. 에스더에 관하여는 에스더서를 보면 잘 알 수 있다. 125p.

에스라: 바벨론에서 유다로 돌아간 유대인들을 이끈 지도자이다. 그는 성경을 연구하고, 유다로 돌아가는 사람들에게 성경을 가르쳤다. 에스라서는 약속의 땅으로 돌아가는 사람들의 흥분된 귀향에 대하여 이야기하고 있다. 이 귀향은 오랫 동안의 포로 생활 이후에 이루어졌다.

엘리사: 엘리야에 이어 북왕국 이스라엘에서 예언하며 악과 대항하여 싸운 선지자(열왕기하 2장). 16, 110p.

엘리야: 바알 우상을 이스라엘에 들여온 아합왕이 통치하던 때에 북왕국 이스라엘에서 예언한 선지자(열왕기상 17-21장). 16, 107-109p.

여로보암: 다윗과 솔로몬의 통일 왕국이 분리될 때에 북왕국 이스라엘의 왕이 된 사람. 그는 하나님의 율법에 위배되는 거짓 숭배 체제를 세운 악한 왕이었다. 100-101p.

여리고: 이스라엘 민족이 출애굽하던 시대에 성벽으로 둘러싸여 있던 도시. 이 성벽은 하나님께서 명령하신 대로 이스라엘 백성들이 성 주위를 돌자 무너져내렸다. 69, 70p.

여호수아: 히브리어로 '하나님은 구원이시다'라는 의미이다. 모세가 죽은 후 여호수아는 이스라엘 민족을 승리로 이끌어 가나안 땅을 정복하였다. 여호수아서는 이 위대한 지도자 아래서 이스라엘 민족이 어떻게 가나안을 정복하였는지에 대하여 이야기하고 있다. 여호수아는 깊은 신앙을 소유한 사람이었다. 68, 73p.

여호와: 하나님의 이름이다. 이것은 '항상 현존하시는 오직 한분'이란 뜻이다. 영어성경에서 대문자 LORD로 나오는 단어가 히브리어로 여호와(Yaweh)이다.

열왕기상 · 하: 열왕기상 · 하에서는 약 B.C. 1,000년경부터 586년까지 이스라엘과 유대 땅을 다스리던 왕들에 대하여 이야기하고 있다. 이스라엘 왕들은 90페이지, 유대 왕들은 102페이지에 나와 있다.

예레미야: 예루살렘이 바벨론 군대에 의해 파괴되기 이전에 살았던 위대한 선지자이다. 예레미야서는 유다 사람들에게 하는 경고들로 가득 차 있다. 또한 거기에는 놀라운 약속도 포함되어 있다. 즉, 하나님께서 그의 백성들을 포로지에서 유다로 돌아가게 하실 것이라는 내용이다. 예레미야서에서는 하나님께서 죄를 용서하실 것이라는 새로운 언약과 예수님에 관하여 우리에게도 약속을 해 주고 있다. 119, 122p.

예루살렘: 이스라엘의 가장 큰 도시이다. 다윗왕이 이곳을 수도로 정하였고, 그의 아들 솔로몬은 이곳에 하나님의 성전을 건축하였다. 예수님은 예루살렘 근처에서 십자가에 매달려 돌아가셨다. 이 도시는 A.D. 70년에 로마 군대에 의해 파괴되었다. 그 후 이 도시는 재건되어 오늘날까지도 이스라엘의 수도로 되어 있다. 88, 114, 177, 190p.

예수: '구속자'를 의미한다. 예수님은 하나님의 아들이시다. 그분은 유대 여인 마리아에게서 태어나셨다. 한 천사가 마리아에게 나타나 그녀에게 말하기를, 아이를 낳을 것인데 그는 사람의 아들이 아니라고 하였다. 마리아는 이 아이의 이름을 '예수'라 지었다. 이는 '자기 백성을 죄에서 구원할 것'이라는 의미이다. 예수님은 또한 '그리스도', '메시아'라고도 불리웠다. 이 이름들은 '예정된 사람'이라는 뜻이다. 성경시대에 하나님의 특별한 일을 위해 예정된 사람에게는 그의 머리 위에 순수한 올리브 기름을 부었다. 이것을 '기름부음 받았다'라고 말한다. 예수님은 하나님께서 이 세상 사람들을 구원하기 위해 기름부은 사람이었다. 그분은 완벽한 생을 살았으며 결코 죄를 짓지 않으셨다. 그러나 그분은 유대인들에 의해 배척당하셨다. 그리고 로마 군인들에 의해서 예루살렘에서 십자가에 못박혀 돌아가셨다. 그 후 예수님은 다시 살아나셨다. 그리고 지금은 하나님 아버지와 함께 천국에 계신다. 언젠가 예수님은 세상에 다시 오실 것이다. 예수님은 성부 하나님, 성령 하나님과 함께 하나님의 삼위를 이룬다. 18, 134, 139, 141, 143, 150-154, 186p.

예언(자): '메시지'를 의미한다. 예언자는'사신 또는 다른 사람에게 말하는 사람'을 의미한다. 성경의 예언자들은 백성들에게 하나님의 메시지를 전했다. 9, 131p.

예후: 이스라엘의 왕이었다. 그는 바알을 숭배한 사악한 아합 왕가의 모든 사람들을 죽였다. 그러나 그는 하나님의 율법을 지키려 하지 않았다. 예후에 관하여는 열왕기하 9-10장에 기록되어 있다. 112p.

오바댜: 하나님의 백성들의 대적들을 도와준 에돔에 대하여 예언한 선지자이다. 오바댜서는 단 한 장으로 된 책으로, 오바댜의 예언이 기록되어 있다. 104p.

오순절: '50'을 의미한다. 오순절은 유대인의 명절인데, 유월절 이후 50일째 날을 말한다. 사도들은 예수님이 부활하신 후 오순절에 그분에 관한 복음을 전파하기 시작하였다(사도행전 2장). 187p.

요나: 하나님께서 니느웨 성으로 보내신 이스라엘의 예언자. 니느웨는 이스라엘 적국인 앗수르의 수도였다. 그래서 요나는 그곳으로 가지 않으려고 했다. 그러나 결국 그가 니느웨로 가서 멸망을 선포하자 그 성의 사람들은 그의 예언을 듣고 회개하였다. 그리하여 하나님께서는 니느웨 성을 멸망시키지 않으셨다. 이 이야기가 요나서에 기록되어 있다. 104p.

요단강: 팔레스틴에서 제일 큰 강이다. 하나님께서는 요단 강물을 말려서 이스라엘 백성들이 여호수아의 인도 아래 약속의 땅으로 들어갈 수 있게 하셨다. 예수님은 여리고 성 근처에 있는 요단강에서 세례 요한에게 세례를 받으셨

다(여호수아 3:14-17; 마태복음 3:5, 6, 13).

요셉: 성경에 세 명의 중요한 인물이 등장한다. 구약성경에 등장하는 요셉은 야곱의 어린 아들이었다. 그는 형제들에 의해 애굽에 노예로 팔려가게 되었지만 나중에는 아주 높은 지위의 통치자가 된다. 그리고 그는 식량이 없어 굶어 죽게 된 때에 그의 가족을 구원하게 된다. 요셉에 관하여는 창세기 37장을 보라. 41, 45-46p.

요셉: 신약성경에 등장하는 나사렛의 요셉은 예수님의 어머니 마리아의 남편이다. 성경은 그가 '의로운 사람'이라고 말하고 있다(마태복음 1:18-24; 2:13-23). 41, 140, 142p.

요셉(아리마대 요셉): 예수님의 시신을 자기가 준비한 무덤에 장사지낸 사람이다. 그는 산헤드린의 회원이었으나 아마도 예수님을 믿었던 것 같다(마태복음 27:57-60; 마가복음15:43-46).

요시아: 겨우 8세의 나이에 유다의 왕이 된 사람. 요시아 왕에 관해서는 열왕기하 22, 23장을 보라. 113p

요아스: 7세에 유다의 왕이 된 사람. 요아스에 관해서는 열왕기하 11, 12장을 보라. 113p.

요엘: 하나님의 다가올 심판에 대하여 경고한 유다의 예언자. 요엘서에서는 하나님께서 그의 백성들에게 평화를 가져오실 것도 약속하고 있다. 115p.

요한(사도 요한): 세베대의 아들이다. 그와 그의 형제 야고보는 어부였다. 요한은 12제자 중의 한 사람으로, 그는 요한복음과 요한계시록, 요한 1, 2, 3서를 기록했다. 166p.

요한(세례 요한): 예수님의 친척으로, 그는 구속자 예수께서 곧 오실 것이므로 회개해야 된다고 외쳤다. 세례 요한은 요단강에서 예수님께 세례를 주었다. 그는 헤롯 안티파스에 의해 목 베어 죽임을 당했다(마태복음 3장; 11:11-13; 14:3-12). 144, 228p.

욥: 선을 행했음에도 불구하고 고통을 당했던 인물이다. 욥기는 선한 욥에게 왜 그와 같은 큰 재앙이 왔는지에 대해 욥과 그의 친구들이 대화를 나눈 내용이다. 98p.

우르: 아브라함이 살았던 땅의 이름이다. 그곳에서 하나님은 아브라함에게 그 땅을 떠나라고 말씀하셨다. 12, 36p.

우상: 거짓 신이다. 비유대인들은 종종 그들이 직접 손으로 나무나 돌, 금속으로 만든 동상들을 숭배했다. 그들은 하늘에 계신 진실하신 하나님보다는 이러한 우상들을 숭배했다(이사야 44:6-20; 사도행전 7:40-43; 17:16-23).

유다: 이스라엘의 열두 아들 중의 한 사람이다. 그리고 유대 민족이 두 개의 나라로 갈라졌을 때 남왕국에게 붙여진 이름이기도 하다. 남왕국은 B.C. 931년에 세워져 B.C. 586년에 멸망하였다. 17, 113, 120, 126p.

유다: 예수님과 야고보의 형제. 예수님의 사역 초기에 유다는 예수님이 하나님의 아들이심을 믿지 않았다. 그러나 후에 그는 예수님을 믿고 교회의 지도자가 되었다. 그는 유다서를 기록하였다(요한복음 7:5). 221p.

유다(가룟 유다): 예수님의 12제자 중 하나로, 재정을 맡아 보았으며 은 30에 예수님을 배반하여 그의 대적들에게 넘겨 주어 죽게 하였다. 후에 그는 죄책감으로 자살하였다(마태복음 26:47-50; 요한복음 13:26-30). 168, 177p.

유대인: 처음에는 유다 출신의 사람들을 의미하였다. 그러다가 나중에는 아브라함과 이삭, 야곱(이스라엘)의 족보에 있는 사람을 가리키는 말로 사용되었다. 예수님은 지금까지 살았던 사람들 중에 가장 유명한 유대인이다. 그러므로 유대인들은 그분의 육신적인 친척이다. 한편, 요한복음에서는 유대인이라는 말이 예

수님의 대적들이었던 통치자들을 의미하는 특수한 용법으로 쓰이고 있다. 134-138p.

유월절 축제: 유대인에게 있어서 매우 중요한 성일이었다. 이날, 그들은 특별한 음식을 먹으며 하나님께서 애굽의 속박하에서 구원해 주신 것을 기념하였다. 출애굽기 12장에 보면 최초의 유월절에 관하여 읽을 수 있다. 예수님은 유월절에 죽임을 당하셨다(마태복음 26:2, 17-19). 52p.

율법(율법사): '규칙'을 뜻한다. 하나님은 유대인들에게 살아가는 데 필요한 특별한 규칙을 주셨다. 하나님의 법은 하나님을 기쁘시게 하는 것과 다른 사람들을 사랑하는 것에 대해 가르쳐 준다. 창세기, 출애굽기, 레위기, 민수기, 신명기를 '모세의 율법'이라고 부른다. 또 구약성경 전체를 가리켜 '율법'이라고 부르기도 한다. 48-51, 57, 156p. 율법사는 히브리어로 '명령을 받아 적는 것'을 의미하는 단어이다. 성경의 율법사들(scribes)은 하나님의 말씀을 가르치고 복종하기 위해 성경을 연구하는 사람들이다. 그들은 유대인들 사이에서 존경을 많이 받았다. 율법사는 또한 성경을 베껴쓰는 사람의 이름이기도하다. 55-57, 66p.

이방인: '제 민족들'을 의미한다. 유대인들은 유대인이 아닌 사람은 누구든지 이방인이라고 불렀다. 예수님의 복음은 유대인과 비유대인 모두를 위한 것이었다(사도행전 10:44-48; 로마서 11:11-13; 에베소서 3:6-8).

이사야: 성경에 등장하는 가장 위대한 선지자 중의 한 명이다. 그는 히스기야 왕이 하나님을 믿는 데 도움을 주었다. 그는 이스라엘 백성들에게 하나님께서 그들의 죄를 심판하실 것이라고 경고하였다. 또한 그는 예수께서 태어나시기 오래 전에 예수님에 관한 놀라운 예언들을 많이 기록하였다. 이사야 53장에는 예수님의 죽음에 관하여 기록되어 있다. 그리고 예수께서 죄로 말미암아 죽을 수 밖에 없는 사람들을 형벌에서 면하게 해 줄 것이라는 약속도 제시되어 있다. 이사야서는 예언서 중에 가장 내용이 길다. 116p.

이세벨: 악한 왕 아합의 부인이었다. 그녀는 하나님의 백성들에게 자기가 섬기는 거짓 신 바알을 숭배하도록 만들려 하였다. 그녀에 관하여는 열왕기상 16:31을 보라. 109p.

이스라엘: 아브라함의 손자 야곱의 새 이름(창세기 32:28). 야곱의 자손인 유대 사람들도 역시 이스라엘(이스라엘 민족)이라는 이름으로 불리운다(사무엘상 7:6). 또한 하나님께서 아브라함에게 약속하신 가나안 땅에 붙여진 이름이기도 하다. 15, 41p.

입다: 하나님께서 이스라엘을 대적들로부터 구출하는 데 쓰신 사사들 중의 한 명이다(사사기 10-12장). 42, 62, 78p.

ㅈ

제단: 희생 제사와 감사 제물을 하나님께 드리고 기도도 하는 장소였다. 하나님의 법은 제사장들에 의해 섬겨지는 제단에서만 희생 제사를 드리도록 명령하고 있었다. 이 제단은 하나님이 경배받으시는 성막 혹은 성전에 있었다. 58p.

제사: 구약에서의 제사는 하나님께 드리기 위해 동물을 죽이는 것을 의미한다. 하나님은 죄를 지으면 반드시 죽음의 벌을 받는다는 것을 가르치기 위하여 그의 백성들에게 제사를 드리도록 명령하셨다. 십자가 위에서의 예수님의 죽음은 하나의 제사였다. 예수님은 우리를 대신하여 죄의 대가를 치르기 위해 죽으셨다. 예수님의 희생 제사로 인해 그를 믿고 따르는 사람들은 그들의 모든 죄를 용서함을 받을 수 있다(히브리서 9:28; 10:14). 58, 59p.

제사장: 구약에 나오는 제사장은 성전에서 하나님을 섬기도록 임명된 사람이었다. 제사장들은 백성을 대신하여 하나님께 제사를 드리고

기도하였다. 신약성경에서는 예수께서 우리의 대제사장이 되신다고 말한다. 예수님은 하나님과 그 백성들을 화목케 하셨다. 예수님이 하나님께 드린 제사는 십자가 위에서 그 자신의 생명을 바친 것이었다. 오늘날 모든 그리스도인들은 스스로 하나님께 기도할 수 있기 때문에 각 사람이 다 제사장이다. 따라서 우리는 다른 사람들이 예수님을 구세주로 알 수 있도록 제사장의 역할을 다해야한다(히브리서 7:26-28; 베드로전서 2:5, 9; 요한계시록 1:6). 59, 60, 74p.

죄: '하나님의 율법을 어기는 말, 행동, 또는 생각'을 가리키는 단어이다. 죄는 잘못된 것이다. 그래서 하나님은 죄를 반드시 벌하신다. 예수님은 우리의 죄값으로 돌아가셨다. 그는 벌받아야만 했던 우리를 구원하셨다. 예수님은 잘못된 행동으로 인하여 벌을 받아야 하는 우리를 대신하여 심판을 받으셨다(로마서 3:23; 5:12; 고린도전서 15:3; 갈라디아서 1:4; 요한복음 1:8-10).

주: '주인' 혹은 '지배자'를 뜻한다. 구약성경에서의 '주'는 여호와 하나님의 이름이다. 신약성경에서는 예수님을 '주 예수'라고 부른다. 왜냐하면 그분이 온 세계와 우주를 다스리시며 하나님과 마찬가지로 우리의 주인이시기 때문이다(요한복음 20:28; 로마서 19:9; 골로새서 3:17-24).

주의 만찬: 예수님께서 우리를 위하여 죽으셨다는 사실을 기념하기 위해 그분을 따르는 제자들이 먹는 특별한 식사를 말한다. 이때 먹는 빵은 그분의 몸을 기념하고 포도주는 그분의 피를 기념하는 것이다. 주의 만찬은 또한 예수께서 부활하여 지금 천국에서 하나님과 함께 계신 것을 상기시켜 준다(누가복음 22:14-20; 고린도전서 11:23-32).

죽음: 성경상으로 서너 가지 의미를 가지고 있다. 우선 우리의 몸이 죽는 것을 의미하는 육적인 죽음이 있고, 사람이 하나님과 분리되어 하나님의 부르심에 응답하지 않는 것을 의미하는 영적인 죽음이 있다. 후자를 '두 번 째 죽음'이라 부른다. 이것은 육체적으로 죽은 후에 자신의 죄에 대한 형벌로 영원히 하나님과 분리될 수 있다는 것을 의미한다. 예수님은 두 번째 죽음에서 우리를 구원하려고 대신 돌아가셨다. 그래서 우리는 두 번째 죽음 대신에 영원한 생명을 갖게 되었다. 예수님으로 인하여 우리는 하나님에 대하여 다시 살고, 육체가 죽은 후에도 영원히 하나님과 함께 살 수 있게 되었다(창세기 2:17; 에베소서 2:1-2; 요한계시록 20:11-15).

지옥: 잘못을 행하고도 하나님께 용서를 구하지 않는 사람들을 벌 주는 곳이다. 신약성경에서는 지옥을 불과 고통과 슬픔이 가득 찬 곳으로 묘사하고 있다(마태복음 23:33; 베드로후서 2:4, 9; 요한계시록 20:14, 15; 21:8).

집사: '봉사자'라는 의미의 그리스어이다. 집사들은 교회 내의 다른 그리스도인들을 여러 가지 방법으로 돕기 위하여 뽑힌 인물들이었다(사도행전 6:1-6; 디모데전서 3:8-13). 192p.

사해사본: 구약성경의 일부가 포함된 고대 사본이다.

ㅊ

찬양: 어떤 사람이나 물건에 대하여 좋게 말하는 것을 의미한다. 하나님의 백성은 찬송과 기도, 그리고 하나님이 우리에게 명령하시는 방식대로 살므로써 하나님을 찬양할 수 있다. 94p.

창조: '만든다'는 뜻이다. 성경은 하나님이 이 우주를 만드셨다고 말하고 있다. 하나님은 우리가 사는 이 세상과 모든 살아 있는 피조물을 만드셨다(창세기 1, 2장).

천국: 하나님 나라이다. 신약성경에서는 천국을 고통과 눈물과 슬픔과 어두움과 죽음이 없

는 곳이라고 말하고 있다. 예수님은 천국을 떠나 이 땅에 오셔서 십자가에서 죽으셨다. 예수님을 사랑하는 사람들은 그분과 함께 천국에서 영원토록 살 것이다(요한복음 3:13; 6:38-40; 14:1-6; 요한계시록 21:4). 233, 234p.

천사: 그리스어로 '심부름꾼'을 의미한다. 천사는 가끔 인간의 모습으로 나타나기도 하는 천국의 존재이다. 하나님은 천사를 보내 자기 백성들을 돕게 하신다. 천사들은 예수님의 탄생과 같은 중요한 사건을 예고해 주기도 한다. 어떤 천사들은 하나님께 반대하여 지금은 사탄을 돕고 있다(마태복음 25:41; 누가복음 2:8-14; 히브리서 1:14, 13:2; 베드로후서 2:4).

출애굽: '밖으로 나옴'을 의미하는데, 이는 성경의 '두 번째 책' 이름이다. 여기에서는 예수님이 태어나기 약 450년 전에 하나님께서 이스라엘 민족을 어떻게 애굽의 노예 생활에서 구출하셨는지를 설명하고 있다. 이것이 구약성경에 나오는 출애굽기의 주요 내용이다. 48-59p.

ㅍ

팔복: '복된' 또는 '행복한'을 의미한다. 예수님의 설교 중에 팔복이 들어 있다(마태복음 5:3-12). 이 설교에는 하나님을 기쁘시게 하고 복되고 행복한 삶을 사는 방법이 언급되어 있다.

ㅎ

하나님: 세상과 만물을 지으신 분이다. 하나님은 영이시기 때문에 사람처럼 육체를 가지고 있지 않다. 그러나 우리는 인간으로 태어나신 예수님을 보면 하나님이 어떤 분인지 알 수 있다. 하나님은 악을 미워하시지만 사람들을 너무도 사랑하시기 때문에 자기의 독생자를 보내 주셨다. 하나님은 우주에서 가장 지혜로우시며 가장 강력한 존재이시다. 하나님은 항상 살아 계시며 앞으로도 영원히 살아 계실 것이다. 하나님은 사랑이시다. 그리고 하나님이 가지신 것과 같은 생명을 받았기 때문에 그리스도인들은 하나님의 자녀들이다(창세기 1:1; 마태복음 5:9; 요한복음 4:24; 로마서 1:18, 5:8-11; 히브리서 1:1-14; 요한일서 4:7-12). 23p.

하박국: 선한 왕 요시야 시대에 살던 선지자. 하박국서는 왜 하나님께서 악을 행하는 자들을 벌하시지 않고 놔 두시는가를 질문하고 있다. 하나님은 이 문제에 대해 하박국에게 설명하시기를, "나는 죄를 항상 벌하며 유다는 곧 적국에 의해 멸망할 것이다"라고 말씀하셨다. 그러나 유다를 신앙으로 강하게 하실 것이라는 말씀도 하셨다. 117, 128p.

하와: 모든 '산 자의 어미'라는 뜻이다. 하와는 최초의 여자였다. 하나님은 최초의 남자인 아담의 갈비뼈 하나를 취하여 하와를 만드셨다. 아담과 하와에 관하여는 창세기 2장에 상세히 나와 있다. 2, 29-30p.

학개: 유대 사람들이 포로지에서 돌아왔을 때 유다에서 활동한 선지자였다. 학개서에는 그가 한 설교가 담겨져 있다. 그는 예루살렘에 하나님의 성전을 하루바삐 재건할 것을 사람들에게 촉구하였다. 사람들은 학개가 말한 대로 행하였다. 하나님은 그들이 순종했기 때문에 축복해 주겠다고 약속하셨다. 128p.

헤롯: 신약성경에서 언급된 여러 통치자들의 성(姓). 헤롯 1세(헤롯대왕)는 B.C. 40년부터 약 B.C. 주전 4년까지 통치하였다. 그는 아기 예수가 왕이 될 것을 두려워하여 죽이려 하였다(마태복음 2:1-16; 누가복음 1:5). 142p.

헤롯 아그립바 1세: 약 3년 동안 팔레스틴을 다스린 왕이었다. 그는 사도 야고보를 죽였고 베드로를 체포하였다. 후에 그는 아주 비참하게 죽었는데, 이는 백성들에게 자기를 신처럼 받들도록 하였기 때문이었다(사도행전 12:1-21).

헤롯 아그립바 2세: A.D. 48년부터 93년까지 팔레스틴의 왕으로 있었던 자로서, 헤롯 1세의 증손자였다. 그는 사도 바울로부터 이야기를 들었다(사도행전 25:13,26; 26:1-32).

헤롯 안티파스: 헤롯 1세의 아들로서, 세례 요한의 목을 벤 사람이다. 그는 약 B.C. 4년부터 A.D. 39년까지 통치하였다(마태복음 14:1-12; 누가복음 23:6-12).

현자: 페르시아왕들에게 조언을 해 주는 자들이었던 점장이에게 주어졌던 이름이다. 다니엘은 아마도 이 현자들 중의 한 사람이었을 것이다. 예수님의 탄생에 관하여 말하려 예루살렘에 갔던 점장이는 구약성경에서 예수님에 대해 알게 된 것 같다.

호세아: 하나님께서 이스라엘에 보내신 예언자. 그는 사람들에게 하나님을 믿지 않기 때문에 하나님께서 이스라엘을 심판하실 것이라고 경고하였다. 그러나 만약 그들이 회개하고 하나님께 돌아온다면 하나님은 그들을 용서하실 것이라는 말도 전하였다. 호세아서는 호세아의 이러한 메시지를 담고 있다. 105p.

홍해: 히브리 말로 홍해는 'yam suph'이라 한다. 이 말의 뜻은 '갈대 바다'이다. 'yam suph'의 물들은 이스라엘 민족들이 지나가도록 갈라졌다. 그리고 이스라엘 민족을 쫓는 애굽 군대가 오자 다시 합쳐져 그들을 물에 빠져 죽게 하였다. 55페이지를 보면 홍해 지도가 나온다. 53p.

회개: 마음과 생활을 변화시키는 것을 의미한다. 회개하는 사람은 악한 일을 그치고 선한 일을 행한다.(마태복음 4:17; 마가복음 1:5).

회막(천막): 이스라엘 민족이 예배 장소로 썼던 동물 가죽으로 만든 천막. 나중에는 돌로 만든 성전이 이것을 대신했다. 출애굽기 25-27장과 35-38장에서 회막에 대한 설명을 볼수 있다(히브리서9:1-10). 58p.

히브리서: 이 책은 유대 기독교인들에게 유대인의 율법보다 기독교가 훨씬 더 좋은 것임을 깨닫게 하는 데 도움을 주기 위하여 기록되었다. 226p.

히브리어: 유대인들의 언어이다. 구약성경의 대부분은 히브리어로 기록되었다.

히스기야: 유다의 선한 왕 가운데 한 명이다. 그는 예루살렘이 앗수르로인하여 위험에 처했을 때 하나님께 기도하였다. 그러자 하나님은 예루살렘을 구해 주셨다. 열왕기하 18, 19장과 이사야 36-39장을 읽어 보라.